과연 뜰까?

HOW to TEST YOUR NEXT BUSINESS IDEA So YOU DON'T WASTE YOUR TIME and MONEY

Will it Fly?

당신의 아이디어

과연,뜰까?

팻 플린 지음 | 안진환 옮김

SNOWFOX

"사업을 한다는 것은 겁나는 일이다. 외로움을 느끼고 길을 잃은 것 같고 다음과 같은 의문이 드는 초기에 특히 그러하다. '내 아이디어가 먹히지 않으면 어떻게 하나?'

이 책에서 팻 플린은 '올인'에 들어가기 전에 새로운 아이디어의 성공 여부를 파악하는 단계별 방법을 설명한다. 새로운 사업을 시작하거나 새로운 시장에 진입하거나 새로운 제품을 출시하려는 모든 사업가가 반드시 읽어야 할 책이다. 읽고 또 읽을 것을 강력 추천한다."

— 라이언 레베스크(Ryan Levesque), 베스트셀러 『애스크(Ask)』의 저자

"이 책은 사업을 개시하는 모든 사람의 첫 번째 두려움을 제거해 준다. 사업 아이디어가 과연 효과가 있을 것인가? 이제 팻 플린이 신뢰할 만하고 경험 많은 부조종사로 나서서 이 의문에 대해 답한다. 실로 읽는 맛과 진정성을 갖춘 수작이다. 아마도 모든 경제경영서 가운데 가장 중요한 책일 것이다."

— 레이 에드워즈(Ray Edwards), 레이에드워드인터내셔널(Ray Edwards International, Inc.)의 창업자 겸 CEO

"일자리를 잃는 것은 당신에게 일어날 수 있는 최상의 일이 될 수도 있다. 단기간에 건축사무소 직원에서 기업가로 변신한 팻 플린이 지속 가능한 수입을 올리는 비결을 알려 준다. 그의 새 책은 영감을 불러일으키지만 그게 핵심은 아니다. 단지 당신을 응원하는 데 그치지 않고 당신의 손을 잡고 이끌며 비즈니스 아이디어를 실행에 옮기기 전에 해야 할 일을 정확하게 보여 준다."

– 크리스 길아보(Chris Guillebeau), 〈뉴욕타임스〉 베스트셀러 『두 번째 명함(Born For This)』와 『100달러로 세상에 뛰어들어라(The $100 Startup)』의 저자

"사람들은 꿈과 상상 그리고 희망을 사랑한다. 그러나 실행이 없으면 아무리 훌륭한 아이디어도 이륙할 수 없으며, 세상을 바꾸지도, 은행 잔고에 기여하지도 못한다. 이 책은 당신의 한 문장, 당신의 '불공평한 나만의 이점' 그리고 당신의 아이디어를 띄우기 위한 행동 계획을 파악하도록 돕는다. 관객으로 남을 것인가 아니면 조종사가 될 것인가. 선택은 당신의 몫이다."

– 댄 밀러(Dan Miller), 〈뉴욕타임스〉 베스트셀러 『나는 춤추듯 일하고 싶다(48 Days To The Work You Love)』의 저자

"팻은 비즈니스 구축 프로세스에서 가장 중요한 부분과 관련하여 사업가를 고무하고 가르치고 동기부여하고 인도하는 작업을 완벽히 수행해 냈다. 더 나아가 그는 발견과 신뢰 구축, 지원의 여정으로 안내하며 현실을 체험하도록 돕는다. 온라인 비즈니스를 현명

하게 출범시키고 싶다면 이 책이 정답이다."

– 크리스 더커(Chris Ducker), 베스트셀러 『가상 자유(Virtual Freedom)』의 저자

"팻은 인터넷 비즈니스 교육 분야의 가장 신뢰할 수 있는 리소스 중 하나다. 그가 가르치는 모든 것은 시험되고 검증되었다. 이 책 역시 예외가 아니다. 온라인 비즈니스를 시작하려면 이 책만 보면 된다. 성공 확률을 높일 수 있는 단계별 심사 과정이 담겨 있기 때문이다. 이 책을 읽는 정도의 수고도 하지 않고 온라인 비즈니스의 출범을 감행하는 멍청이는 없길 바란다."

– 토드 트레시더(Todd Tresidder), FINANCIALMENTOR.COM의 설립자 겸 머니 코치

"무작위로 제품과 서비스를 만들고 고객이 구매하기를 희망하는 사람들이 있다. 그러나 희망은 전략이 아니다. 이 책에서 팻 플린은 당신의 아이디어를 시장에 내놓아도 된다는 증거를 찾도록 돕는다. 시간과 돈, 눈물을 절약하려면 반드시 읽어야 할 책이다. 책으로 배우는 경영대학원 과정이라 해도 손색없다."

– 조시 쉽(Josh Shipp), 〈잉크(Inc.)〉지 선정 30세 미만 기업인 30

"이 책이 관련 분야의 유일한 책인지는 모르겠다. 하지만 이런 책을 내가 처음 접했다는 사실은 분명하다. 다음번 출시 제품이나 서비스가 당신의 경력에서 가장 성공적인 작품이 되길 바라는 기업가이든 새로운 아이디어를 수익성 높은 사업으로 전환하기를 원하는

초보 사업가든 이 책에서 길을 찾을 것을 권한다."

　　– 할 엘로드(Hal Elrod)**, 베스트셀러 『미라클 모닝**(Miracle Morning)**』의 저자**

"시간은 우리가 가진 가장 중요한 자원이다. 이 책은 수년에 걸친 시행착오를 겪지 않는 방법을 보여 줌으로써 당신이 원하는 삶을 신속하게 창조할 수 있도록 돕는다. 장애물에 머리를 수차례 부딪쳐야 알 수 있는 모든 것을 팻 플린의 놀라운 지침만 따르면 배울 수 있다."

　　– 숀 스티븐슨(Shawn Stevenson)**, 아이튠즈의 피트니스 및 영양 부문 인기 팟캐스트인 〈모델 헬스쇼**(Model Health Show)**〉의 진행자 겸 베스트셀러 저자**

"내가 글쓰기 비즈니스를 시작하기 전에 이 책을 읽었더라면 얼마나 좋았을까. 그랬다면 그토록 많은 실수를 저지르지 않았을 것이다. 세상에 내놓고 싶은 아이디어가 있는 경우 이 책은 필독서다."

　　– 제프 고잉스(Jeff Goins)**, 『작업의 기술**(The Art Of Work)**』의 저자**

이 책을 읽는 데 도움이 되도록 무료로 동반자 과정을 개설했습니다. 다운로드 가능한 워크 시트와 보너스 비디오 콘텐츠 그리고 이 책에서 소개하는 리소스 및 링크의 목록을 무료로 이용할 수 있는 웹사이트입니다. 이 책의 안내에 따라 성공을 향해 내딛는 첫걸음이므로 지금 바로 가입할 것을 권합니다. 여기서 제공하는 보충 자료는 여러분이 책을 읽으며 찾아보기 쉽도록 이 책의 부와 장별로 정리해 놓았습니다.

또한 이 책에서 공유하는 내용을 넘어서는 콘텐츠를 추가해 보너스 섹션으로 분류해 놓았습니다. 거기서는 당신의 사업 여정에 도움이 될 사례 연구와 인터뷰 등을 접할 수 있습니다. 이 보너스 섹션에는 계속해서 내용을 추가할 계획입니다. 아래 적은 웹 주소로 지금 바로 무료로 접속하기 바랍니다!

WILLITFLYBOOK.COM/STEP1

—

날개를 달아 준 부모님께

하늘을 선사한 아내에게

목적의식을 심어 준 아이들에게

기회를 준 독자 여러분께

이 책을 바칩니다.

차례

『원씽』의 저자 제이 파파산의 서문

비행 전 점검을 시작할 때

Foreword(서문)는 영어에서 가장 흔하게 철자가 틀리는 단어인 동시에 책을 읽을 때 가장 흔하게 건너뛰는 부분으로 명성이 높다.

그런데 당신은 왜 이 페이지를 읽고 있을까?

체계적으로 글을 읽는 훌륭한 독자이거나 여전히 미심쩍은 부분이 있어서일 것이다. 과연 시간을 투자해서 읽을 만한 가치가 있는 책인가? 이 책에 관심을 기울여야 할 이유는 무엇인가? 실로 이 책이 사업 아이디어를 테스트하는 데 도움이 될까? 이런 종류의 의심이 여전히 당신을 사로잡고 있을 가능성이 높다.

그래서 나는 그러한 당신의 의문에 하나씩 답해 주는 것으로 이 서문을 구성하기로 했다. 이제 활주로에 진입하는 상황인 만큼 비행 관련 은유는 지나치게 많이 쓰지 않기로 한다.

과연 시간을 투자해서 읽을 만한 가치가 있는 책인가?

한 주는 168시간으로 구성된다는 점을 상기할 필요가 있다. 근무 시간과 수면 시간을 제외하면 우리가 무언가에 투자할 수 있는 시간은 72시간 정도가 된다. 혹시 집에 어린 자녀가 있는가? 그렇다면 대략 절반의 시간은 더 빼야 한다. 아이들을 잠자리에 재운 후 침대에 혼절하듯 잠에 빠져들기 전까지의 그 값진 시간과 주말의 여유 시간을 합치면 72시간의 절반 정도가 된다. 나는 지금 진지한 자세로 시간을 계산하는 중이다. 독서광인 터라 일주일에 거의 한 권 정도는 읽는 편이고, 그래서 침대 옆 탁자에 올려놓는 책도 늘 신중한 선별 과정을 거친다. 당신 역시 그러하리라 믿는다.

대부분의 사람이 분당 약 200단어를 읽는다고 볼 때 이 책은 세 시간 반이면 독파할 수 있는 분량이다. NFL(미식축구) 평균 시청 시간보다 몇 분 더 많은 셈이고, 넷플릭스[1]에 탐닉하는 평균 시간보다 턱없이 적은 시간이다.

따라서 오늘 밤 〈하우스 오브 카드(House of Cards)〉 시청을 포기하거나 DVR(디지털 비디오 레코더)로 NFL 경기를 녹화하면 충분히 빼낼 수 있는 시간이다. 두 번째와 세 번째 의문에 답할 때 설명하겠지만 이 책은 당신의 재정적 미래에 훨씬 더 큰 영향을 미칠 것이다 (그리고 필경 팝콘도 덜 먹게 해 줄 것이다).

이 책에 관심을 기울여야 할 이유는 무엇인가?

독자 여러분 가운데 상당수가 그러한 것처럼 나 역시 이 책의 저자 팻을 그의 팟캐스트를 통해서 알게 됐다. 스마트 패시브 인컴[2]에

---

1 **Netflix** 인터넷으로 영화나 드라마를 볼 수 있는 미국의 회원제 주문형 비디오 웹사이트

대해 알게 된 것도 그의 팟캐스트에 귀를 기울이면서였는데, 그 시점이 우리 집에 애완견 타코(Taco)를 들여놓은 때와 일치한다. 사실 나는 애완견 사업에 문외한이어서 많은 양의 연구 조사를 했음에도 내가 걷게 될 행보에 대해 완전한 준비를 갖출 수 없었다. 나는 아침저녁으로 이어폰을 꽂고 스마트 패시브 인컴의 에피소드에 귀를 기울이며 조깅에 나서곤 했다. 이번에는 또 어떤 교훈을 얻게 될지 기대감에 부풀면서 말이다. 종종 에피소드 한 편을 다 듣기 위해 일부러 멀리 나갔다가 돌아오기도 했다.

나는 거의 20년 동안 콘텐츠 업계에 종사해 왔다. 처음에는 뉴욕에서 편집자로 일했으며 지금은 오스틴에서 집필가로 일한다. 팻은 단연 두드러지는 콘텐츠 개발자 겸 교육자다. 팻은 특유의 실행 위주 교수법과 솔직하고 투명한 성공담 및 실패담, 사람들을 돕고자 하는 진심 어린 열의로 막대한 수의 충직한 팔로워를 획득했다(당연한 귀결이 아닐 수 없으며 나도 그 충직한 팔로워에 속한다). 그는 자신의 사업들을 성공으로 이끌었을 뿐 아니라 무수히 많은 사람을 비상하도록 도왔다. 그렇게 뜬 사람들 중 상당수가 팻의 팟캐스트에 소개되었음은 물론이다.

나는 내 자신이 모종의 훌륭한 조언을 얻을 수 있으리라는 확신과 이륙 직전이라는 가장 중대한 단계에 이른 사업가들에게 큰 도움이 될 내용이 담겼으리라는 확신을 갖고 이 책을 읽기 시작했다.

---

2 **Smart Passive Income** 이 책의 저자 팻 플린이 운영하는 웹사이트(SMARTPASSIVEINCOME.COM)의 이름으로 '영리한 수동적 소득'의 의미이며 온라인 비즈니스를 개시하고 성공시키는 방법론 중심으로 꾸며져 있다. 팻 플린은 자신의 팟캐스트에도 이 이름을 사용한다.

사업과 삶에서는 직관보다 더 적은 것으로 더 많은 것을 이끌어 낼 수 있는 경우가 비일비재하다. 팻은 그 점을 잘 알고 있는 사람이다. 그리고 당신이 여정을 개시하기 전에 정확하고 관리 가능한 비행 전 점검 방안을 제공할 수 있는, 상대적으로 더 나은 자격을 갖춘 극소수의 인물 중 한 명이다.

실로 이 책이 사업 아이디어를 테스트하는 데 도움이 될까?

그렇다. 팻은 당신의 아이디어를 면밀히 조사하는 것부터 시작하지 않는다. 그보다는 해당 아이디어가 당신에게 적절한지 그리고 역으로 당신이 그 아이디어에 어울리는지부터 탐구하는 쪽을 택한다. 이는 실제로 사업을 구상하는 거의 모든 사업가가 보편적으로 놓치는 단계라 할 수 있다. 당신과 해당 아이디어가 진정으로 맞지 않으면, 설령 재정적으로 성장할 수 있는 아이디어로 입증이 된다 하더라도 당신은 그것을 성공작으로 간주하지 않게 될 가능성이 높다.

스타트업들이 흔히 잘못 알고 있는 신화는 아이디어에 실행력만 갖추면 성공할 수 있다는 것이다. 아이디어 + 실행 = 성공, 이렇게 잘못된 믿음에 집착한다는 얘기다.

이 공식에는 가장 중요한 요소가 빠져 있다. 실제로 성공 가능한 공식에는 당신(그리고 당신의 파트너들)이 포함되어야 한다. 당신 + 아이디어 + 실행 = 성공, 이것이 올바른 공식이다.

팻은 이러한 초기의 직감을 점검한 후 당신의 아이디어와 그것을 위한 시장, 그것의 마케팅 가능성, 그것의 재정적 타당성을 테스트하는 단계로 당신을 안내한다.

'극장만 지어 놓으면 관객은 오기 마련이다.'라는 신념은 영화 산업의 발전에는 크게 도움이 되었을지 몰라도 사업과 관련해서는 끔찍하기 이를 데 없는 조언이다. 당신의 아이디어에 대한 시장 테스트 단계에서 팻은 어림짐작을 철저히 배제한 채 직감이 아닌 실제 데이터에 근거해 당신의 행로를 잡아 준다.

이 책의 조언은 실질적이고 실제적이며 실용적이다. 그리고 또 섭고 간단하다. 『원씽(The One Thing)』을 쓰기 위해 연구 조사를 실행하고 해당 원칙들에 입각해 개인과 기업들에 코칭을 제공하는 데 8년의 시간을 투자한 후 나는 아이디어에 대한 실행 전 점검이 무엇보다 중요하다고 믿게 되었다.

기업가 정신은 낙하산을 타고 찾아오는 게 아니다. 당신의 빅 아이디어에 대한 첫 번째 투자는 이 책을 읽는 서너 시간이 되어야 마땅하다. 본문에 나오는 실행 연습을 완수하라. 그리고 충분히 생각하라. 성공을 보장할 수 있는 최상의 방법이 지금 당신의 손에 들려 있다.

자, 책 받침대를 적절한 곳에 제대로 세우고 책을 올려놓아라. 이제 당신의 빅 아이디어가 과연 뜰 수 있는지 점검해 볼 시간이다.

당신의 아이디어는 과연 뜰 수 있을 것인가?

아들 케이오니(Keoni)가 세 살이었을 때 나는 더 이상 기다릴 수 없었다. 어린 시절 나의 아버지가 내게 전수해 준 무언가를 케이오니에게 가르칠 시기가 되었다는 판단에서였다.

나는 A4 용지 한 장을 꺼내 들고 아들을 보며 말했다.

"아빠랑 같이 종이비행기 만드는 놀이 해 볼까?"

어린 시절 아버지와 함께 집 안팎에서 종이비행기를 날리며 놀던 기억이 난다. 종류도 다양했다. 끝이 뾰족한 비행기부터 뚱뚱한 비행기, 커다란 비행기, 작은 비행기에 이르기까지…. 어떤 비행기는 곧장 날아갔고 어떤 비행기는 공중에서 원을 그리며 돌았다.

그리고 이제 내 아들에게 A4 용지로 공기역학을 생애 최초로 맛보게 해 주려는 참이었다.

케이오니는 나의 제안을 이해할 수 없다는 듯 어리둥절한 표정을 보였다.

"아빠, 어떻게 종이를 날아가게 해?"

"어렵지 않아. 잘만 접으면 돼. 자, 한번 봐 봐…."

나는 종이를 길게 반으로 접은 다음 양쪽 모서리를 밖으로 접고 이어서 또 접었다. 그렇게 완성한 글라이더를 오른손으로 잡고 날릴 태세를 취하자 아들은 기대감으로 눈을 빛냈다.

팔을 뒤로 젖혀 던질 준비를 하며 아들에게 말했다.

"준비됐나?"

"준비됐어요!"

"자, 카운트다운 들어간다! 10… 9… 8…."

인내심을 잃게 하지 않는 한도 내에서 이렇게 뜸을 들이는 방법도 배워 둔 터였다. 물론 아버지에게서.

"7… 6… 5…."

케이오니는 몸을 떨었다. 더 이상 참을 수 없는 눈치였다!

"4… 3… 2… 1과 반… 1과 반의반… 1… 0! 발사!"

내가 이륙시킨 비행기는 우리 둘이 지켜보는 가운데 카펫의 대양 위를 거치며 거실을 날아 반대편 창에 부딪힌 다음 소파 뒤 문틀에 착륙했다.

"우와아아아!"

케이오니는 소리를 질러 댔다.

"나도 하나 만들고 싶어요! 나도 만들래요!"

정확히 내가 바라던 반응이었다.

나는 다시 A4 용지를 한 장 집어 케이오니에게 건넸다. 내가 뭐라고 지시를 내리기도 전에 아이는 종이를 접으며 마치 생사라도 걸린 양 진지하게 비행기 꼴을 만들어 나갔다.

그렇게 30초쯤 지나자 아이는 완성된 종이비행기를 양손으로 들고 팔을 뻗으며 자랑스럽게 내게 내밀었다. 나는 보다 자세히 보기 위해 몸을 앞으로 수그려야 했다. 눈에 들어오는 것이 전혀 비행기 같지 않아서였다. 대충 접어서 가방에 쑤셔 놓고 잊어버린 종이 한 장을 다시 꺼내 들었을 때 볼 수 있는 모양새에 가까웠다.

아들이 그 물건의 앞부분이라고 생각한 방향에 놀랐지만 아이가 크게 뛰어올라 던졌어도 전혀 날지 않은 데에는 놀라지 않았다. 그 물건은 그저 아들의 두세 발 앞에 떨어졌다.

아이는 그것을 다시 집어 들어 훨씬 더 세게 내던졌다. 하지만 결과는 같았다. 바로 앞에 추락했을 뿐이다. 낙심한 아들은 나를 보며 이렇게 말했다.

"종이비행기 재미없어!"

아들은 새로 얻은 배트맨 피규어를 다시 가지고 놀려고 다른 방으로 가 버렸다.

날개

내 아들이 그렇게 쉽게 포기한 이유는 무엇 때문일까?

그렇다. 아들은 고작 세 살이고 그 나이 때 꼬마들은 인내심이 그다지 없을 뿐 아니라 이런 식으로 전개되는 상황에 빠른 반응을 보인다는 걸 안다. 무언가 새로운 것을 시도했다가 실패에 부딪히면 아이들은 편안함을 느낄 수 있는 기존의 친숙한 무언가로 즉시 되돌아가는 경향을 보인다. 그래서 아이들마다 안전 담요가 있고 의지하며 위안을 얻을 수 있는 나름의 인형들이 존재하는 것이다. 그래서 배트맨 피규어는 우리 집에서 한동안은 결코 외로울 리 없는 것이다.

당신의 다가오는 비행

이 책을 손에 잡았다면 당신은 필경 모종의 프로젝트를 출범시켜 날아오르도록 만들고 싶은 사람일 것이다. 물론 당신은 단지 종이비행기 따위나 만들 준비를 하고 있는 게 아닐 것이고, 그래서 내게 흥분과 기대를 안겨 준다.

당신은 분명 당신의 인생과 나아가 다른 사람들의 삶에까지 변화를 안겨 줄 수 있는 모종의 프로젝트를 생각하고 있을 것이다.

내가 이 책을 쓴 목적은 바로 그런 당신이 날개를 만들어 내도록 돕기 위해서다.

나는 지금까지 몇 개의 비즈니스를 출범시켜 성공으로 이끌었다. 최초의 사업은 2008년 시작했는데, LEED[3] 시험에 합격하도록 돕는

---

3 **Leadership in Energy and Environmental Design** 미국 그린빌딩위원회(US Green Building Council)에서 개발, 시행하고 있는 친환경 건축물 인증제도

웹사이트를 운영하는 일이었다. LEED는 환경 친화적인 녹색 건축과 관련된 건설업계의 인증 심사다. 당신에게는 별로 흥미롭게 들리지 않을지도 모르지만 내가 직접 개발한 자료는 수만 명의 사람들이 그 시험을 통과하도록 도왔으며 덕분에 내 인생은 완전히 바뀌었다.

나는 건축가로 성공하는 게 꿈이었다. 2005년 건축학 학사로 UC 버클리를 졸업하자마자 샌프란시스코 베이 에어리어에 있는 유명한 건축회사에 설계사로 입사했다. 그렇게 꿈에 그리던 일자리를 얻었기에 평생을 건축에 헌신하기로 마음먹었고 그에 걸맞게 열과 성을 다해 일했다. 얼마 후 나는 사내 최연소 팀장으로 승진했으며 모든 일이 계획대로 순조롭게 진행되는 것처럼 보였다. 그게 아니라는 것이 드러나기 전까지는 말이다.

2008년 6월, 나는 회사로부터 정리 해고 통보를 받았다. 약간의 좌절감을 추스르고 부모님 댁으로 다시 거처를 옮긴 후 그 어렵기로 유명한 LEED 시험에 대한 나의 지식을 토대로 학습 가이드와 수업, 연습 문제 등을 판매하는 온라인 사업을 시작하기에 이르렀다. 그리고 단 1년 만에 나의 온라인 사업은(GREENEXAMACADEMY. COM)은 20만 달러가 넘는 매출을 올렸다. 그 이후로 나는 몇 개의 다른 온라인 비즈니스를 구상해 출범시켰고 현재까지 350만 달러가 넘어서는 돈을 벌었다.

만약 그때 정리 해고 되지 않았더라면, 그래서 내 사업을 시작하지 않았더라면, 내 삶은 지금 어떠한 모습일까? 나는 지금 그 모습을 상상조차 할 수 없다. 자영업자로서 누리는 자유와 자신의 미래에 대한 완전한 통제권을 갖는 일은 실로 놀랍도록 짜릿하다. 하지만 내게 중요한 것은 돈과 멋진 차와 고급 주택이 아니다(우리 부부에게는 도요다시에나 한 대만 있을 뿐이다. 사커맘[4] 전용차로 유명한 그 미니 밴 말이다). 하루 종일 해변 파라솔 아래 누워 피나콜라다[5]를 홀짝이는 것 역시 내 취향이 아니다. 나는 일을 사랑하고 영리하게 일에 몰두하는 편이지만 내 삶에서 그 무엇보다 더 많은 동기를 내게 부여하는 것은 따로 있다. 바로 가족이다.

내게는 아름다운 아내 에이프릴(April)과 놀랍도록 귀여운 두 아이, 아들 케이오니와 딸 카일라니(Kailani)가 있다. 가족과 함께 일상을 누리는 축복에 늘 감사하며 하루하루를 산다. 아내와 함께 매일 케이오니를 학교에, 딸아이는 댄스 수업에 데려다주고 데려오며 점심은 늘 아내와 함께 집에서 먹는다. 나는 이 모든 일상을 사랑하며 행복을 느낀다. 예전 직업에 그대로 종사했다면 결코 향유하지 못했을 멋진 기회가 아닐 수 없다.

이 책을 읽고 있는 당신 역시 꿈과 열망이 있음을 나는 알고 있다. 이 책을 읽는다는 사실 하나만으로도 그 점을 알 수 있다. 당신에게는 그 모든 걸 가능하게 만들 방법을 알고자 하는 욕구나 열망, 혹은 이유가 있다. 저 건너편 끝에 이르면 어떠할지 그려 볼 수 있지만 다만 활주로가 명료하게 눈에 들어오지 않을 뿐이다.

---

4 **Soccer Mom** 미국의 중산층 기혼여성으로 방과 후 미니 밴으로 아이를 축구 연습장에 데려가 아이의 축구 연습을 지켜볼 정도로 교육에 열성적인 엄마
5 **Pina Colada** 코코넛 크림에 파인애플, 체리 등을 얹어 만드는 트로피컬 칵테일

어쩌면 당신은 주변에 널린 그 모든 정보에 압도당한 상태인지도 모른다. 그래서 다음 행보를 어떻게 잡아야 할지 모르거나 아니면 그다지 효과가 없을 무언가에 시간과 돈을 낭비하게 될까 봐 두려울 수 있다. 어쩌면 두 경우 모두에 해당할 수도 있고. 경우가 어떠하든 가장 중요한 것은 가정을 토대로 급히 실행에 돌입해서는 안 된다는 사실이다. 내 아들이 처음에 성급히 종이비행기를 접었을 때 어떤 결과가 나왔는지 잘 알지 않는가? 조엘 바커(Joel Barker)는 이렇게 말했다.

"속도가 유용한 경우는 오직 올바른 방향으로 뛸 때뿐이다."

그리고 그것이 바로 내가 이 책을 쓴 이유다. 당신이 날개를 만들고 당신의 비행 경로를 올바로 예상하도록 돕기 위해서다.

나는 먼저 당신이 이륙 여부를 명확히 결정하도록 돕고 싶다.

당신의 아이디어에는 특별한 장점이 있는가? 당신이 진입하려는 시장에서 진정 성공할 수 있는가? 그저 시간과 자원의 낭비만 될 가능성은 없는가? 당신과 당신이 원하는 삶을 위한 훌륭한 아이디어인가? 다시 말해서 '과연 뜰 수 있는' 아이디어인가?

이 책은 당신이 그 점을 확실히 파악하도록 돕기 위해 탄생했다.

아들이 가장 좋아하는 TV 프로그램은 〈그것은 어떻게 만들어질까(How It's Made)〉라는 생산 현장 다큐멘터리와 〈호기심해결사(Mythbusters)〉라는 과학 실험 다큐멘터리다.

특히 〈호기심해결사〉는 디스커버리 채널에서 10년 넘게 방영하고 있는 프로그램인데, 과학적 방법을 동원해 대중적 신화나 속설의 진위를 가리는 내용이다. 사회적 통념을 과학적으로 확증하거나 깨뜨린다는 얘기다.

예를 들어 2004년에 방영된 한 에피소드에서는 금붕어의 기억력이 3초밖에 지속되지 않는다는 속설의 진위를 밝히기 위한 실험을 했다. 프로그램의 진행자인 제이미 하이네만(Jamie Hyneman)과 애덤 세비지(Adam Savage)가 금붕어에게 색깔 패턴을 인식하는 훈련과 수중 장애물 코스를 돌파하는 훈련을 시키고 확인해 본 결과, 해당 속설은 잘못된 것으로 입증됐다. 금붕어가 하루 이틀은 물론이고 한 달이 지난 시점에도 색깔 패턴과 장애물 코스를 기억하는 것으로 드러난 것이다.

오케이, 〈호기심해결사〉가 대체 무슨 상관이 있는 얘긴지, 요점이 무엇인지 궁금해 하리라 짐작된다.

요점은 우리의 아이디어가 이런 신화나 통념과 같다는 것이다. 우리는 아이디어의 결과를 놓고 이런저런 가정을 세울 수 있다. 하지만 적절한 방법과 데이터를 이용해 그런 가정을 검증하지 않으면 옳아 보이는 무언가에 빨려들었다가 완전히 잘못된 것임을 확인할 수도 있는 리스크를 감수하는 짓이다. 실험이 진리를 밝혀 준다는 뜻이다.

〈호기심해결사〉에서 그러듯 당신도 자신의 빅 아이디어를 통제 가능한 환경 속으로 축소해 놓은 후 어떻게 상황이 전개되는지 정확히 이해하고 확신에 찬 결정을 내려야 한다.

당신의 아이디어

———

당신에게는 아이디어가 하나 있다. 아니 천 개쯤 있는지도 모른다. 얼마 전 떠올린 새로운 것일 수도 있고 수년간 생각하고 다듬어 온 아이디어일 수도 있다. 냅킨 뒷면에 적은 몇 개의 단어일 수도 있고 혹은 이미 세부 계획에서부터 추정치 및 기대치까지 상세히 정리한 노트 여러 권 분량일 수도 있다.

아이디어가 생기면 우리는 거기에 사로잡힌다. 그 아이디어가 우리의 뇌 공간의 대부분을 차지하고 우리가 무슨 일을 하든(샤워를 하든, 운전을 하든, 심지어 잠을 자든) 시도 때도 없이 떠올라 번쩍이는 번개처럼 활기를 북돋기도 한다.

한편, 아이디어는 그냥 아이디어에서 끝나는 경우도 허다하다. 상상 속에서는 어떤 실질적 결과도 얻지 못하기 때문이다. 유명한 건축가 프랭크 로이드 라이트(Frank Lloyd Wright)는 이런 말을 남겼다.

"아이디어는 상상을 통한 구원이다."

훌륭한 아이디어는 많지만 기꺼이 행동을 취해 그런 아이디어를 구현하는 사람은 훨씬 드물다. 사람들이 좋은 아이디어를 머릿속에서 묵힐 뿐 실행에 옮기지 못하는 몇 가지 이유는 이렇다.

- 그 아이디어를 구현하기 위해 어디서, 어떻게 시작해, 어떤 단계를 밟아야 할지 모르기 때문이다.
- 아이디어는 많은데 어떤 것으로 가장 좋은 결과를 얻을 수 있을지 모르거나, 잘못된 선택을 내리고 싶지 않기 때문이다.
- 실패에 대한 두려움이 시작하지 못하는 것에 대한 걱정을 압도하기 때문이다.
- 스스로 아이디어를 구현할 자격이 있는지 확신하지 못하기 때문이다.
- 주변 사람들을 실망시키고 싶지 않기 때문이다.
- 이미 유사한 아이디어를 실행에 옮긴 사람들이 있다는 사실을 알기 때문이다.
- 행동을 개시하는 데 필요한 자원이 없기 때문이다.
- 그저 잘될지 확신이 서지 않기 때문이다.

물론 나는 앞으로 일어날 모든 것을 예측할 수는 없다. 하지만 존 F. 케네디(John F. Kennedy)가 남긴 다음과 같은 말을 되새기면 분명 도움이 될 것이다.

"실행에는 리스크와 대가가 따른다. 하지만 그것들은 편안한 게으름에 따르는 장기적인 위험에 비하면 아무것도 아니다."

다시 말하면 미래를 예측하는 가장 확실한 방법은 아무런 행동도 취하지 않는 것이다. 하지만 아무 일도 하지 않으면 아무것도 얻지 못한다.

이 책의 나머지 모든 부분은 당신의 아이디어가 끝까지 추구할 가치가 있는지 여부를 아는 방법을 배우도록 돕는 내용이다. 무엇이든 당신이 하기로 선택한 일에는 많은 시간과 정력을 소비하게 될 것이다. 따라서 사전에 약간의 시간을 투자해 당신의 아이디어에 일련의 리트머스 실험과 사고 실험을 가하는 것이, 그리하여 성공에 이를 최상의 기회를 부여하거나 (실험을 통과하지 못하는 경우) 빠르게 제거하는 것이 현명한 일이다.

이 책은 일련의 시험으로 구성돼 있다. 겁나는 학교 시험과는 다르니 안심하시라. 얼마나 잘 봤느냐에 따라 성적표를 받아들 때 웃거나 머리를 쥐어박아야 하는 그런 학교 시험과는 다른 종류다.

당신은 이들 시험에서 낙제할 염려가 없다. 시험의 당사자가 당신이 아닌 당신의 아이디어이기 때문이다. 시험의 결과가 어떻게 나오든 당신은 언제나 승자가 되는 게임이다. 어떤 경우든 다음 행보에 대한 명확한 지시를 얻게 되기 때문이다. 나아가 정복하거나 물러나 재편한 다음 다른 방식으로 다시 시도하라는 지시 말이다.

이 책을 읽으며 만약 당신의 아이디어가 추구할 가치가 없음을 발견한다면 당신은 엄청난 양의 시간과 돈을 절약하는 셈이 된다. 만약 책 읽는 과정의 말미에 효과적인 무언가를 찾았다는 확신이 생기면 당신은 그것을 추진하고픈 동기가 충만해질 것이다. 당신의 자신감은 강화되고 핑계와 변명은 무너질 것이다.

물론 어떤 사업이든 아이디어만 좋다고 반드시 성공하는 것은 아니다. 직무 수행과 설계, 마케팅, 카피 작성, 거래 제안 등 아이디어 이상의 많은 것이 필요하다. 하지만 이 모든 것이 있어도 아이디어 자체가 나쁘면 전혀 도움이 안 된다. 그래서 전문가 대부분이 아이디어 검증 부분을 빼먹고 비즈니스와 기업가 정신을 가르치는 현실이 내게는 미친 상황으로밖에 보이지 않는다.

당신을 위해 이 책을 쓰고 있지만 젊은 시절의 나를 염두에 두고 쓴다는 점을 밝힌다.

나는 지난 세월 몇 개의 사업을 성공시켰지만 완전한 실패 역시 수없이 경험했다. 그런 실패 각각을 되돌아보고 검토하며 나는 늘 다음 두 가지 중 하나로 요약되는 치명적 결함이 있었음을 깨달았다.

1. 돈 버는 일을 사람들에게 봉사하는 일보다 중요하게 여겼다.
2. 성급하게 뛰어들었다.

1번이 치명적 결함이라는 것을 많은 사람은 모른다. 하지만 사람을 먼저 생각하지 않으면 돈을 벌 수 없다는 것은 기정사실이다. 나는 사람보다 돈을 우선시하는 동안 아무런 보상도 얻지 못했으며, 그런 경험을 통해 우리의 수입은 사람을 이롭게 하는 일의 부산물이라는 사실을 배웠다.

그렇다면 2번은 어떠한가? 무언가에 흥미를 느끼고 곧바로 돌진하는 것은 어린아이들에게만 있는 행동 양식이 아니다. 모든 연령대에 흔한 일이며 특히 기업가 정신을 구현하는 우리에게는 더욱 그러하다.

불행히도 우리 대부분은 그런 본성에서 벗어나지 못한 상태다. 그래서 거기서 벗어나는 방법을 배워야 한다. 과거의 나는 시간을 낭비하고 싶지 않아 매번 성급하게 뛰어들곤 했다. 그러나 그런 성급함은 종종 내게 더 많은 시간과 많은 돈을 허비하게 만들었다.

2010년 나는 결국 출시도 못할 소프트웨어를 구축하느라 1만 5000달러를 허비했다. 아이디어에 살이 붙기도 전에 소프트웨어 개발자를 고용하는 등 너무 빨리 프로세스를 개시했다. 결과는 수없이 반복된 의사 불통과 금전 낭비, 엄청난 스트레스 그리고 베타 버전으로 돌려볼 가치조차 없는 소프트웨어였다. 그렇게 많은 값비싼 교훈 가운데 한 가지를 습득한 것이다.

나는 실패가 성공적인 기업가가 되는 과정의 일부라고 배웠다. 그렇다, 우리는 일단 방아쇠를 당기고 본다. 시작이 반이라는 그 흔한 말을 믿고 일단 출발하고 보는 것이다.

하지만 잠깐 생각해 보라. 먼저 약간의 시간을 투자해 아이디어의 유효성을 검증하고 출발하면 판이하게 다른 결과를 얻을 수 있다. 이건 상식이다.

아이디어를 채택해 수년간 공을 들인 후에야 그것이 결코 뜨지 못하리라는 것을 깨닫는다면 어떤 기분이 들지 상상이 되는가? 얼마나 큰 좌절과 낙심에 빠지겠는가?

사업 계획

———

이 책은 총 5장으로 구성되어 있다. 각각의 장은 당신의 비즈니
스 아이디어를 단계별로 검증해 나가도록 이끈다. 그 과정에서 우
리는 함께 당신의 비행 계획을 수립할 것이다. 우리는 그 비행 계획
에 성공적인 이륙과 비행을 위한 이상적인 조건을 설정할 것이다.

1부 임무 설계는 이 책의 가장 중요한 단계다. 여기서 우리는 일련
의 사고 실험을 수행하며 당신의 아이디어가 당신의 목표에 적절히
연결되는지 확인할 것이다.

나사(NASA)는 결코 '훌륭한 아이디어 같다'는 이유만으로 임무를
출범시키지 않는다. 당신 역시 그래야 한다. 모든 출범에는 특정한
목적이 존재하며 새로이 제안된 각각의 아이디어가 전반적인 계획
과 목적, 임무에 부합하는지 고찰하고 기획하는 데 많은 시간이 소
요된다. 달이나 화성으로 날아갈 것은 아니라도 당신은 앞으로 하
려는 일에 많은 시간과 노력 그리고 돈을 투자하게 될 것이고, 만
약 당신의 비즈니스 아이디어가 당신의 전반적인 임무에 부합하지
않는다는 사실을 발견하면 해당 아이디어의 철회 결정을 쉽게 내릴
수 있을 것이다.

성공적인 기업가는 사업뿐 아니라 삶에서도 성공적이어야 한다. 우리 주변에는 사업은 성공시켰지만 자신의 사업적 결정들이 스스로 원하는 삶과 괴리가 있어 여전히 불행을 느끼는 사업주가 적지 않다. 1부에서 수행할 자기 점검은 바로 그런 상황이 전개되지 않도록 조기 경고 징후를 발견하도록 도울 것이다.

2부에서는 개발 실험실에 들어가 당신의 아이디어와 관련해 미처 생각하지 못했던 중요한 세부 사항들을 알아내 살펴볼 것이다. 우리는 당신의 뇌에서 전개되는 여러 갈래의 사고를 탐구하여 그것들을 응집력 있고 공유 가능한 무언가로 조직해야 할 필요가 있다. 쉽게 말해서 당신의 아이디어에 대해 명확하게 정의를 내려야 한다는 뜻이다.

2부의 실행 연습을 통해 당신은 해당 아이디어가 실제로 어떠해 보이는지, 어떻게 느껴지는지, 그것만의 독특한 점은 무엇인지 등을 알게 될 것이다. 이 과정을 거친 후에는 당신이 실제로 뛰어들려고 하는 대상이 무엇인지에 대해 보다 명확한 인식을 갖게 될 것이고, 따라서 향후 취해야 할 방향에 대해 보다 잘 이해하게 될 것이다.

3부는 비행 계획 단계로서 당신이 진입하려는 시장의 현 상황을 진단하고 앞으로 무엇을 상대로 어떤 경쟁을 치러야 할지 파악하도록 돕는다.

설령 '파티에 늦은 게 아닌가' 하는 걱정이 드는 상황이라 해도 당신은 이미 그곳에 들어가 있는 다른 모든 사람들보다 훨씬 유리한 입장이라는 사실에 주목해야 한다. 당신의 타깃 시장이 어떤 식으로 돌아가고 무엇이 빠졌으며 어떤 기회가 존재하는지 등에 대해 큰 그림을 볼 수 있게 될 것이다. 그런 시각을 갖추면 당신은 보다 유리하게 자신을 포지셔닝할 수 있다.

우리는 당신의 타깃 시장이 존재하는 다양한 환경을 추적하고 틈새시장의 선두 주자를 파악할 것이며 어떤 제품이나 서비스가 이미 인기를 얻고 있는지 알아볼 것이다. 또한 몇 차례의 실행 연습을 수행해 당신의 타깃 고객이 겪고 있는 진정한 난제와 고충은 무엇인지 알아보고 당신이 그 시장에 들어가 기존의 플레이어들보다 더 나은 솔루션을 제공할 수 있는지 확인해 볼 것이다.

많은 사람이 이 단계를 건너뛰고는 잘 알지도 못하는 공간에 들어가 헤치고 나아가려 애쓰는 우를 범한다. 당신의 비행 계획은 사업 개시 첫날부터 당신에게 막대한 우위를 안겨 줄 것이다. 적절한 정보와 자신감으로 무장한 채 시장에 들어서도록 도울 테니 말이다.

4부에서는 '비행 시뮬레이션'에 들어가 연구조사를 통해 습득한 모든 것을 조합해 타깃 시장의 소단위별로 적용해 보면서 해당 아이디어의 실제적 유효성을 검증할 것이다.

많은 스타트업과 기업가들이 연구 조사만 적절히 수행하면 준비가 끝난 것으로 착각한다. 절대로 그렇지 않다. 실제 고객들을 대상으로 실제적 테스트를 수행해서 연구 조사 결과의 타당성을 검증하는 과정까지 거쳐야 한다. 사업이 실제로 성공하려면 고객들의 관심 이상의 무엇, 즉 충분한 거래가 발생할 수 있는지 여부를 확인해야 한다. 이는 많은 사업 모델의 경우 문자 그대로 유료 고객을 확보하거나 결제를 받을 수 있는지 여부 또는 제품이나 서비스를 갖추기 전부터 잠재 고객의 사전 주문을 받을 수 있는지 여부를 의미한다. 연구조사만으로는 이를 확인할 수 없는 경우가 많기 때문에 필히 실제 고객들을 대상으로 테스트를 해 봐야 한다.

제품이나 서비스를 갖추기도 전에 사전 주문을 받거나 대금 내지 계약금을 받을 수 있다는 생각이 허무맹랑하게 들릴 수도 있다. 하지만 타깃 시장을 충분히 잘 이해하고 고객들이 겪고 있는 고충을 정확히 진단하며 타당한 솔루션을 제공할 적임자로 인식시키면 충분히 가능한 일이다. 또한 그렇게 문을 열고 들어서면 진정한 기회를 잡을 수 있다.

마지막 5부 준비 완료에서는 아이디어를 실행에 옮길 준비가 끝났음을 확인하는 최종 분석을 수행할 것이다. 더불어 지금까지 습득한 많은 정보를 어떤 식으로 이용하고 전개해야 당신의 다음 행보에 대한 통찰을 얻을 수 있는지 살펴볼 것이다. 당신이 취해야 할 다음 단계들에 대해서 파악하는 방법도 배울 수 있다.

본격적으로 아이디어 검증에 들어가기에 앞서 독자 여러분에게 감사를 전하고 싶다. 이 책을 읽는 데 대해서뿐 아니라 영리한 접근 방식으로 사업을 도모하는 데 대해서도 고마움을 표하고 싶다. 이 세상은 당신과 같은 사람들을 필요로 한다. 당신의 열정과 영리함, 그리고 그것으로 세상에 기여하는 그 무엇을 필요로 한다. 자, 그러니 지금부터 함께 손을 잡고 중요한 무언가, 세상과 당신 자신에게 중요한 무언가에 당신의 귀중한 시간과 정력을 바칠 수 있도록 길을 열어 나가 보기로 하자.

임무 설계

"실행 없는 비전이 몽상이라면 비전 없는 실행은 악몽이다."

– 일본 속담

WILL IT FLY?

01

여정을 개시하기 전에

몇 년 전 제임스(James)라는 사람에게서 이메일을 받았다. 제임스는 내 팟캐스트의 청취자이자 오랜 팬이었다. 나의 팬들이 많은 이메일을 보내지만 그가 보낸 이메일은 제목부터 눈길을 끌었다.

제목: 나는 한 달에 2만 달러를 벌지만 행복하지는 않습니다

안녕하세요, 팻.

일단 이런 이메일을 보내서 미안합니다. 하지만 달리 호소할 데가 없군요. 날마다 당신의 목소리에 귀를 기울이다 보니 당신을 잘 아는

것처럼 느껴집니다. 만난 적은 없지만 친구처럼 여겨진다는 얘깁니다. 언짢으시다면 사과할게요.

어쨌든, 당신에게 감사를 전하고 싶어요. 당신은 이 사실을 모르겠지만 나는 당신에게서 온라인 사업을 성공시키는 방법에 관해 정말 많은 것을 배웠어요. 덕분에 현재 매월 2만 달러의 매출을 올리고 있지만 문제는….

전혀 성취감을 못 느낀다는 겁니다. 이 정도 돈을 벌면 행복해질 거라고 생각했는데 별로 행복하질 않습니다. 몇 년 전 내 회사를 시작하기 전에는 진짜 이 정도의 돈을 번다는 것이 꿈으로만 여겨졌었거든요. 이렇게 꿈이 실현되었건만, 자꾸 다른 생각이 듭니다. 내가 꿈에 대해 많은 생각을 하지 않았다는 자각, 인생에는 단지 돈 버는 것 이상의 훨씬 더 많은 것이 있다는 자각이라고 하면 맞을 겁니다.

사실 지금 왜 내가 당신에게 이런 이메일을 보내는 건지도 모르겠습니다. 아마 그냥 누군가에게, 이런 고민을 이해할 수 있을 만한 누군가에게 마음속 얘기를 털어놓고 싶은 거겠죠. 당신은 이런 점까지 이미 다 파악해 놓고 있는 것 같아요. 잘은 모르지만 그게 내가 당신에게서 받은 인상입니다. 그래서 그냥 이메일을 열고 타이핑을 하고 있는 겁니다. 생각하면 웃깁니다. 아무런 계획 없이 그냥 이렇게 타이핑을 시작했으니 말입니다. 온라인 사업을 시작할 때도 이렇게 아무런 계획 없이 시작했거든요. 분명 무언가 개선책을 찾아야 할 필요가 있다는 것, 그 점은 잘 압니다.

어쨌든, 답장은 기대하지 않습니다. 당신이 매우 바쁘다는 것을 잘 알고 있거든요. 그래도 당신이 하는 모든 일에 대해 감사를 전합니다. 고마워요, 팻.

　－ 제임스

나는 종종 업계 콘퍼런스에 참여해 강연을 한다. 강연이 끝나고 나면 나는 대개 기업가들과 어울려 호텔 바를 찾는다. 사업 얘기도 하고 저녁 시간의 여흥도 즐기려는 의도다. 그런 자리에서 사업 얘기는 으레 인생 얘기로 흘러가는데, 오랜 세월 그런 경험을 하면서 제임스와 같은 상황, 그러니까 사업은 성공해도 성취감은 느끼지 못하는 사업주의 경우가 그리 드문 게 아님을 알게 되었다.

"사는 건 좀 어떠세요?"

대화의 말미에 누군가는 동석한 누군가에게 꼭 이런 질문을 던진다. 만약 그 대답이 "끝내주게 좋습니다!"와 같은 정도로 나오지 않으면 나는 늘 좀 더 알고 싶은 마음이 든다.

기업가의 삶을 선택한다는 것은 곧 자유의 길을 택한다는 의미다. 자신의 뜻대로 삶을 살며 원하는 쪽으로 만들어 나가길 선택하는 것 말이다. 사실 누구나 이 자유를 누릴 수 있다. 하지만 의식적으로 자동조종장치를 끄고 자신의 미래에 대한 통제권을 손에 넣은 사람이 기업가다. 그렇기에 삶이 불행한 기업가에 대해 들으면 먼저 어떻게 하다가 그런 상황에 처하게 되었는지 궁금해진다.

삶이 불행한 것과 사업으로 인해 일시적으로 불행한 상태에 있는 것 사이에는 분명한 차이가 있다. 성공적인 사업체를 구축하는 일은 지속적인 도전과 시행착오, 실패를 수반하는, 올라가고 내려가고 또 올라가는 기복의 여정이다. 바로 그런 실패를 통해서 배우고 성장하며 성공적이고 의미 있는 무언가를 구축하는 쪽으로 경로를 수정한다.

실패는 표적을 맞추지 못했음을 의미하지, 모든 게 끝났음을 의미하지 않는다. 단순히 새로운 출발점에 서게 됐음을 의미한다. 당연히 실패는 피하기 위해 노력을 기울여야 할 무엇이긴 하지만 현실적으로 발생하기 마련이다. 사업 구축의 길에 언제나 장밋빛만이 깃들 순 없다. 어둠이 닥치거나 폭풍우가 칠 수도 있다. 그러나 그것이 여정의 일부라는 사실을 알면 우리는 그 과정을 즐길 수 있을 뿐 아니라 사업에 따르는 분투를 향유 가능한 삶에 포함할 수 있다.

그렇지만 성공적인 사업을 구축하는 것과 성공적인 삶을 만드는 것은 동의어가 아니다. 기업가 정신이 갈수록 인기를 끌고 멋진 무엇으로 비치면서 점점 많은 사람이 다니던 직장을 떠나 보다 나은 삶을 이루려 꿈꾸고 있다.

문제는 보다 나은 삶이 실제로 어떠해 보일지에 대해서는 생각해보지도 않은 채 그런다는 것이다. 사업체라고 모두 동일하게 창조되는 게 아니고 아이디어라고 모두 반드시 그것을 도출한 사람이 구현해야 하는 것도 아니다. 당신의 아이디어를 계속 추구하며 더욱 진전시킬 가치가 있는 경우는 그것이 당신의 생활 방식에 맞는 목표를 지원할 때뿐이다.

임무 설계의 목적은 당신의 목표가 당신 삶의 모든 영역에서 어떤 의미를 갖는지 이해하도록 돕고 당신의 타깃 아이디어가 그 증진에 부합하는지 여부를 결정하도록 돕는 것이다. 당신의 타깃 아이디어가 시장에서 어떻게 효력을 발휘할 것이냐는 그것이 먼저 '당신'을 어떻게 지원할 것인지 입증할 수 없는 경우 아무런 의미를 갖지 못한다.

이 과정을 생략하고 뛰어드는 것이 제임스 같은 사람들이 사업적 성공을 이룬 후에도 삶에 만족하지 못하는 이유다. 사업을 성공시키는 데는 많은 시간이 소요된다. 그렇게 시간을 들여 성공시킨다 해도 궁극적으로 후회할 일이라면 애당초 시작하지 않는 게 맞지 않을까?

어쩌면 당신은 이것이 사업 구축에 접근하는 완전히 이기적인 방식이라고 생각할지도 모른다. 하지만 결국 사업이라는 것은 다른 누군가의 고충이나 문제에 대한 솔루션을 제공하는 활동이다.

'아이디어가 인생 목표와 맞지 않는다'는 이유로 해당 아이디어를 버리는 쪽으로 마무리한다고 그게 그렇게 탐욕스럽고 자기중심적이라 할 수 있겠는가?

스스로 하는 일에 열정을 갖지 못하면 당신의 에너지는 궁극적으로 고갈되고 만다. 이는 만고의 진리다. 일을 하는 이유와 목표를 이해하고 타깃 아이디어가 그 이유를 지지한다는 것을 알면 보다 많은 동기가 부여될 것이고, 가장 중요하게는 사업의 여정에서 힘든 시기를 만나더라도 계속 헤쳐 나갈 힘을 얻게 된다.

우리는 아직 당신의 비즈니스에 대한 세부 사항을 다루는 것이 아니다. 이 시점에서는 필경 사업에 관련된 모든 것을 다 알지도 못할 것이다. 하지만 괜찮다. 우리가 지금 찾고 있는 것은 적색 깃발이다. 당신의 아이디어와 당신이 되고 싶은 바의 명백한 불일치 말이다.

임무 설계는 당신의 미래에 대해 생각해 보고 당신의 아이디어가 당신이 원하는 삶을 지원하는지 여부를 파악하도록 돕는 몇 가지 사고 실험과 연습으로 구성된다.

이 테스트를 거치고 나면 당신의 아이디어가 당신이 바라는 미래의 자신을 얼마나 지원하는지 알 수 있게 되고, 그 수준이 바람직할 때 당신은 이 책의 다음 부분으로 넘어가 더 많은 것을 배울 수 있다. 당신의 아이디어가 당신이 원하는 미래에 부합하지 않는 경우, 일단 이제라도 그 사실을 파악한 걸 기뻐하고 다른 아이디어로 처음부터 다시 시작해야 한다. 물론 그럴 때도 이 과정을 순서대로 밟아야 한다는 점을 잊지 말라.

각각의 테스트는 간결하고 명료하다. 당신의 시간을 아껴 주기 위해서다. 당신은 이 테스트를 하나하나 수월하게 치러 낼 수 있다.

이 책의 몇몇 연습은 글로 써서 적는 것을 요구한다. 당신을 돕기 위해 나는 무료 '과연, 뜰까 동반자 과정'을 만들어 놓았다. 책에서 언급하는 연습 문제지와 템플릿을 다운로드해서 이용하면 된다. 나는 또한 당신이 이 책에서 다루는 단계 이후의 경로까지 성공적으로 밟아 나아가도록 몇 개의 보너스 비디오를 포함시켰다. 이 책을 읽으며 동반자 과정을 이용하려면 아래의 주소에 접속하면 된다.

WILLITFLYBOOK.COM/COURSE

이제 당신이 진정으로 준비가 되었길 바란다. 우리의 첫 번째 실험이 바로 다음 페이지부터 시작될 것이므로.

WILL IT
FLY?*

02

공항 테스트

첫 번째 테스트는 '공항 테스트'라 이름 붙인 사고 실험이다. 이 책에 나오는 모든 테스트를 통해 당신이 하는 일에 대해 보다 잘 이해하고 당신의 비즈니스 아이디어가 당신의 삶에 부합하는지 여부를 알게 될 것이다.

사고 실험은 당신의 정황에 걸맞은 특정 교훈을 도출하기 위해 의도되었다. 따라서 최상의 결과를 얻기 위해 열린 마음으로 임해야 한다는 점을 잊지 말기 바란다. 자, 시작해 보기로 하자.

지금으로부터 5년 후, 당신은 공항에 도착해 있다. 대합실에 앉아 비행기 탑승을 기다리는데 누군가가 당신의 어깨를 두드린다. 고개를 돌려보니 학창 시절을 함께했던 옛 친구다. 당신의 얼굴에 환한 미소가 번진다. 친구가 외친다.

"그래, 넌 줄 알았어. 정말 오랜만이다!"

"그래, 정말 반갑다!"

당신도 진심으로 기뻐한다.

두 사람 모두 탑승까지 시간이 남았기에 커피 한 잔을 하기로 한다. 테이블에 앉자 친구가 묻는다.

"그래, 요즘 어떻게 지내? 재미 좋아?"

"아주 잘 지내. 더할 나위 없이 좋아!"

당신의 진심이다.

자, 여기서 핵심 질문을 던져보자.

지난 5년간 무슨 일이 있었기에(현실로 돌아와 말하면, 지금부터 5년 동안 어떤 일이 일어났기에) 당신은 친구에게 위와 같이 답할 수 있었을까?

지금 당신의 머릿속에 든 비즈니스 아이디어에 대해서는 신경 쓰지 마라. 그저 미래로 빨리 감기를 하고 5년 후 시점에 무엇이 진정으로 당신의 삶과 당신에게 가장 중요한 모든 것이 아주 좋다고 느끼도록 만들어 주었는가를 곰곰이 생각해 보라.

하지만 먼저 이 연습이 어디서 유래했고 왜 그렇게 중요한지에 대해서 알 필요가 있다.

이 사고 실험과 3장에서 보게 될 실험은 세계 최고의 부동산 기업인 켈러 윌리엄스(Keller Williams Realty Inc.)의 임직원 고용 프로세스에서 일부를 뽑아 개작하였다. 그 회사의 창업자인 개리 켈러(Gary Keller)와 켈러 윌리엄스 출판부 부사장인 제이 파파산(Jay Papasan)은 내가 가장 좋아하는 책인 『원씽』의 공동 저자다.

내가 이 연습의 바탕을 이루는 세부 사항을 알게 된 것은 제이와의 대화를 통해서다. 또한 그와 대화를 나누며 이 연습이 켈러 윌리엄스사의 고용 프로세스에서 왜 그토록 중요한지 그 이유도 이해했다.

고용 대상을 놓고 이 연습을 수행할 때 회사는 사실 회사가 잠재적 직원의 비전과 목표를 지원할 수 있는지 여부를 확인한다.

만약 대상자가 회사에서 지원할 수 없거나 회사의 비전과 어울리지 않는 미래를 그리면 합류시키지 않기 수월해진다. 그러한 결과는 양자에게 이로운 것이다. 서로 조화를 이루지 못하는 엇갈린 미래를 미연에 방지할 수 있기 때문이다.

해당 프로세스를 내게 설명하며 제이는 이렇게 말했다.

"우리 회사에서 일하는 것으로는 달성할 수 없는 무언가를 꿈꾸는 지원자에게 입사를 불허하는 게 나의 의무이지요."

고용 프로세스의 독특하고도 반(反)직관적인 전개가 아닐 수 없다. 일반적으로 회사는 당장 채워야 할 필요가 있는 자리에 걸맞은 기술을 가진 사람을 채용하기에 하는 말이다. 하지만 지원자가 꿈꾸는 미래를 밝혀내면 회사는 그의 입사가 양자 간의 훌륭한 결합

인지 아닌지 쉽사리 알 수 있다.

만약 어울리는 결합이면 양 당사자는 확신을 갖고 서로 공통의 미래를 향해 나아가도록 기꺼이 돕고 지원할 수 있다. 만약 어울리지 않으면 양 당사자는 역시 확신을 갖고 각자의 길을 가며 서로의 금전적, 시간적 비용을 아껴 줄 수 있다.

우리는 이와 동일한 연습을 이용해 당신의 타깃 아이디어가 당신이 꿈꾸는 미래와 동일선상에 놓이는지 파악할 것이다. 당신이 지금 적절한 결정을 내리는지 확실히 알기 위해 미래의 당신 자신과 인터뷰를 실시하는 것으로 간주하라. 해당 아이디어를 계속 추진해 나갈지 여부를 알아보자는 것이다.

기업가는 아이디어 갈아타기로 악명이 높다. 새로운 아이디어를 찾아 계속 이 아이디어에서 저 아이디어로, 때로는 빨리 또 때로는 느리게 옮겨 가는 성향이 있다. 여기서 우리가 수행하는 연습의 목적에는 이런 갈아타기 성향을 잠재우는 것도 포함된다.

왜 5년인가?

우리가 왜 1년이나 10년이 아닌 5년 후 미래에 대해 특정적으로 논하는지 생각해 보는 것도 중요하다.

5년은 꽤 긴 시간이지만 너무 긴 시간은 아니다. 누구든 특정한 이정표와 목표에 도달하는 실행 가능한 계획을 세워 합리적으로 조망해 볼 수 있는 시간이다. 또한 즉각적인 행동에 들어가는 것이 특이해 보일 정도로 먼 미래도 아니다.

예를 들어 고등학교 2학년이나 3학년 시절을 떠올려 보자.

학생들 대부분 대학교 생활은 어떠할지 생각해 보는 시기다. 고등학생들은 대개 어느 대학에 진학하고 싶은지, 전공은 어떤 것을 택할 것인지, 서클 활동은 어떤 종류에 참여할 것인지 등에 대해 나름대로 추정하고 상상해 본다. 1~2년 후의 일이지만 학생들은 자신의 추정에 따라 계획을 세우고 목표를 이루는 데 필요한 행동을 취할 수 있다. 하지만 삶의 그 시점에서 어떤 학생이든 대학 졸업 이후의 삶이 어떠할지 정확하게 그려 보기는 힘들다. 그사이에 삶을 바꾸는 많은 일이 벌어질 수도 있는 먼 미래이기 때문이다.

한편 단지 1년 후의 미래에 대해 생각하는 것에는 나름의 문제가 따른다. 물론 어떤 목표들에 대해서는 1년 앞서 생각하는 것이 완벽한 전략이 될 수 있다. 그 365일을 주 단위나 월 단위로 나눠 성취도를 평가하고 조정해 나갈 수 있기 때문이다. 그러나 이는 또한 우리가 큰 비전을 품지 못하게 할 가능성이 있다. 단기적 목표와 단지 1년 안에 이룰 수 있는 것에 대해서만 생각하도록 조장하기 때문이다.

그래서 5개년 계획이 그렇게 흔하고, 이 특정한 연습이 지금 당신에게 그토록 중요한 것이다. 당신의 5개년 계획이 어떠한지 확인하고 그것이 당신의 타깃 아이디어와 어울리는지 알아볼 것이다. 만약 서로 어울리지 않는다면 당신은 계획을 바꾸는 게 아니라 아이디어를 바꾸면 된다. 그렇다고 지금 당신에게 그 흔한 전통적인 경로를 따라 지금부터 5년 이내에 달성하고 싶은 것을 적어 보라고 요구하지는 않을 것이다.

첫째 그것은 무척 지루하고, 둘째 실제적 현실의 맥락에서 당신이 이루고 싶은 바를 생각하는 것이 보다 의미 있기 때문이다. 답을 찾는 당신의 과정에 진실한 감정을 담아야 보다 깊고 정직하게 생각해 볼 수 있다.

자, 이제 이 연습의 중요성을 알았으니 다시 우리의 작은 사고 실험으로 되돌아가자. 지금부터 5년 후 우연히 친구를 만나 대화를 나누는 그 공항의 커피숍으로 다시 돌아가 보자.

"아주 잘 지내. 더할 나위 없이 좋아!"

좋은 친구라면 당연히 밝게 웃으며 이런 식으로 화답할 것이다.

"아주 잘됐구나. 그런 말 들으니 정말 기쁘다! 얘기 좀 더 해 봐! 궁금하다. 어떻게 지내기에 사는 게 더할 나위 없이 좋은 거야?"

여기서 사고의 원활한 진행을 돕기 위해 작은 연습 문제를 하나 준비했다. 같이 풀어 보기로 하자.

당신이 가진 아이디어의 기술적인 세부 사항과 그것이 당신의 타깃 시장에 얼마나 적합한지에 대해 살펴보기 전에 먼저 우리는 그 잠재적 아이디어가 당신에게 적합한지부터 이해해야 한다. 당신은 어떤 사람이며 무엇을 원하는가? 당신의 목표와 야망은 무엇인가? 당신에게 중요한 것은 무엇인가? 이 모든 것을 지금 정의하는 것이 중요하다. 당신 자신에 대해 배우는 내용이 앞으로 당신의 모든 결정을 인도할 테니까.

이런 내용을 알지 못한 채 아이디어에 시간과 에너지, 돈을 투자하는 것은 어디로 가는지도 모르면서 비행기를 조종하는 것과 같다. 이륙조차 못할 수도 있고 설령 날아오른다 하더라도 결국은 연료가 떨어져 다시 지면에 내려오는 것으로 끝날 수도 있다. 당신이 원하는 곳과는 상당히 떨어진 어떤 곳에 도착하는 것으로 끝날 가능성이 높다는 얘기다.

시작해 보자.

1단계: 문제지 준비

먼저 2장을 위한 문제지를 출력하라. 아래의 온라인 주소에 있는 무료 보너스 자료에서 〈공항 테스트〉를 찾아 출력하면 된다.

WILLITFLYBOOK.COM/COURSE

만약 모종의 이유로 지금 당장 이 보너스 자료에 접속할 수 없더라도 걱정 말라. 그저 종이 한 장 꺼내서 접으면 된다. 펼쳤을 때 같은 크기의 면이 네 개가 되도록 가로로 한 번, 세로로 한 번 접도록 하라.

2단계: 당신의 인생에서 가장 중요한 네 가지 범주를 정한다.

종이 위의 4분면 각각에 당신이 인생에서 가장 중요하다고 느끼는 네 가지 범주를 적는다.

그것이 무엇이든 당신이 원하는 대로 범주를 정하면 된다. 나는 그 네 개의 범주를 다음과 같이 정했다.

- 가족
- 직업
- 재정
- 건강

당신이 정한 범주는 이와 유사할 수도 있고 완전히 다른 무언가가 포함되었을 수도 있다. 어쩌면 여행이나 운동, 음악 같은 것이 당신의 주요 범주일 수도 있다. 다시 말하지만 당신 자신의 선택이 중요하다. 약간의 시간을 갖고 무엇이 당신과 미래의 당신에게 가장 중요한지 생각해 보라. 네 가지 범주를 정했으면 이제 종이의 4분면 각각의 맨 위에 하나씩 적어라.

가족	직업
재정	건강

3단계: 지금부터 5년 후의 삶이 어째서 끝내주게 멋진지 결정한다.

재밌는 부분이 시작됐다! 당신이 정한 각각의 범주에 5년 후의 삶이 멋지려면 어떤 일이 벌어지고 있어야 하는지 적는 것이다.

소원 목록이나 꿈을 적는 것으로 간주하지 말기 바란다. 또한 거기에 도달하는 데 필요한 조건들에 대해서도 신경 쓰지 말라. 이 사고 실험에서 당신이 적는 것은 '지금부터 5년 후의 당신의 현실이 되는 것'이다.

순서는 아무래도 상관없다. 그저 미래의 삶을 멋지게 만들어 주는 것은 무엇이든 적어라.

다만 한 번에 한 범주에만 집중하라. 나도 당신과 함께 이 연습 문제를 풀기로 했으므로 내가 적은 것을 보여 주겠다. 나의 첫 번째 사분면은 가족이다.

가족

- 아내와 나는 결혼 11년 차에 접어들었고 여전히 서로를 열렬히 사랑한다.
- 나는 날마다 아내와 함께 차를 몰고 우리의 아이들을 학교에 데려다주고 데려온다.
- 우리의 아이들은 건강하고 행복하며 적극적으로 배우려고 한다.
- 나는 수시로 식사 준비를 하고 저녁 식사는 거의 매일 가족 모두가 함께한다.
- 두 달에 한 번 휴가를 떠나는데 학기 중에는 간단하게, 방학 중에는 거창하게 가족 여행을 떠난다.

FAMILY 옷옷옷옷 가족

PROFESSIONAL 직업

FINANCES 재정

HEALTH 건강

- 우리는 기분이 안 좋을 때조차도 서로 마음을 열고 솔직하게 대한다.
- 아내와 나는 아이들이 건강하고 행복한 삶을 위한 현명한 결정을 내린다고 믿는다.
- 나는 가족과 함께할 때는 정신적으로도 완전하게 가족에 몰입한다.
- 우리 아이들은 기업가 정신에 대단히 큰 관심을 갖고 있으며 자신의 사업을 시작하는 것에 대해 배우고 있다.

자, 이제 당신 차례다. 당신의 첫 번째 사분면에 가능한 한 많은 항목을 채워라. 구체적인 내용도 좋고 포괄적인 내용도 좋다. 목표를 적는 게 아니라는 점을 명심하라. 해당 범주와 관련해서 당신이 바라는 5년 후의 이상적인 삶이 어떤지 적는 것이다.

첫 번째 범주가 끝나면 나머지 사분면으로 옮겨가 마찬가지 방식으로 적어 나가면 된다. 종이를 가득 채우길 바란다. 내가 적은 나머지 내용은 다음과 같다.

직업

- 나는 여전히 기조 연설가로 뛰며 돈을 벌고 있다. 한 달에 한 번꼴로 다른 도시나 다른 나라로 가서 크고 작은 청중들을 상대로 비즈니스와 기업가 정신에 대해 강연한다.
- 몇 권의 책을 발표했는데, 그중 한 권은 〈뉴욕타임스〉 베스트셀러가 되었다.
- 나는 십여 개 기업 및 조직의 컨설턴트로 일한다. 제품이나 서비스를 내가 신뢰하고 기꺼이 이용하는 기업이나 조직의 사업만 돕는다.

- 나는 학생들에게 기업가 정신을 가르치며 그와 동시에 아이들과 부모 사이에 강력한 유대가 생성되도록 돕는 비영리 기구를 창설해 운영하고 있다.
- 나는 내가 일을 하는 매 순간을 여전히 절대적으로 사랑한다. 난관에 부딪혔을 때에도 마찬가지다.
- 나는 매월 한 차례 샌디에이고 시내에서 독자 및 청취자들과 만남의 시간을 갖는다. 누구든 와서 나와 점심을 함께할 수 있다. 그 자리에서 우리는 함께 기업가 정신을 논하는데, 나는 내게 들어오는 모든 질문에 최대한 성실히 답한다.
- 나의 일정은 여전히 아주 유연해서 언제든 가족과 함께 시간을 보내거나 휴가를 가기 위해 며칠 정도 뺄 수 있다.
- 우편함이나 이메일 받은 편지함을 열어 볼 때마다 내가 도움을 제공한 사람들이 보낸 수십 통의 감사 편지를 보고 감사하는 마음을 갖는다.
- 나는 여전히 윤리적 마케팅 관행을 준수한다.

재정

- 집 살 때 받은 주택 담보대출을 다 갚았으며, 따라서 빚이 전혀 없다.
- 세 채의 다른 부동산에 투자해 임대료를 받고 있으며 관리 역시 제대로 되고 있다.
- 아이들의 대학 학비를 위해 돈을 모으고 있다.
- 우리의 은퇴 연금 개인 분담금은 매년 최대치를 경신하고 있다.
- 우리는 매년 적어도 10만 달러 이상을 우리가 지지하는 조직과 자선단체에 기부하고 있다.

- 아내와 나는 재정과 관련된 그 어떤 사안을 놓고도 언쟁을 벌이지 않는다.

- 우리의 아이들은 용돈을 받지 않는다. 대신 집안일을 돕거나 예의범절을 지킴으로써 그에 합당한 수수료를 받는다.

- 우리 아이들은 문제가 생겼을 때 해결의 노력을 기울이기 전에 징징거리면 '불평불만 통'에 벌금을 집어넣어야 한다는 것을 잘 이해하고 있다.

- 우리는 비상시에 최소 2년은 버틸 수 있는, 비교적 유동적이고 손쉽게 확보할 수 있는 비상 자금을 보유하고 있다.

- 우리는 재정과 관련해 현명한 결정을 내리며 단지 그럴 수 있다는 이유만으로 돈을 쓰지는 않는다.

- 그렇지만 우리가 원하고 즐기는 것에 돈을 쓰는 것에 대해서는 결코 주저함이 없다. 특히 가족 여행이 그러하다.

건강

- 나는 예전의 그 어느 때보다도 활력이 넘친다!

- 힘이 넘치는 느낌이라 아이들과 보조를 맞출 수 있다. 특히 함께 운동을 할 때 그러하다.

- 철인 3종 경기에 출전할 계획이라 정식 훈련을 개시했다.

- 또한 조기 축구회에 가입해 주말마다 뛰고 있다.

- 복부에 식스 팩을 보유하고 있다(힘주지 않아도 자연스럽게 식스 팩이 나온다).

- 나는 건강 식단을 준수하고 그럼으로써 아이들에게 모범이 된다.

- 나는 매일 아침 명상의 시간을 갖고 하루하루를 명료하고 자신감 넘치는 정신

으로 시작한다.

- 나와 아내는 둘 다 우리 아이들에게 건강한 생활 방식의 모범을 보여 주고 있다.
- 나는 사실상 스트레스가 전무하며 그래서 행복하다!

이 연습 문제를 모두 마친 내 종이를 보여 주고 싶다, 모양이 예뻐야 할 필요는 없다. 그저 당신 자신이 담겨 있으면 된다.

당신의 사분면 작성을 완료하고 나면 당신이 적은 모든 내용을 다시 검토해 보기 바란다. 거기에 적힌 내용이 바로 당신이 되고자 하는 당신이며 앞으로 내릴 몇 가지 결정의 기초가 된다.

내가 처음 이 연습 문제를 풀었을 때 내가 되고자 하는 바에 이르는 데 필요한 많은 일을 하고 있지 않다는 사실을 깨달았다. 그리고 내 생활의 특정 부분들에 변화를 가해야 한다는 사실이 명확해졌다. 미래의 나를 실현하려면 특히 건강 부문에서 생활을 바꿔야 했다. 그와 동시에 이 연습은 내가 이미 행하고 있는 것과 가고자 하는 경로의 많은 부분을 승인해 주기도 했다. 특히 가족 부문에서 그랬다.

이 연습을 다른 사람들과 공유했을 때 어떤 사람들은 눈물을 글썽이기까지 했다. 특히 모든 내용을 종이 위에 적어 놓은 후 자신이 원하는 삶을 살고 있지 않다는 사실을 깨달은 사람들이 그랬다. 만약 당신도 그런 깨달음이 일었다면 참으로 다행이다. 수년 후가 아닌, 때로는 너무 늦은 그 시점이 아닌 지금 그런 자각이 일었다면 당신은 몇 가지 중요한 변화를 도모할 시간이 있는 것이다. 목적지를 염두에 두고 거기에 다다를 수 있는 적절한 비행 계획을 세울 수 있기 때문이다.

이 연습 문제에 대한 당신이 반응이 어떠하든 나는 당신이 그 종이를 내버리지 않기만 바란다. 적어도 이 장이 끝나기 전까지는 말이다. 나와 함께 행할 한 가지 특별한 일이 더 있어서 하는 말이다.

FAMILY

- APRIL & I ARE 11 YEARS INTO OUR MARRIAGE & WE ARE STILL MADLY IN LOVE W/ EACH OTHER

- I GET TO GO WITH APRIL TO SCHOOL TO DROP OFF & PICK UP OUR KIDS EACH DAY.

- THE KIDS ARE HEALTHY, HAPPY & ACTIVELY WANTING TO LEARN ON THEIR OWN.

- I COOK AND WE HAVE A DINNER TOGETHER AS A FAMILY ALMOST EVERY SINGLE DAY OF THE WEEK

- EVERY COUPLE OF MONTHS WE GO ON A VACATION, SMALL ONES DURING THE SCHOOL YEAR, AND BIG ONES DURING THE SUMMER WHEN SCHOOL IS OUT

- WE ARE ALL OPEN & HONEST W/ EACH OTHER, EVEN WHEN WE ARE UPSET.

- APRIL & I TRUST THE KIDS TO MAKE WISE DECISIONS THAT PROMOTE A HAPPY & HEALTHY LIFE.

- I'M 100% PRESENT WITH MY FAMILY MENTALLY WHEN I'M WITH THEM PHYSICALLY

- MY KIDS ARE SUPER INTERESTED IN ENTREPRENEURSHIP & LEARNING ABOUT STARTING THEIR OWN BUSINESSES TOO.

PROFESSIONAL

- I CONTINUE TO GET PAID AS A KEY ... ONCE A MONTH I TRAVEL TO DIFFERENT ... WORLD TO SPEAK TO AUDIENCES BIG & SMALL & ENTREPRENEURSHIP

- I'VE WRITTEN SEVERAL BOOKS, INCLUDING ...

- I'M AN ADVISOR FOR A DOZEN COMPANIES ... THAT I LOVE & ENJOY USING MYSELF

- I'VE FOUNDED A NON-PROFIT ORGANIZATION ... TEACH KIDS THE PRINCIPALS OF ENTREPRENEURS ... CREATING STRONG BONDS BETWEEN THOSE ... THEIR PARENTS

- I CONTINUE TO ABSOLUTELY LOVE EVERY ... WHAT I DO, INCLUDING THE CHALLENGING ...

- I HAVE A RECURRING MONTHLY MEETI... SAN DIEGO WHERE ANYONE CAN COME & J... LUNCH WHILE WE ALL TOGETHER DISCUSS ... & I ANSWER AS MANY QUESTIONS AS PO...

- MY SCHEDULE CONTINUES TO BE EXTREMELY ... WHERE I CAN TAKE ANY DAY OFF I'D LIKE TO ... W/ THE FAMILY OR GO ON VACATION

- EVERYTIME I VISIT MY MAIL BOX, I GET ... THANK YOU LETTERS FROM PEOPLE I'VE HELPED ...

- I CONTINUE TO PRACTICE ETHICAL MARKET ... I HAVEN'T GONE TO THE DARK SIDE.

FINANCES

- OUR PRIMARY HOME IS FULLY PAID FOR AND WE HAVE ZERO DEBT

- WE HAVE 3 OTHER INVESTMENT PROPERTIES THAT WE USE FOR RENTALS THAT ARE COMPLETELY MANAGED.

- OUR KIDS COLLEGE FUNDS ARE TAKEN CARE OF.

- RETIREMENT ACCOUNT CONTRIBUTIONS ARE BEING ... OUT EACH YEAR.

- DONATE & CONTRIBUTE AT LEAST 6-FIGURES/YEAR TO ORGANIZATIONS & CHARITIES WE SUPPORT

- MY WIFE AND I NEVER FIGHT ABOUT ANYTHING RELATED TO FINANCES

- OUR KIDS DO NOT EARN AN ALLOWANCE, BUT INSTEAD EARN A COMMISSION BY DOING CHORES & ILLUSTRATING GOOD BEHAVIOR

- THE KIDS UNDERSTAND THAT THEY LOSE MONEY BY CONTRIBUTING TO A COMPLAINT JAR EVERYTIME THEY WHINE ABOUT SOMETHING BEFORE TRYING TO SOLVE THE PROBLEM FIRST

- WE HAVE AN EMERGENCY FUND THAT'S RELATIVELY LIQUID & EASY TO ACCESS THAT COULD COVER TWO YEARS OF EXPENSES.

- WE MAKE WISE FINANCIAL DECISIONS AND NEVER SPEND MONEY JUST BECAUSE WE CAN.

- HOWEVER, WE NEVER WORRY ABOUT SPLURGING ON THE THINGS WE LOVE TO DO & ENJOY, ESPECIALLY RELATED TO TRAVEL WITH THE FAMILY.

HEALTH

- I AM MORE ENERGETIC THAN EVER!

- I FEEL STRONG & CAN KEEP UP WITH TH... ESPECIALLY WHEN PLAYING SPORTS

- I'M CONTINUING TO COMPETE IN TRIA... AND HAVE EVEN BEGUN TRAINING FOR ... IRONMAN.

- I'VE CHECKED OFF FINISHING A FULL MARA... MY BUCKET LIST

- I'M ALSO ON A SOCCER TEAM THAT PL... HERE NEAR WHERE I LIVE.

- I HAVE A SIX-PACK (WITHOUT HAVING ... AND FLEX).

- I MAKE HEALTHY EATING CHOICES AND ... EXAMPLE TO MY KIDS IN THAT WAY ...

- I MEDITATE EVERY SINGLE MORNING ... CLEAR, CONFIDENT MIND WHEN I A... EVERY SINGLE DAY.

- MY WIFE AND I BOTH HAVE BECO... TO OUR KIDS TO INSPIRE THEM TO ... HEALTHY LIFE STYLES.

- I AM VIRTUALLY STRESS FREE, AND ...

백 투 더 퓨처

다음의 질문에 대해 생각해 보라.

이제 당신은 당신의 미래에 대해 안다. 당신의 삶에서 가장 중요한 영역을 확인한 터다. 또한 당신은 미래에 당신이 정확히 어떠해 보이기를 원하는지도 한다. 그렇다면 당신이 지금 머릿속에 보유하고 있는 비즈니스 아이디어는 미래의 당신 자신과 어울리는가?

불행히도 우리는 미래로 넘어가 지금의 아이디어를 그대로 추진하면 실제로 어떤 일이 벌어지는지 정확히 확인할 방도가 없다. 하지만 그 아이디어가 성공하게 되면 어떤 양상을 띠게 될지에 대한 일정한 생각이 당신에게 있으리라는 건 분명하다.

이 질문의 목적은, 그리고 이 연습의 부차적인 목적은 적색 깃발 (위험 인자)을 포착하는 것이다. 우리는 지금 당신의 머릿속에 있는 아이디어가 현재의 당신은 물론 미래의 당신에게 걸맞은 것인지 여부를 명확히 밝히고자 한다.

문제는 대부분의 경우 아직 충분한 정보를 확보하지 못한 상태라는 것이다. 그래서 이 책의 나머지 부분이 존재하는 것이다. 앞으로 우리가 함께 치를 몇 개의 테스트가 더 있으며 이 장 이후의 본문 가운데 4분의 3은 당신의 아이디어를 보다 명확히 다듬고 고객 연구조사를 수행하고 당신이 택한 타깃 시장에 적합한지 확인하는 내용이라는 점을 기억하라.

필경 몇몇 독자에게는 이 사고 실험이 마침 딱 필요한 시점에 접하는 것일 것이다. 내 경우가 그랬다. 지난 세월 나의 비즈니스가 계속 성장세를 타고 점점 많은 사람이 내가 누구고, 무슨 일을 하며, 무엇을 가르치는지 알게 됨에 따라 갈수록 많은 매력적인 기회들이 내 앞에 제시되었다. 개중에는 정말 그냥 지나치면 미친 것으로밖에 보일 수 없는 기회도 다수 있었다.

하지만 대부분이 내가 그리는 나의 미래상과 부합하지 않았고 그래서 거부하기가 수월했다.

당신은 이 책을 읽으며 결정을 내려야 한다. 당신이 가진 아이디어를 고수하고 추진해 나갈 것인지 아니면 당신이 되고자 하는 바와 부합하지 않는 경우 다른 아이디어로 다시 시작할 것인지 말이다.

어떤 경우든 당신에게 이로운 결과임을 명심하라. 당신의 아이디어를 버리게 된다 해도 이제는 생판 처음부터 다시 시작하는 것이 아니다. 이미 정해 놓은 당신의 4분면이 있지 않은가? 자, 장을 넘어가 다음 테스트에 임해 보자.

역사 테스트

전 장에서 우리는 5년 후 미래로 시간 여행을 떠나 당신의 타깃 아이디어가 당신의 이상적인 생활 방식과 맞는지 여부를 알아보았다. 두 번째 실험에서는 다시 타임머신으로 들어가 미래가 아닌 과거로 시간 회로를 맞출 것이다.

그렇다면 과거의 어느 시점으로 돌아가 보는 게 좋을까? 사람마다 다르다. 당신이 처음 사회생활을 시작했거나 첫 직장에 출근한 시점이 어떨까?

과거로 돌아가 살펴보기 때문에 '역사 테스트'라고 이름 붙였다. 당신 자신의 과거를 검토하고 교훈을 얻기 위함이다. 보다 나은 미래를 창조하기 위해서 말이다. 역사 공부의 목적이 그런 게 아니던가! 미국의 작가이자 평론가인 로버트 펜 워렌(Robert Penn Warren)은 역사에 대해 이렇게 말했다.

> "역사는 우리에게 미래를 위한 프로그램을 제공할 순 없지만 우리 자신과 우리의 공통된 인간성에 대한 보다 나은 이해는 제공할 수 있다. 그 덕분에 우리가 미래를 보다 잘 맞이할 수 있는 것이다."

이 역사 테스트에서 당신은 지금까지 수행하고 맡고 참여한 모든 일과 직위, 활동을 되돌아볼 것이다. 일과 관련된 당신의 과거 경험을 연대순 로드맵으로 구성하면 당신이 어떤 사람이고 어떤 일이 당신에게 최상인지를 알 수 있는 몇 가지 재밌는 패턴을 발견할 수 있다.

과거에 일들로 목록을 작성한다는 점에서 이력서를 쓰는 것과 유사하다. 하지만 전통적인 이력서는 피상적인 내용만 나열하기 때문에 당신이 진정 어떤 사람인지 이해할 수 없는 데다 지루하다. 이 특별한 연습에서는 보다 깊이 파고들어 당신의 강점과 약점에 대해서 알아보기로 한다.

당신이 어떤 종류의 일을 좋아하거나 싫어하는지, 어떤 분야에 자연스레 끌리는지 정확히 알게 될 것이다. 그리고 마지막으로 당신의 타깃 아이디어가 당신의 성격에 맞는지 여부, 당신이 지난 세월 스스로 밟아 온 궤도와 어울리는지 여부도 확인하게 될 것이다.

그러한 과정을 거치는 동안 전과 마찬가지로 나 역시 동일한 테스트를 치르며 당신을 도울 것이다. 그런 후 당신에게 몇 가지 질문을 할 것이다. 당신이 작성한 내용을 분석해 당신의 타깃 아이디어가 당신의 전반적인 인생 스토리와 어울리는지 확인하도록 돕기 위해서다.

하지만 시작하기 전에 먼저 당신의 타깃 아이디어가 당신의 과거와 어울리지 않는 것처럼 보일지라도 반드시 그것을 버려야 한다는 의미는 아니라는 사실을 말하고 싶다.

그 이유는 어쩌면 당신에게 변화를 모색해야 할 시기가 도래한 것일 수도 있고 당신이 현재 전혀 다른 무언가를 찾고 있는 중일 수도 있기 때문이다.

예를 들면 당신이 지금까지 줄곧 소매업 부문에 종사해 왔다고 해서 반드시 계속 그 부문에 종사해야 한다는 것을 의미하지는 않는다. 나는 당신이 이 연습을 이용해 과거 당신의 번영을 도운 경험이 무엇인지 발견하길 원한다. 당신은 그런 경험의 특성을 파악해 당신의 타깃 아이디어에 병합할 수 있다. 어쩌면 당신은 과거의 일에서 쌓은 기술이 완벽하게 타깃 아이디어를 지원한다는 사실을 발견할지도 모른다. 또한 당신의 역사는 타깃 아이디어가 실제로 어떤 식으로 전개될지 추정하는 데 도움이 될 수도 있다.

이 연습 문제 역시 오답은 없다. 당신 자신에 대해 파악하고 적색 깃발을 경계하는 방법을 배우는 것뿐이다. 당신의 타깃 아이디어를 계속 추진하든, 포기하든, 당신이 이 책의 1부에서 배우는 내용은 계속 남을 것이며, 따라서 다음에 다른 아이디어로 다시 시작할 때에는 훨씬 빠른 속도로 테스트해 볼 수 있을 것이다.

이전 실험에서와 마찬가지로 몇 가지를 작성해 보기로 하자. 물론 willitflybook.com/course에 접속해 3장을 위한 문제지(The History Test)를 출력할 수 있고, 모종의 이유로 지금 접속이 불가능하면 그냥 빈 종이 한 장을 준비하라. 이전 연습에서와 마찬가지로, 나는 당신과 함께할 것이다.

1단계: 무엇

우리는 이 테스트를 완수하기 위해 과거의 여러 경험을 살펴볼 것이다. 하지만 우선은 당신이 가졌던 첫 번째 직업으로 시작하는 것이 좋겠다. 만약 아직 직업을 가져 본 적 없는 독자라면 어떤 일이든 과거에 일정한 시간을 투자해서 이런저런 방식으로 기여한 무엇으로 시작하기 바란다.

예를 들어 당신이 아직 학생이라면 서클 활동이나 운동 팀에서의 경험을 생각하면 될 것이다. 현재 하고 있는 일을 포함해서 당신이 관여한 무슨 일이든 해당한다. 나는 첫 번째 항목을 다음과 같이 적었다.

> 무엇: 샌디에이고 소재 피크닉 피플(Picnic People)의 직원

(참고로, 피크닉 피플은 샌디에이고 지역에서 기업체들의 야유회를 기획하고 주선하는 회사다.)

2단계: 언제

첫 번째 항목 바로 아래에 다음과 같이 언제 그 일을 했는지 그 시기를 적는다.

> 언제: 1998-2000

3단계: 좋은 부분

이제 그 일의 좋았던 부분을 적는다. 아래 질문에 대해 세 가지 답변을 적어 보라. 나의 웹사이트에서 문제지를 출력한 상황이 아니라면 질문부터 적고 그 아래에 답을 적는다.

> 그 일과 관련해 좋았던 것은 무엇인가?
>
> 1. 친구들 몇 명과 함께 일해서 즐거웠다.
> 2. 나의 스케줄이 매우 유연해서 근무하고 싶은 날을 내 맘대로 정할 수 있었다.
> 3. 사람들이 즐거운 갖도록 도울 수 있어서 좋았다.

4단계: 가장 기억에 남는 추억

다음은 그 일과 관련해서 가장 기억하고 싶은 추억 한 가지를 적는다. 길이는 아무래도 상관없다. 기억나는 대로 적으면 된다.

한 번은 회사에서 1000여 명이 참가하는 대형 야유회를 유치했다. 당시 나는 고무로 만든 대형 하우스 놀이터의 관리 책임을 맡았는데, 한 여자아이가 울면서 내게 다가왔다. 엄마 아빠를 잃어버려서 우는 것이었다. 나는 지나가던 동료에게 하우스 놀이터의 아이들을 좀 지켜봐 달라고 부탁하고 그 꼬마와 함께 부모를 찾아 나섰다. 약 20분 후 우리는 아이의 엄마를 만날 수 있었다. 그녀는 내게 정말 고맙다고 말했다. 야유회가 끝났을 때 그날의 총책임자가 나를 한쪽으로 끌면서 미아 발생 상황에서 책임감 있게 일을 잘 처리했다고 칭찬했다. 그 일에 대해 내가 말하지도 않았는데 어떻게 알았을까? 아이의 엄마가 총책임자를 찾아가 내가 한 일에 대해 설명하고 진심으로 감사를 전했기 때문이었다.

5단계: 나쁜 부분

이어서 당신이 어떤 일에 대해 안 좋게 생각했는지 생각해 보자. 이전과 마찬가지로 다음 질문에 대한 세 가지 대답을 나열하면 된다.

그 일과 관련해 좋지 않았던 것은 무엇인가?

1. 나는 일하는 내내 한 곳에 서 있어야 하는 게 맘에 들지 않았다.

2. 우리는 웃기는 유니폼을 입어야 했다. 짧은 녹색 반바지에 밝은 노란색

셔츠 차림이었다.

3. 행사가 모두 끝난 후 남아서 청소하는 과정이 달갑지 않았다.

6단계: 점수

마지막으로 다음의 기준을 토대로 해당 경험의 점수를 평가해 보자. 얼마나 즐거웠는지가 척도다.

A 관련된 모든 것이 완벽했다!

B 대부분 재미있었다.

C 비교적 괜찮았다.

D 그다지 즐겁지 않았다.

F 끔찍한 경험이었다.

나의 점수: C

나는 이 연습 문제를 다른 사람들과 함께 푸는 것을 좋아한다. 단 한 가지 경험만 돌아보고 나서도 나와 함께 문제를 푼 모든 사람이 미소를 띠며 고개를 끄덕인다. 다들 자신에 대해 보다 많은 것을 알았기 때문이다.

사실 우리는 지난 일의 많은 부분을 잊고 산다. 재밌는 것은 자신이 무언가를 좋아하거나 싫어하게 된 이유조차 생각하지 않고 삶의 그 많은 일을 처리해 간다는 점이다. 이 연습이 그토록 강력한 이유가 바로 여기에 있다. 이렇게 되돌아보는 과정을 통해 우리는 오늘의 우리를 그려 낸 색깔들을 파악하기 시작한다.

최소한 과거의 경험 세 가지를 놓고 이 과정을 반복해 보길 바란다. 다른 직업, 다른 조직, 다른 성과 등등 무엇이든 당신에게 의미 있었던 경험을 골라 연습해 보라. 나는 두 번째와 세 번째 연습을 다음과 같이 실행했다. 당신의 문제지를 푸는 데 참고하기 바란다.

무엇: 캘리포니아 주립대학 브라스 밴드부 부장

언제: 2004-2005

그 일과 관련해 좋았던 것은 무엇인가?

1. 나는 리더로서의 역할을 진정으로 즐겼으며 밴드부의 공연 및 제반 활동에 많은 긍정적인 영향을 끼쳤다.

2. 나는 총장님과 운동부 감독 등 교내의 중요한 인물들과 멋지고 바람직한 인맥을 쌓았다. 그런 인맥 덕분에 대학 졸업 후 꿈에 그리던 일자리를 얻기까지 했다.

3. 밴드부 활동으로 중요한 성과를 올린다는 사실이 뿌듯했다. 운동부 시합이 열리는 경기장에서 공연하는 일이 특히 그러했는데 어느 토요일에는 7만 관중 앞에서 공연을 선보이기도 했다.

그 일과 관련해 좋지 않았던 것은 무엇인가?

---

1. 한 학기에 밴드부 활동도 하면서 건축사 사무실에서 인턴으로 일해야 했는데, 너무 힘들었다. 말 그대로 다른 것은 아무것도 할 시간이 없었다.

2. 내가 밴드부 부장이라고 후배들이 나와 말 섞는 것을 꺼리거나 두려워하는 게 싫었다. 특히 상황이 계획대로 돌아가지 않을 때 그랬다.

3. 학생 밴드라고 일부 기관에서 우리를 업신여기는 게 싫었다. 프로가 아닌 아마추어라서 애송이들로만 보는 것 같았다.

가장 기억에 남는 추억:

처음 대학 미식축구 경기장에서 밴드 행진을 했던 일이 가장 기억에 남는다. 일리노이 주립대학 팀과 붙은 우리 학교 홈경기였는데, 비록 우리가 깨졌지만(17대 44), 시합 전 쇼가 끝나고 우리 밴드의 행진이 시작됐을 때 약 1만 명에 달하는 학생들이 관중석에서 "캘 밴드 짱!"이라고 한목소리로 연호했다. 난생처음 경험하는 환영과 격려의 소리에 가슴이 벅차올라 눈물까지 글썽였다.

점수: B

무엇: 건축 회사의 직원

언제: 2005-2008

그 일과 관련해 좋았던 것은 무엇인가?

1. 정말 많은 것을 배울 수 있어서 좋았다. 설계는 물론이고 프로젝트 관리와 팀워크까지 건축 세계의 새로운 일들을 일상적으로 배웠다.

2. 건축의 전반적인 과정을 보는 게 즐거웠다. 많은 사람이 노력을 기울여 실제적인 성과물을 만들어 내는 과정 말이다.

3. 동료들과 어울리는 것을 좋아했다. 파티션 너머로 고개를 내밀고 잠시 스포츠 얘기를 나누거나 점심시간이나 퇴근 후에 함께 어울려 놀며 친분을 쌓았다.

그 일과 관련해 좋지 않았던 것은 무엇인가?

1. 2주에 한 차례씩 급료를 받을 때마다 기분이 상했다. 받는 돈보다 더 많은 기여를 회사에 하고 있다고 느꼈기 때문이다.

2. 내가 하는 일의 반밖에 안 하고 내가 들이는 열성의 반밖에 안 들이는 어떤 사람과 동등한 대우와 취급을 받는 것이 싫었다.

3. 내게 아무런 발언권이나 영향력이 없는 환경이 맘에 들지 않았다. 작업 과정을 개선하고 생산성을 증진할 수 있는 멋진 아이디어들이 내게 있다고 느꼈지만 아무도 내게 귀를 기울이려 하질 않았다.

가장 기억에 남는 추억:

한 번은 힐튼 호텔의 지역 책임자와 비즈니스 미팅을 하러 플로리다로 출장을 갔다. 그가 우리 회사에 라스베이거스에 세울 48층 호텔의 설계를 의뢰했기 때문이다. 대형 프로젝트라 우리 회사의 경영진 다수가 출동했으며 내가 맡은 임무는 본질적으로 미팅에 참석해 협의 내용을 기록하는 일이었다. 미팅이 진행되던 중 힐튼 호텔의 중역 한 명이 우리가 설계하는 호텔 룸을 사진 수준의 3차원 렌더링[6]으로 보여 줄 수 있느냐고 물었다. 우리 회사에서 전혀 해 본 적이 없는 작업이었다. 잠시 어색한 침묵이 이어질 때 내가 손을 들고 내가 한번 해 보겠다고, 그런 렌더링을 만들어 본 경험이 있다고 말했다. 지역 책임자는 나의 직위와 역할을 확인한 후 방 안의 모든 사람에게 나의 진취적인 자세가 맘에 든다고, 그리고 2주 후에 보게 될 렌더링이 기대된다고 말했다. 사실을 말하면 나는 그런 종류의 렌더링을 전혀 해 본 적이 없었다. 하지만 그렇게 자발적으로 일을 맡겠다고 말한 후 그것을 배워서 제대로 만들어 보려는 의욕이 그 어느 때보다도 크게 솟구쳤다. 나는 서점을 훑으며 관련 서적을 확보하고 거의 매일 밤 야근을 하면서 브이레이(VRay)라는 프로그램에 매우 능숙해졌고 정해진 시간에 맞춰 해당 렌더링을 클라이언트에게 전달할 수 있었다. 얼마 후 그 일에 대한 공로와 LEED 시험에 붙은 사실이 함께 작용해 승진이라는 보상으로 돌아왔다.

점수: B

이런 식으로 세 가지 경험을 놓고 문제지 작성을 끝냈는가? 아니라면 지금 당장 책을 내려놓고 이 연습부터 완수하기 바란다. 넷,

---

6 **Rendering** 2차원 화상에 광원·위치·색상 등 외부 정보를 토대로 사실감을 불어넣어 만든 3차원 화상 또는 그 과정을 뜻하는 컴퓨터 그래픽 용어

다섯, 열 가지 경험이라도 좋으니 원하는 만큼 작성해 보라. 실제로 많은 사람이 다섯 가지 이상의 경험을 놓고 이 연습을 수행한다.

여기까지 읽은 독자라면 이제 내가 어떤 종류의 일을 좋아하고, 보다 중요하게는 무엇이 내게 동기를 부여하는지 짐작할 수 있을 것이다. 밴드부 활동을 했을 때와 건축 회사에서 일했을 때 나는 상황을 개선하는 데 영향을 미칠 수 있는 나의 능력을 중시했다. 또한 나는 언제나 사람들을 중요하게 생각하며, 세 건의 경험 모두에서 알 수 있듯이 내가 하는 일에 대해 제대로 인정받는 것을 의미 있게 여긴다.

이러한 경험들에서 내가 좋아한 것들과 현재 내가 하는 일을 비교해 보면 서로 완벽하게 조화를 이룬다. 기업가로서 나는 사업 운영 전체를 완전히 파악하고 제어한다.

내가 제일 좋아하는 작업 중 하나는 나의 일하는 방식을 분석하고 또 어떤 부분에서 성과를 최적화하고 프로세스를 간소화할 수 있는지 파악하는 일이다. 더불어 나는 나의 팟캐스트에서 인터뷰를 한 사람들은 물론이고 청중 및 독자들과 이메일이나 소셜 미디어를 통해 늘 대화를 나눈다. 이 역시 좋아하는 일이기 때문이다. 연단에 올라 강연을 할 때면 밴드 활동의 경험을 살려 멋지게 수행하고 사람들에게 도움이 되는 서비스를 제공할 때면 인정을 받는 게 좋아 즐겁게 임한다.

각각의 경험을 연대순으로 정리하면 그 모든 것을 한눈에 알 수 있어 좋다. 시간이 흐를수록 점수가 좋아졌는가 아니면 나빠졌는가? 이 내용을 당신에게 중요한 누군가 혹은 친구와 공유한다면 그들은 맨처음 어떤 반응을 보일 거 같은가?

아래는 당신이 파악한 바에 대해 스스로 물어보는 세 가지 질문이다. 이번에는 답을 적을 필요가 없다. 그저 충분히 생각해 보고 마음속으로 답을 정하기 바란다.

1. 당신이 하는 일과 관련해 가장 크게 동기를 부여하는 한 가지 또는 두 가지 요인은 무엇인가?
2. 질문 1에 대한 답이 현재 당신이 하고 있는 일에 어느 정도 반영되어 있는가?
3. 당신이 앞으로 할 일은 어떤 모양새를 갖춰야 당신이 일을 즐기는 동시에 계속 동기를 부여받을 수 있는가?

그렇다. 질문 3에 대한 답을 찾기 위해 우리가 지금까지 이 연습을 수행한 것이다. 당신의 사업 아이디어는 당신이 하고 싶어 하는 종류의 일과 어울리는가?

대부분의 사람들과 같다면 당신은 필경 이 연습을 통해 당신이 가고자 하는 방향과 실제로 관련된 그런 종류의 일에 대해서 생각하기 시작할 것이다.

그리고 나아가 성공하려면 스스로 어떤 자세를 가져야 하는지에 대해서도 이해하게 될 것이다.

앞서 언급했듯 사업체를 구축하는 것은 쉬운 일이 아니다. 또한 아무런 기복이나 경로 변경 없이 진행되지도 않는다. 수없이 오르락내리락하기 마련이며 때로는 가장 어려운 상황을 이겨 내자마자 가장 환상적인 상황이 펼쳐지기도 한다. 늘 당신의 인내심을 시험하는 게 사업이다. 따라서 무엇이 당신에게 동기를 부여하는지 이해하는 것이야말로 힘겨운 순간에 포기하고 말 것인지 아니면 날아오르기 시작하는 변곡점에 이를 때까지 버텨 낼 것인지 여부를 결정짓는 잣대가 될 것이다.

이전 장에서와 마찬가지로 적색 깃발이 있는지 확인하라. 당신이라는 사람과 당신이 몸을 담으려는 사업 유형 사이의 극심한 불균형 말이다. 어떤 경우든 당신 자신에 대해 습득한 정보를 이용해 나아가야 하며, 바라건대 어떤 사업체를 구축하기로 하든 당신에게 잘 맞고 효과적인 무엇과 조화를 이루게 해야 한다.

이제 잠시 후면 우리는 당신의 아이디어에 직접적으로 관련되는 실험에 들어갈 것이다. 흥미로운 한편 약간의 불안도 따르리라 믿는다. 이 책의 후반부에 이르면 당신은 아이디어를 다듬는 방법과 사람들에게 설명하는 방법, 그리고 심지어 구현하기 전부터 돈을 벌 수 있는 방법까지 이해하게 될 것이다.

하지만 그에 앞서 우리는 당신과 당신의 아이디어에 대한 사고 실험을 한 가지 더 완수해야 한다. 나아가기 전에 모종의 조사를 수행할 필요가 있어서 그렇다. 상어와 함께 수영하는 내용이므로 나름대로 짜릿하고 재밌을 것이다.

WILL IT
FLY?

04

상어 미끼 테스트

임무 설계에서 세 번째이자 마지막 연습은 셋 중 가장 중요한 것이다. 연대표 측면에서 말하면 우리는 이제 현재로 돌아와 있다. 당신의 타깃 아이디어는 여전히 하나의 아이디어일 뿐이다. 물론 이미 실시한 두 차례의 실험 덕분에 변형이 시작되었을 수도 있다. 실제로 당신의 아이디어는 이 책을 읽어 나가는 동안 변화나 변형을 겪게 될 것이다. 성공의 최상의 기회를 잡는 데 필요한 어떤 것으로든 아이디어의 모양새를 갖춰 가도록 이 책이 안내할 것이기 때문이다. 또한 경우에 따라서는 앞에서 논했듯이 해당 아이디어를 버리도록 이끌 것이다.

이 마지막 사고 실험에 참여한 당신은 지금 밝은 조명이 켜진 복도를 걷고 있다. 광택을 낸 나무 바닥을 밟을 때마다 당신의 발자국 소리가 복도 전체에 울려 퍼진다. 저 멀리 복도 끝에는 나무로 된 두 짝의 커다란 문이 기다린다. 걸어가면서 보니 양쪽 벽 모두가 밝게 빛나는 푸른빛의 커다란 수족관이다. 당신의 눈 한쪽으로 작은 상어 한 마리가 당신을 따라 헤엄치며 관심을 끌려 하는 모습이 들어온다. 마치 "안녕" 하고 말하는 것 같다. (어쩌면 "잘 가요"라고 하는 것인지도 모른다.)

문에 가까이 다다르자 갑자기 문이 활짝 열리며 훨씬 더 넓은 방이 나온다. 장식이 잘된 그 방은 전체적으로 약간 어둡고 한가운데 부분만 스포트라이트 조명으로 밝게 빛난다. 거기에는 정장 차림의 패널들이 참을성 있게 당신의 도착을 기다리고 있다. 왼쪽에서 오른쪽으로 훑어보니 마크 큐반(Mark Cuban), 데이먼드 존(Daymond John), 바바라 코코란(Barbara Corcoran), 케빈 오리어리(Kevin O'Leary), 로리 그라이너(Lori Greiner), 로버트 헤르자벡(Robert Herjavec)이 앉아 있다. 당신은 지금 그 유명한 리얼리티 TV 쇼 〈샤크 탱크(Shark Tank)〉에 나온 것이다.

〈샤크 탱크〉는 내가 가장 좋아하는 TV 프로그램 중 하나다. 기업가가 출연해 일단의 투자자 패널에게 자신의 사업에 대해 설명하고 투자를 유치하는 내용이다. 샤크, 즉 상어라 불리는 그 패널들은 사업 설명에 공감하는 경우 일정한 지분을 받는 조건으로 해당 사업체에 투자한다. 어떤 사람들은 이 상어 수조에 들어와 실로 멋지게 사업 구상을 펼치고 사업 성장에 도움이 될 현금과 파트너를 챙겨 나간다. 하지만 어떤 사람들은 설명을 시작하자마자 금세 상어들에게 물어 뜯겨 피투성이가 되고 더 이상 봐줄 수 없는 지경에 이른다.

어느 쪽이든, 시청자 입장에서는 재밌는 구경거리가 아닐 수 없다. 지난 수년간 수백에 달하는 사람들의 사업 설명을 지켜보고 나는 어떤 식의 홍보가 먹히고 어떤 유형이 실패하는지 알게 되었다. 적어도 이런 형식의 TV 쇼에 효과적인 사업 설명이 어떤 유형인지는 알게 되었다는 뜻이다.

지금 이 순간, 당신은 사업 아이디어를 홍보할 충분한 준비가 된 상태는 아니다. 그러한 준비는 이 책의 2부에서 갖추도록 도울 것이다. 그러므로 내가 당신에게 호의를 좀 베풀어 달라고 그 상어들에게 부탁해 놓은 것으로 가정하자. 그들이 나의 부탁을 받고 당신을 위해 기꺼이 시간을 내서 이 자리에 참석한 것으로 말이다.

(사실 나는 위에 열거한 상어들 가운데 어느 누구와도 아직 개인적인 친분을 쌓지 못했다. 하지만 사고 실험은 실제적으로 의미 있고 유용한 무언가를 발견하기 위해 모종의 시나리오를 만들어 놓고 진행하는 것이다. 따라서 이 특정한 사고 실험을 위해 이 상어들이 나의 친구라고 생각해 주기 바란다.)

나 역시 기업가이자 컨설턴트로서 지난 수년간 다수의 사업가들을 접촉하고 TV로 리얼리티 쇼를 시청하면서 기업가 정신은 단순히 제품이나 서비스가 무엇이며 그것으로 무엇을 할 수 있느냐에

국한되지 않는다는 사실을 깨달았다. 탁월한 제품이나 서비스를 보유했으면서도 갈가리 찢기는 사업가들을 TV 쇼에서는 물론이고 현실 세계에서도 수없이 목격했다.

반면에 그저 그런 제품이나 서비스가 모종의 다른 이유 덕분에 잘되는 것을 지켜보기도 했다. 제품이나 서비스보다 중요한 것이 바로 그것으로 사업을 하는 사람이다. 그래서 이 책 초반부의 초점이 당신의 타깃 아이디어인데도 이들 초기 테스트는 모두 당신 자신에게 집중되어 있는 것이다.

방에 들어선 당신이 마치 상어 떼를 만난 피라미처럼 깜짝 놀라 굳어 있을 때 중앙에 앉은 신사가 당신을 똑바로 쳐다본다. 억만장자 기업가이자 투자가인 케빈 오리어리다. 그가 입을 연다.

"당신이 하고자 하는 게 무엇이든 아마 나는 마음만 먹으면 다른 누군가를 고용해서 그 일을 하게 할 수 있을 겁니다. 자, 그런 내가 당신과 함께 일하는 데 관심을 가져야 할 이유를 한번 말해 보세요. 당신이 그렇게 특별한 이유가 무엇입니까?"

인사도 나누지 않고 이렇게 핵 펀치를 날린다.

처음부터 가혹한 질문이 나왔지만 당신은 무조건 답해야 한다. 답하지 못하면 바로 다른 후보에게 기회를 빼앗기니까. 나도 그렇게 기회를 빼앗길 뻔한 적이 있다.

2009년 1월, 나의 LEED 시험 관련 비즈니스는 날아오르기 시작했다. 주된 이유는 내가 그에 대한 정보를 온라인으로 제공하는 유일한 인물이었기 때문이다. 그달 나는 스터디 가이드를 개당 29달러 99센트 가격으로 563카피나 팔았다. 디지털 카피였기 때문에 출력과 포장, 배송 따위에 대해 걱정할 필요가 없었다. 고객이 구매 정보만 입력하면 즉시 고객에게 정보가 전송되었다. 덕분에 수입 전체가 수동적으로 발생했다. 내가 챙기는 마진이 95퍼센트 이상에 달했으며, 새로운 제품을 창출하느라 시간을 들일 필요도, 마케팅에 신경을 쓸 필요도 없었다. 1인 사업체치고는 썩 괜찮게 돌아가기 시작한 것이다! 내 웹사이트에 실리는 광고에 대한 수수료를 포함해서 나는 그달에 1만 9400달러 37센트를 벌었고, 그다음 달에는 수입이 2만 3106달러 16센트로 증가했다. 그렇게 속으로 쾌재를 부르며 룰루랄라하던 그 무렵, 그 일이 발생했다.

미국녹색빌딩협의회(USGBC)에서, LEED 시험을 주관하는 그 기관에서 공식 스터디 가이드를 발행했다. 내 사업에 망조가 든 것이다.

말 그대로 문제를 출제하는 기관에서 나온 스터디 가이드를 구할 수 있는 마당에 어느 누가 내가 만든 스터디 가이드를 사려 하겠는가?

나는 그 시험에서 만점을 받은 사람도 아니었으며 전문적인 강사도 아니었다. 내 스스로 전문가라는 생각도 들지 않았다. 그저 그 시험을 준비해서 치르고 합격한 내 자신의 경험을 토대로 스터디 가이드를 만들었을 뿐이었다. 그렇게 내가 잡은 기회를 날아가는 것 같았다. 웹사이트의 트래픽과 판매가 급감할 게 뻔했기 때문이다. 그런데 그 반대의 현상이 일어나기 시작했다.

USGBC의 스터디 가이드가 나온 후 오히려 내 웹사이트의 트래픽이 늘어나면서 월 매출이 기록적으로 증가했다. 도대체 이유가 무엇일까?

이해가 되지 않았다. 그래서 나는 새로운 고객들에게 그 이유를 파악하기 위한 이메일을 보냈다.

안녕하세요, LEED AP 워크스루(Walkthrough)의 저자 팻입니다. 제가 만든 스터디 가이드를 구입해 주신 데 대해 감사드립니다. 제품이 이미 귀하에게 도움이 되는 것으로 판명되었길 바랍니다. 혹시 제품과 관련해 질문이나 우려 사항이 있으면 언제든 연락 주십시오.

이렇게 이메일을 보내는 이유는 귀하께 한 가지 간단한 질문을 묻고 싶어서입니다. 저희 스터디 가이드를 어떻게 알게 되셨는지요? 어떤 경로로 저희 제품에 대해 알게 되셨는지 궁금합니다. 하루 이틀 내에 답변 주시면 정말 큰 도움이 되겠습니다. 감사합니다.

- 팻 플린, LEED AP

그냥 쉽게 "USGBC에서 발행한 가이드 대신에 왜 제가 만든 가이드를 구매하셨는지요?"라고 물을까도 생각했었다. 그러나 고객들이 그것에 대해 몰라서 그럴 수도 있다고 추정하지 않을 수 없었고, 괜히 모르는 걸 알려 주고 환불 요구를 받는 위험을 감수하고 싶지 않았다.

이후 고객들의 답변이 들어오기 시작했을 때 나는 놀라지 않을 수 없었다. 고객들 대다수가 이미 다른 가이드가 존재한다는 사실을 알고 있었다. 알면서도 내 제품을 구입한 것이다!

한 고객이 보낸 답 메일을 여기 소개한다.

안녕하세요, 팻! 당신의 가이드에 다시 한 번 감사드립니다. 저는 2~3주 후에 그 시험을 보는데 당신의 가이드와 연습 문제가 정말 큰 도움이 되고 있습니다. 덕분에 가뿐히 시험에 통과할 것으로 확신합니다. 당신의 질문에 답하자면, 사실 지난주에 구글에서 LEED 스터디 가이드를 검색하다가 당신에 대해 알게 됐습니다. 처음에는 USGBC에서 나온 가이드를 구매하려 했는데 가격이 너무 비싸더군요. 그래서 다른 게 없나 더 찾아보다가 당신의 가이드를 발견한 겁니다. 일단 가격이 적절해서 맘에 들었습니다만 그보다 중요한 것은 당신이 실제로 그 시험을 준비하고 치러 본 사람이라는 사실이었습니다. 얼마 전까지만 해도 저처럼 이 시험의 응시자였고 그래서 응시자 입장에서 실질적인 도움이 되는 모종의 정보를 제공해 줄 것이라 판단한 겁니다. 많은 응시자에게 도움이 되는 훌륭한 일, 계속 잘해 나가시길 바랍니다. 시험 결과가 나오면 알려 드리지요.

- JP

이건 정말 의외의 발견이었다. USGBC 가이드가 내게 해를 입히

기는커녕 오히려 도움이 되었다. 나의 제품에 이르도록 다리를 놓아 주었을 뿐 아니라 내게 크게 유리하게 작용하는 두 가지 측면에서 비교의 대상까지 돼 주었다. 그 두 가지 요소는 다음과 같다.

1. 가격
2. 제품과 깊게 결부된 사람이 존재한다는 사실

가격은 당연히 차이가 날 수밖에 없었다. 나는 간접 비용이나 직원들 급여가 전혀 들지 않기 때문에 USGBC보다 훨씬 낮게 가격을 책정할 수 있었다. 하지만 나는 이후 싼 게 언제나 더 나은 건 아니라는 사실을 배웠다. 실제로 얼마 후 나는 제품의 가격을 올렸고, 그렇게 함으로써 훨씬 더 많은 판매고를 올릴 수 있었다.

가격이 제품의 가치에 대한 인식에 영향을 미쳤기 때문이다. 어떤 제품이든 너무 싸게 가격을 매기면 사람들은 해당 제품에 무언가 문제가 있는 게 아닌가 의심한다.

예를 들어 자동차 판매소에 벤츠 가격이 500달러라고 붙어 있으면 무슨 생각이 들겠는가? 문제가 있어도 한참 많을 거 같다는 의심이 들 수밖에 없다.

두 번째 요점은 훨씬 더 중요하다. 나의 고객들이 회신 메일에 쓴 표현들을 살펴보면 인간적인 유대가 깔려 있음을 알 수 있었다. 마치 친구들이 보낸 이메일 같은 느낌을 주는 게 대부분이었다. 거의 모두가 나를 친근하게 팻이라고 불렀고, 위의 메일에서 볼 수 있듯이 다수가 다시 연락을 주겠다고 말했으며, 실제로 대부분이 그렇게 했다. 저쪽 반대편에 관계를 맺을 수 있는 누군가가 있다고 느낄 수 없는 제품을 이용하거나 일반적인 기업의 제품을 이용할 때는 그렇게 할 수 없다.

그렇게 나는 내 제품의 우위를 확인할 수 있었다. 나는 직접 그 시험을 치른, 그들과 같은 누군가였다. 그것은 USGBC나 여타 LEED 교육 공급자들은 누릴 수 없는 경쟁 우위였으며 나의 첫째가는 차별화 요소였다.

나는 곧이어 웹사이트에 해당 시험과 관련된 나의 개인적 경험을 더욱 추가하기 시작했고, 결과적으로 매출은 계속 늘어났다. 기억할 것은 이 모든 게 표면상 지루하기 이를 데 없고 인간미가 전혀 느껴지지 않으며 기껏해야 틈새시장에 속하는 LEED 시험 준비 과정과 관련된 상황이라는 점이다.

그런 환경에 인간 요소가 더해지면서 사람들이 연결할 수 있는 무언가가 생겨난 것이다.

이의 중요성을 나의 절친이자 책임파트너인 크리스 더커(Chris Ducker)보다 더 잘 표현한 사람은 없다고 생각한다. 크리스는 『버추얼 프리덤(Virtual Freedom)』의 저자이자 유프레너닷컴(YOUPRENEUR. COM)의 소유주이기도 하다.

"성공적인 사업체 구축에서 가장 중요한 요소는 이제 더 이상 B2B 나 B2C가 아니라, P2P 즉 사람과 사람의 관계다."

내가 고객들과 관계를 맺을 수 있다는 사실은 대형 경쟁자들을 누를 수 있는 불공평한 나만의 이점이었다.

그래서 우리가 시장조사를 수행하고 당신의 타깃 아이디어를 검증하는 작업에 들어가기에 앞서 당신과 당신의 타깃 대중 사이의 연결성을 검증할 필요가 있는 것이다. 당신이 회사를 대표해 대중 앞에 나서는 얼굴이든 아니든 상관없이 우리는 당신이 어떤 자세로 향후 사업에 임하며 중심 역할을 수행할지 정해야 한다.

여전히 당신의 대답을 기다리고 있는 케빈 오리어리에게로 돌아가 보자.

"당신이 하고자 하는 게 무엇이든 아마 나는 마음만 먹으면 다른 누군가를 고용해서 그 일을 하게 할 수 있을 겁니다. 자, 그런 내가 당신과 함께 일하는 데 관심을 가져야 할 이유를 한번 말해 보세요. 당신이 그렇게 특별한 이유가 무엇입니까?"

케빈의 질문에 당신은 어떻게 대답할 것인가?

매우 직설적인 질문이지만 당신은 이 질문에 답하는 법을 알아야 한다. 불행히도 〈샤크 탱크〉에 출연하는 많은 사람이 이 질문에 답하는 법을 모른다. 그리고 그런 무지는 쉽사리 드러난다. 어떤 사람들은 자신이 노리는 시장이 얼마나 큰지에 대해 말한다. 그러면 상어들은 먼 산을 쳐다본다. 지원자가 엉뚱한 답을 내놓고 있다는 뜻이다. 어떤 사람들은 자신의 제품이 얼마나 독특한지에 대해 말한다. 그런 제품은 따로 없다는 얘기지만 그 역시 충분히 훌륭한 답은 아니다. 제품이 아무리 독특해도 진입 장벽을 허물고 들어와 유사한 무언가를 내놓는 경쟁자들은 언제라도 생길 수 있기 때문이다.

나는 종종 지인들을 상대로 이 사고 실험을 수행하곤 하는데 어떻게 답해야 할지 모르는 사람들의 기가 꺾이는 모습을 심심치 않게 보곤 한다. 한 친구는 완전히 의기소침한 표정으로 나를 보더니 이렇게 말했다.

"이런, 쥐구멍에라도 숨고 싶은 기분이군. 그것에 대해 생각조차 해본 적이 없다니 너무 창피하네. 정말 대단한 실험이야, 친구!"

만약 당신도 이런 느낌이라면 혼자가 아니라는 사실에 위안을 삼기 바란다. 멋진 아이디어를 가진 수많은 사람이 쥐구멍으로 들어가 다시 나오질 않았다. 성공하길 원한다면 이런 느낌에서 벗어나야 한다. 혹시 반감이나 두려움, 자기 회의를 느끼더라도 걱정하지 말라. 사실 그러한 느낌은 당신이 계속 나아갈 필요가 있다는 신호에 다름 아니다.

당신이 마땅히 해야 할 일이 바로 그것이라는 신호인 셈이다. 『예술적인 전쟁(The War of Art)』의 저자 스티븐 프레스필드(Steven Pressfield)는 다음과 같이 말했다.

"두려움은 좋은 것이다. 자기 회의와 마찬가지로 두려움은 모종의 지표다. 두려움은 우리가 해야만 하는 것을 가르쳐 준다. 우리의 경험치를 기억하라. 어떤 일이나 소명에 대해 두려움을 느끼면 느낄수록 그것을 해야만 한다는 사실이 더욱 확실해진다는 경험치 말이다."

삶의 가장 놀라운 순간들 대부분은 두려움이나 자기 회의가 앞선 다음에 펼쳐진다. 기업가의 여정에 오른 당신이 지금 느끼는 감정 역시 다르지 않다. 당신은 아직 저 빈대편에 다다르지 못했다.

하지만 우리는 지금 그곳을 향해 움직이고 있으며 상어들의 도움까지 받을 수 있다. 다시 우리의 시나리오로 돌아오면, 케빈이 진정으로 묻고 있는 질문은 바로 이것이다.

당신은 다른 어느 누구도 꺼내 놓을 수 없는 무엇을 테이블 위에 올려놓을 수 있는가? 즉 당신의 불공평한 나만의 이점은 무엇인가?

불공평한 나만의 이점의 유형

내가 '불공평한 나만의 이점'이라는 용어를 처음 들은 것은 나의 SPI(스마트 패시브 인컴) 팟캐스트 37번째 세션에 게스트로 초빙한 라인 에흐만(Lain Ehmann)에게서였다. 그 세션의 주제는 '취미를 틈새 사업으로 전환하는 법'이었다.

그녀의 에피소드는 지금까지 SPI 팟캐스트에 소개된 사례 중 가장 인기 있는 성공 스토리로 손꼽힌다. 그녀가 어떻게 자신의 스크랩북 만들기 취미를 온라인 틈새 사업으로 발전시켜 연간 수십만 달러를 벌고 있는지 있는 그대로 상세히 소개했기 때문이다.

그녀는 불공평한 나만의 이점을 특정 영역에서 갖고 있었는데 다른 사람에게는 없거나 극소만이 보유한 기술 또는 자산이라고 설명했다. 그것이 바로 여러분의 경쟁력이므로 자신의 사업을 구상하고 키워 나가는 데 가능한 한 최대한 유리하게 활용하는 것이 당신들의 소명이라는 얘기였다.

불공평한 나만의 이점은 우리가 사업을 추진할 때 종종 듣는 독특한 판매 제안(Unique Selling Proposition, USP)과 다르다. USP는 해당 사업(또는 제품) 자체가 다른 사업(또는 제품)과 어떻게 다른가에 대한 개념이지만 불공평한 이점은 바로 당신 자신에 대한 개념이기 때문이다. 당신만이 가진 그 무엇, 즉 당신의 슈퍼 파워(Superpower)를 말하는 것이다. 따라서 당신은 어떤 사업을 벌이든 이것을 핵심 요소로 삼아야 마땅하다.

라인의 불공평한 나만의 이점은 스크랩북 만들기 틈새시장에서 그녀가 일궈 놓은 인맥이었다. 관련 잡지에 프리랜스 기자로 글을 쓰면서 업계의 일류 전문가들과 연을 쌓았고 그 덕분에 진정한 기업가 정신을 바탕으로 트루스크랩(True Scrap)이라는 온라인 이벤트를 개시할 수 있었다. 트루스크랩은 업계의 전문가들이 라이브 강습을 진행하는데 일반인들은 돈을 내고 온라인으로 시청하는 유료 강습 행사다.

행사가 열리면 수천 명에 달하는 사람들이 일류 강사만 초빙하는 그녀의 능력을 신뢰하고 유료 시청을 신청한다. 진정 놀라운 스크랩이 아닐 수 없다!

베이너미디어(Vayner Media)의 CEO 게리 베이너척(Gary Vaynerchuk) 역시 매우 명확한 불공평한 이점을 보유한 또 한 명의 인물이다. 그는 그 슈퍼파워를 자신이 하는 모든 일에 통합한다. 그의 불공평한 나만의 이점은 바로 어느 누구도 따라올 수 없는 활력과 열심이다. 그는 자신이 하는 일에 내일이 없는 사람처럼 활력 있게 열성을 쏟아붓는다. 어느 누구보다도 더 열심히 일하며 그렇게 일하는 매 순간을 사랑한다.

조직 전체적으로 그런 불공평한 나만의 이점을 보유한 회사를 꼽자면 스틸모션(Still Motion)이 떠오른다. 스틸모션은 에미상 수상 경력을 자랑하는, 오리건 주 포틀랜드 소재 영화 및 영상 제작사다. 몇 년 전 나는 그 회사의 다큐멘터리 제작에 참여하며 그들의 불공평한 나만의 이점을 체험한 바 있다. 그들의 불공평한 나만의 이점은 바로 놀라운 스토리를 창출해 내는 무적의 능력이다. 그들 웹사이트의 회사 소개 코너를 보면 이렇게 적혀 있다.

"우리는 상업 공고를 제작하지 않습니다. 우리는 당신의 제품을 판매하지도 않습니다. 우리는 적절한 잠재 고객들이 당신과 사랑에 빠지게 만드는 스토리텔링을 도와 드립니다."

이렇게 슈퍼파워를 사업에 불어넣는 개인과 조직은 얼마든지 더 나열할 수 있지만 이제 다시 당신에게 초점을 맞추고 상어들 얘기로 돌아가는 게 낫다는 판단이다. 케빈은 여전히 참을성 있게 당신의 대답을 기다리고 있다(그답지 않은 참을성이지만, 얘기했지 않았는가? 그와 내가 절친이고 내가 부탁해서 이 자리에 나온 거라고). 어쨌든 이제는 대답을 내놓아야 한다.

질문: 당신이 그렇게 특별한 이유는 무엇인가?

자, 당신은 뭐라고 답할 것인가?

만약 머릿속에 명료하게 답이 떠오른다면, 흠, 대단한 일이다! 그렇다면 당신은 이 시점에서 다른 사람들 대부분보다 한참 앞서 나가는 셈이다. 불공평한 나만의 이점이 무엇인지 알아내는 일은 하룻밤 사이에 되는 무엇이 아니기 때문이다.

하지만 대부분의 사람들과 같다면, 당신은 지금 내세울 만한 무언가를 찾아 머릿속을 뒤져 보지만 뾰족한 무엇이 튀어나오지는 않을 것이다. 그러나 걱정하지 마라. 아주 자연스러운 현상이니까. 오히려 스스로 불공평한 나만의 이점을 생각해 내는 게 조금 이상한 일일 수도 있다.

나는 LEED 시험 준비 사업을 시작하고 6개월이 지난 이후에야 나의 불공평한 나만의 이점이 무엇인지 알게 되었다. 알지 않는가? 그리고 시간이 지나면서 나는 나의 다른 독특한 능력들에 대해 점점 더 많은 것을 알게 되었는데, 그 모두가 다른 사람들에게 귀를 기울이는 과정을 통해서였다.

무엇이 당신을 독특한 존재로 만드는지 파악하는 가장 좋은 방법은 다른 사람들에게 듣는 것이다. 그래서 1부의 마지막 연습 문제를 준비했다. 혹시 이미 당신의 불공평한 이점이 무엇인지 알았다고 해도 건너뛰지 말고 다음의 연습 문제를 같이 풀어 볼 것을 권한다.

친구나 동료 10명에 이메일을 보내 당신의 슈퍼 파워가 무엇이라고 생각하는지 묻기 바란다.

조금 별난 짓으로 생각될지 모르지만, 이것은 게리 베이너척을 비롯해 몇몇 기업가가 그 가치를 신봉하며 제안하는 연습이다. 왜냐하면 당신의 힘이 무엇인지 모를 경우, 결코 활용할 수 없기 때문이다.

때로 이런 종류의 연습은 꽤나 부담스러울 수도 있다. 특히 당신이 자신의 약점이나 누군가를 실망시킨 것 같은 경우에 대해 물을 때 그럴 수 있다. 그런 종류의 정보를 아는 것 역시 매우 유용할 수 있겠지만, 여기서는 긍정적인 부분에만 초점을 맞추기로 하자.

당신이 혹시 어색한 느낌을 갖고 주저할지도 몰라 이 연습을 보다 쉽게 만들어 주는 무언가를 준비했다. 당신이 답을 보다 쉽게 얻도록 돕기 위해 이메일 견본을 준비했다.

10명의 지인들에게 이메일을 보낼 때 아래의 이메일 견본을 편안하게 이용하면 된다. 이메일의 주소록을 이용하면 10통을 한 번에 보낼 수도 있다. 답장은 오직 당신만 보게 되어 있으니 안심하라.

아래의 견본을 그대로 이용하면 당신은 부담감을 완전히 털어낼 수 있다. 내 이름으로 편지를 보낼 수 있게 고안해 놓았기 때문이다. 또한 이 모든 행위의 경위를 있는 그대로 쉽게 설명하는 방식이기도 하다. [이름]이라고 되어 있는 부분에는 당신의 이름을 적고 [그/그녀]라고 되어 있는 부분은 당신의 성별에 맞춰 하나를 택하면 된다. 그것뿐이다.

안녕하세요. 저는 『과연, 뜰까?』라는 책의 저자 팻 플린입니다. 현재 [이름] 씨가 사업에 관한 조언을 얻으려고 하고 있어서 제가 이 편지를 쓰게 되었습니다. 걱정하지 마십시오. 책을 팔려고 편지를 쓴 게 아니고 이 이메일에는 어떤 링크도 걸려 있지 않으니까 말입니다. 제가 [이름] 씨에게 이 편지를 당신께 보내라고 요청한 이유는 [그/그녀]가 당신의 도움을 필요로 하며 당신이 [그/그녀]에 대한 정직한 견해를 밝혀 줄 것으로 믿고 있기 때문입니다. 진짜로 몇 분밖에 걸리지 않는 일이니 협조해 주시면 고맙겠습니다.

저는 [이름] 씨에게 자신만의 진정으로 탁월한 특성이나 기술을 파악하라고 요구했습니다. [그/그녀]가 자신의 사업에 이롭게 활용할 수 있는, 자신이 보유한 모종의 슈퍼 파워를 찾아보라는 얘기였습니다. 그것을 가장 잘 알 수 있는 방법은 바로 다른 사람들에게서 듣는 것입니다. 그래서 제가 [그/그녀]에게 소수의 지인들에게 이 편지를 보내라고 요구한 겁니다.

만약 당신이 [이름] 씨가 독특하게 보유한다고 믿는 [그/그녀]의 슈퍼 파워나 특성 또는 성격을 답해 주신다면 실로 [그/그녀]에게 큰 도움이 될 것입니다. 당신이 보내는 답장은 오직 [이름] 씨만 보게 됩니다. 저를 비롯해 다른 어느 누구도 당신이 쓴 답장을 읽을 수 없습니다.

혹시 이에 대해 확신이 서지 않거나 이 편지가 진짜인지 확인하고 싶으면 제 메일 주소 PAT@WILLITFLYBOOK.COM으로 이메일을 보내시기 바랍니다. 제가 직접 답변을 드리겠습니다. 당신이 답장을 해 줄 것이라 믿으며 감사를 드립니다!

건강하십시오!

- 팻 플린 드림

편지를 개별적으로 보내고 싶으면 각 지인에 맞춰 당신의 메시지를 추가하거나 전적으로 다른 내용으로 구성해도 된다. 요점은 이런 취지의 편지를 보내서 무엇이 당신을, 당신으로 만드는지 파악하는 데 도움이 되는 답장을 받자는 것이다.

각기 다른 내용의 답장이 오겠지만 분명 다양한 의견 가운데 왜 당신이 특별한지를 드러내는 공통분모가 있을 것이다.

나는 이 연습을 친구인 그렉 힉먼(Greg Hickman)에게서 배웠다. 그가 어느 날 내게 똑같은 질문을 묻는 이메일을 보낸 것이다. 나는 메일을 읽자마자 나의 답장과 다른 여러 사람의 답장이 그에게 큰 도움이 되리라는 사실을 알아차렸다. 그래서 그에게 회신한 직후 나 역시 같은 도움을 받고자 친한 친구 몇 명에게 동일한 내용의 이메일을 보냈다. 내가 받은 답장들의 내용은 정말로 내 스스로 짐작한 바와 매우 가까웠다. 사람을 편하게 대하고 성격이 좋아서 매력적이며 특히 복잡한 내용을 이해하기 쉽게 설명하는 능력이 탁월하다고들 했다.

당신은 찾고 있는 정제된 답변을 얻을 수도, 얻지 못할 수도 있다. 어쩌면 당신의 불공평한 나만의 이점이 무엇인지 정확히 느낄 수 없게 될지도 모른다. 하지만 적어도 이 연습을 통해 당신은 이 책의 다음 부분으로 넘어갈 수 있는 유리한 입지는 확보한 셈이다. 우리가 남들과 차별화를 이루고 우리의 잠재 고객과 보다 강력한 연결을 맺도록 돕는 것은 우리의 독특한 능력이라는 사실만 잊지 말라.

그렇다면 상어들은? 음, 그들은 끝까지 당신과 함께하며 당신의 말에 끝까지 귀를 기울일 것이다. 그들은 이 시점부터 당신의 아이디어가 어떤 식으로 진보하는지 기대하며 지켜볼 것이다. 어쩌면 앞으로 언젠가 실제로 당신이 그들 앞에 서서 당신의 사업을 설명하게 될지도 모른다. 그때까지 이 사고 실험을 염두에 두고 지속적으로 당신의 불공평한 이점에 관심을 쏟으며 세상 사람들을 돕는 데이용하길 바란다.

2부에서는 당신 머릿속의 그 아이디어를 실제적인 무엇으로 형상화하는 작업에 들어갈 것이다. 하지만 그에 앞서 여기 임무 설계 부분에서 간단하게 한 가지만 더 짚고 넘어가기로 하겠다. 재밌는 내용이므로 즐겁게 읽을 수 있을 것이다. 더 이상 무언가를 적을 필요는 없지만 다시 어린아이로 돌아갈 필요는 있다.

WILL IT
FLY?

05

종이비행기 날개 접기

이 책의 나머지 부분을 읽는 동안, 그리고 사업가로서 여정을 이어 나가는 동안 어쩌면 당신은 왜 이 모든 일을 하고 있는지 그 이유를 잊을 수도 있다. 사실 그 역시 자연스런 과정에 속한다. 하지만 만약 무슨 일을 하기에 앞서 왜 이렇게 많은 시간을 투자해야 하는지 그리고 왜 이 경로를 밟기로 선택했는지 그 이유를 쉽게 떠올리지 못하거나 모종의 회의에 빠지면, 당신은 돌연 의욕을 잃고 다 때려치우고 싶은 마음이 들 수도 있다. 따라서 당신은 종종 임무를 떠올리고 무엇을 위해 분투하고 있는지 되새겨야 한다.

물론 쉽지 않은 일이다. 사업에 성공하려면 초점을 좁혀 당장 눈앞에 놓인 과업에 집중해야 하기 때문이다. 하지만 항상 눈앞의 일에만 매달리면 큰 그림을 놓칠 수 있다는 점을 잊지 말라.

나는 운이 좋은 셈이다. 왜냐하면 재택 사무실에서 벗어날 때마다 두 꼬맹이가 앞을 가로막으며 내가 노력을 기울여야 할 이유를 일깨워주기 때문이다. 아이들과 함께 시간을 보낼 때마다 나는 다음번에 사무실에 들어서면 더욱 분투해야겠다는 각오를 다진다. 이것이 내가 유투브 토끼굴에 빠져 시간을 허비할 수 없는 이유이며 무언가 새로운 것에 매진하려 할 때 나를 막으려는 두려움에 대해 걱정할 어유가 없는 이유다.

많은 사람이 내게 어떻게 그렇게 많은 일을 할 수 있는지 묻는다. 그에 대한 나의 대답은 임무가 명확하기 때문이라는 것이다. 그렇기에 나의 임무를 지원하지 않는 어떤 것에든 관심을 접을 수 있다.

당신의 임무가 무엇인지는 중요하지 않다. 중요한 것은 그것이 당신의 임무이므로 늘 그것을 되새기게 해 줄 무언가가 필요하다는 사실이다. 다행히도 당신은 그렇게 상기시켜 줄 무언가를 이미 보유하고 있다. 2장의 '공항 테스트'를 거치며 작성한 당신의 4분면이 바로 그것이다.

그 연습에서 당신이 글로 채운 종이 한 장이 당신의 미래와 당신이 지향하는 모든 것을 대변한다. 그것을 책상 옆 벽에 테이프로 붙이거나 반으로 접어 서랍에 모셔 두는 대신 종이비행기로 만들어 당신의 이유에 대한 상징으로 삼기를 권한다.

비행기는 비상과 혁신을 상징한다. 또한 자유를 상징하기도 한다. 하늘에 뜨면 도로와 지형의 속박에서 벗어나 가고 싶은 어디로든 방향을 잡을 수 있다. 덧붙이면 종이비행기는 나름 멋져서 사무실 장식품으로 손색이 없다!

만약 아이나 배우자 혹은 가까운 누군가가 곁에 있다면 함께 이 경험을 나누길 권한다. 상대가 만약 종이비행기에 적힌 그 모든 내용이 뭐냐고 물으면 그 의미를 있는 그대로 말해 주라. 가까운 누군가가 그렇게 관심을 가져 주면 거기에 담긴 의미가 더욱 강화될 것이다.

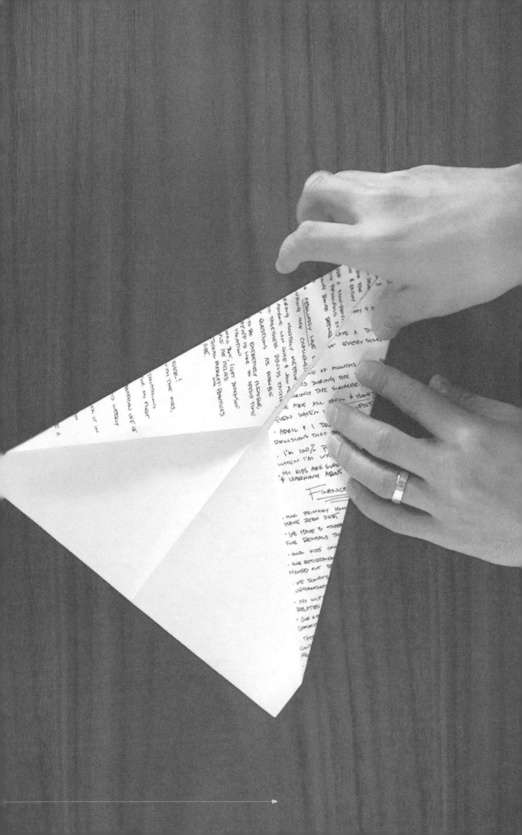

당신이 트위터나 인스타그램을 한다면 당신의 비행기를 영상이나 사진으로 올려 주길 바란다. 내가 직접 보고 싶어서 요청하는 것이다. 그렇게 하면 당신의 비행이 시작된 것으로 볼 수 있다. 물론 당신이 그런 식의 공유를 편하게 여기는 경우에 해당하는 얘기다.

해시태그는 #WillitFly로 해 주고, 보다 확실하게 내가 보도록 만들고 싶으면 당신의 메시지에 @patflynn이라고 나의 이름도 포함시키면 된다.

당신의 비상을 보게 되길 기대한다. 해당 해시태그를 클릭해 우리 공동체의 다른 사람들이 비상하는 모습도 함께 감상해 보길 권한다!

2부

개발 실험실

"성공의 간단한 공식 한 가지를 밝힌다. 충분히 생각하고 철저히 완수하라."

— 월터 스콧 경(Sir Walter Scott)

WILL IT
FLY?

06

명함 파기 전에

고등학교 2학년 시절 어느 오후, 생물학 수업이 한창 진행 중이었다. 선생님의 설명에 귀를 기울이며 눈을 빤짝이고 있을 때 뒤에 앉은 친구 녀석이 등을 툭툭 쳤다. 나는 손을 뒤로 내밀었고 녀석은 뭔가를 내 손바닥 안에 쥐어 주었다. 명함이었다!

명함은 처음 받는 터라 약간 묘한 기분이 들었다. 더군다나 나와 동갑내기가 건넨 명함이라니!

거기에는 친구의 이름이 적혀 있었다. 나의 집중력은 즉시 흐트러졌다. 이것이 훨씬 더 중요했다! 두 가지 생각이 빠르게 뇌에 입력되었다.

1. 이 녀석은 도대체 무슨 이유로 명함을 팠을까?
2. 나도 명함을 가지려면 대체 어떻게 해야 하는 거지?

다음 주 많은 학생이 자신의 명함을 자랑하기 시작했다. 대부분 한쪽 구석에 이름을 박고 그 옆에 멋진 클립아트로 장식한 흰색 명함이었다. 그 아래에 관심사나 재능, 전화번호 등을 넣었고, 진정 멋진 녀석들은 삐삐 번호까지 올렸다. 농담 아니다. 내가 고등학교에 다니던 시절에는 삐삐가 정말 대단한 지위의 상징이었다. 명함 또한 그렇게 보일 수밖에 없었다.

나도 곧바로 내 명함을 만들었다. 삐삐 번호까지 담은 완전한 명함. 다른 친구들과 마찬가지로 숙제도 제쳐 놓고 몇 시간을 투자해 MS 워드로 완벽한 명함을 디자인한 후 학교 행정실에 있는 종이 절단기를 이용해 깔끔하게 명함 제작을 완성했다. 프로가 된 기분이었다. 16살에 내 명함을 갖다니!

당시 우리 학교에는 그렇게 명함 열풍이 불었다. 흥미진진했지만 명함 유행은 6개월 정도밖에 지속되지 않았고 이후로는 누구도 명함을 자랑하지 않았다. 당연한 종결이었다. 고등학생에게 무슨 명함이 필요하겠는가! 웃기는 일이 아닐 수 없다. 우리의 명함은 실제로 아무런 목적도, 용도도 없었다.

정말 우스꽝스럽지 않은가? 우리는 고교 시절 때때로 그렇게 웃기는 일에 매달리곤 했다. 불행히도 오늘날 많은 사람이 그와 똑같은 방식으로 사업을 시작하곤 한다. 실질적인 사업이 개시되기도 전에 웹사이트를 만들고 로고를 디자인하고 명함을 판다. 전화번호와 삐삐 번호 대신에 이메일 주소와 소셜 미디어 유저 네임이 자리한다는 게 차이라면 차이일 뿐이다.

로고와 웹사이트, 소셜 미디어 계정이 중요하지 않다는 말이 아니다. 다만 당신의 비즈니스 아이디어가 실제로 개발된 이후에나 중요하다는 얘기다. 당신의 타깃 아이디어가 누구를 위해 무엇을 하고 그것이 여타의 유사한 솔루션과 어떻게 다른지 충분히 이해한 다음에야 그 특정한 아이디어의 브랜딩 요소에 상당한 시간을 투자해야 마땅하다.

대부분의 사람이 완전히 개발된 아이디어를 갖고 출발하지 않는 이유는 로고를 디자인하고 웹사이트를 구축하는 일이 재밌기 때문이다. 소셜 미디어로 사람들과 소통하는 일도 재밌다. 작업을 하고 비교적 짧은 기간에 그 성과를 볼 수 있는 일들이기도 하다. 하지만 정작 아이디어에서 비즈니스 모델을 뽑아내는 작업은 그렇게 재밌지도, 확실히 쉽지도, 빠르지도 않은 일이다. 그래서 상황이 힘들어지거나 정신적 장애물에 이르면 즉각적인 성과를 얻을 수 있는 일로 돌아가버린다.

이 외에도 사업가 여정의 초기에 수없이 많은 사람이 시간을 허비하는 일 또 하나 있으니 바로 사업체의 이름을 짓는 일이다. 놀랍도록 훌륭한 사업 아이디어를 가졌으면서도 완벽한 이름을 찾지 못해 사업을 시작하지 못하는 사람들도 본 적이 있다. 사업하는 입장에서 충분히 이해가 되는 일이다. 사업체는 우리의 아이나 마찬가지니까.

아이 이름을 잘 지어 주고 싶듯, 당신의 사업에도 좋은 이름을 붙이고 싶은 것은 당연한 일이다. 그렇지만 이름 짓느라 스트레스 받으며 시간을 끌면 끌수록 실제로 목적에 부합하는 사업을 수행하는 일만 늦어질 뿐이다. 그 점부터 깨달아야 한다.

일이 어느 정도 준비가 됐을때 프로젝트에 적절한 이름을 붙이는 일은 매우 중요하는 걸 인정한다. 세스 고딘(Seth Godin)은 저서 『보랏빛 소(Purple Cow)』에서 이렇게 말했다.

"무언가에 이름을 붙이면 보다 실제적이 된다."

이 말을 머릿속에 실제적으로 간수해야 한다. 그래야 시작한 일을 완수하려는 동기가 부여된다. 그러니 실질적인 이름을 붙여라. 다만 스트레스받을 수준으로 고민하지는 말라. 이름은 언제든 바꿀 수 있다. 특히 당신의 아이디어가 실제로 무엇이 되어 어떤 고객을 돕고 어떻게 인정받을 것인지 등에 대해 더 많은 것을 알게 된 후에는 이름을 바꿀 더욱 좋은 기회가 생길 수도 있다.

물론 대부분의 경우 그렇듯 당신은 이미 결정해 둔 이름이 있을 수 있다. 만약 그렇다면 훌륭하다. 당신의 프로젝트를 당분간은 그렇게 부르면 된다. 단 그 이름을 평생의 연을 맺은 배우자처럼 생각하지는 말라. 말했듯 당신의 아이디어를 다듬고 구체화한 이후에는 바꿀 수도 있다고 생각하라. 그것이 이 책 2부의 목적이다.

이제 우리는 당신의 아이디어를 둘러싸고 있는 머릿속의 온갖 소음을 조직화해 모든 것을 눈으로 살펴볼 것이다. 그런 다음 점토 조각을 빚듯, 당신의 아이디어를 실제적인 무엇으로 형상화할 것이다. 각 조각을 이리저리 옮겨 붙이고 불필요한 부분을 제거해 전반적인 형태를 구성한 후 세부 사항을 다듬을 것이다. 전시해도 될 만한 무언가가 나올 때까지 말이다.

2부의 말미에 이르면 당신은 그 아이디어를 명확히 설명할 수 있게 될 것이고 그럼으로써 그에 대한 정직한 피드백을 얻기 시작하는 한편, 이 책의 다음 부분으로 넘어갈 준비가 될 것이다. 자, 바로 출발할 것이니 보안경을 착용하도록 하라.

WILL IT
FLY?

07

발아 단계

지금부터 우리는 당신의 타깃 아이디어가 실제로 무엇인지 완전히 이해하기 위해 세 가지 연습을 수행한다. 그 첫 번째는 보는 것으로 시작한다. 영어의 Idea라는 단어는 그리스어 Idein에 뿌리를 두고 있는데, 그 의미는 to see, 즉 '보다'이다. 따라서 우리는 당신의 두뇌 속에 있는 그 모든 생각과 당신이 경험했던 그 모든 번쩍이는 순간을 끄집어내 가시적인 무엇으로 옮겨 볼 것이다. 일단 볼 수 있게 되면 할 수 있게 되는 법이다.

당신의 그 과정을 돕기 위해 우리는 마인드맵을 창출할 것이다.

마인드맵이란 무엇인가?

우리의 두뇌는 끊임없이 우리를 위해 일하고 있지만 두뇌의 능력은 특정한 시점에 하나에 대해서만 의식적으로 생각하는 것으로 매우 제한되어 있다. 또한 필요한 순서대로 늘 상황을 생각하지도 못한다. 그리고 우리의 사고를 기록하지 않는 한 우리가 생각하는 많은 것을 잊을 가능성이 높다.

마인드맵은 바로 이런 문제들에 대한 해결책이다. 따라서 사업가라면 모두 이 귀중한 기법을 습득해야 마땅하다. 마인드맵은 우리의 사고에 대한 단순한 시각적 표현이며, 그러한 사고를 조직화하고 중요한 패턴과 관계를 파악하는 아주 영리하고도 유용한 방법이다. 항목들을 그룹으로 묶고 계층 구조로 체계화하는 방식이며 머릿속의 모든 소음을 모두 이해할 때까지 열거해 나가는 게 일반적이다.

나는 사업을 시작한 이래로 지금까지 계속 마인드맵을 이용해 왔다. 첫 번째 온라인 제품(스터디 가이드, GREENEXAMACADEMY.COM)을 개발할 때 하나 만든 이후로 내가 하는 모든 일에 마인드맵을 통합하여 활용하고 있다. 개인 블로그 포스트와 팟캐스트 에피소드 등과 같은 작은 작업은 물론이고 새로운 사업을 처음부터 구축하는 것과 같은 큰일에도 이용한다. 아울러 이 책을 구상하고 집필하는 작업에도 이용하고 있음을 밝히고 싶다.

마인드맵이 제대로 작용하려면 자신의 개별적인 생각을 전개하기 쉽도록 펜으로 쓰거나 타이핑해야 한다. 말풍선 도안이나 목록을 종이 위에 나타내는 것이나 문서 자료에 타이핑하는 것은 효과가 없다. 나는 두 가지 방법을 권하고 싶은데 하나는 펜으로 적는 것이고, 다른 하나는 컴퓨터를 이용해 전자 버전으로 가는 것이다.

방법 1: 포스트잇 메모

나는 마인드맵을 컴퓨터로 시작했지만 시간이 흐르면서 포스트잇을 이용해 생각을 캡처하고 조직화하는 데 매료되었다. 포스트잇 한 장에 한 가지 생각을 나타내면 전개하고 그룹으로 묶거나 버리기 쉬워진다. 더불어 색깔과 크기를 달리해서 재미를 더할 수도 있다. 나는 또한 종이에 닿는 펜의 느낌을 좋아한다. 특정 항목과 관련해 실제로 행동을 취할 시간이 되면 나는 준비해 놓은 마인드맵에서 해당 포스트잇을 떼어서 컴퓨터 모니터 한쪽에 붙이고 그 한 가지에 집중한다.

다만 포스트잇을 이용하는 데에는 두 가지 우려가 따른다. 첫째, 포스트잇 마인드맵은 공간을 많이 차지할 수 있어서 어느 시점에 이르러서는 제거하고픈 마음이 든다는 것이다.

둘째, 아이들이 있는 경우 포스트잇 메모가 아이들 손에 배겨 나지 못할 수도 있다. 아이들에게 포스트잇 메모는 그저 스티커일 뿐이다. 이 두 가지 우려를 떨쳐 내고 작업 내용을 놓치지 않으려면 진행 중인 마인드맵을 사진으로 찍어 두면 된다.

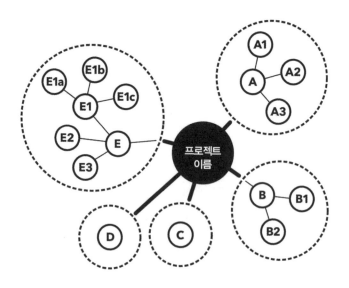

방법 2: 마인드맵 소프트웨어

펜과 포스트잇이 맘에 안 들거나 웹 기반의 마인트매핑 도구들 가운데 하나를 사용할 수 있다.

내가 좋아하는 도구는 마인드마이스터(MindMeister)라는 이름의 소프트웨어로서 MINDMEISTER.COM에 들어가면 찾을 수 있다.

인터페이스가 멋지고 사용이 용이한 이 소프트웨어는 무료로 몇 차례 마인드맵을 만들어 본 후에 계속 이용하고픈 마음이 들면 돈을 지불하는 방식이다. 또한 모바일 어플리케이션으로 외부 장치에 연동해서 쓸 수도 있다. 과거 내게 많은 도움이 된 방식이다.

마인드마이스터를 이용하려면 가벼운 학습곡선을 타야 하지만 사용법을 이해하는 데 5분 이상 걸리지 않으므로 걱정할 필요는 없다. 이 소프트웨어의 강점은 드래그&드롭 기능으로, 덕분에 개별 생각을 쉽게 화면 여기저기로 옮기거나 그룹을 지어 다른 계층을 창출할 수 있다. 나중을 위해 마인드맵을 쉽사리 저장할 수 있는 것은 물론이다.

당신의 흥미가 동하길 바란다. 다음 섹션에서 당신의 타깃 아이디어에 대한 마인드맵을 만들 것이기에 하는 말이다. 하지만 그에 앞서 효과적인 마인드맵을 창출하기 위해 당신이 알아야 할 가장 중요한 규칙 한 가지를 알려 주겠다.

생각하지 마라.

잠깐만… 생각하지 않으면 어떻게 생각을 캡처할 수 있단 말인가?

좋은 질문이지만 답은 더 재미있다. 심리학을 깊이 파고들지 않아도 우리가 무언가를 창출하고 있을 때 두뇌는 두 가지 모드 중 하나에 들어간다는 것을 알 것이다. 생성 모드와 편집 모드 말이다. 물론 따분 모드와 좌절 모드, 아 라 모드(a la mode: 최신 유행의/직역) 등 다른 모드가 없는 것은 아니다. 하지만 이 논의의 목적을 위해 일단 생성 모드와 편집 모드 가운데 한 가지에 든다고 치자.

생성 모드는 상상하고 창조하고 새로운 아이디어에 마음을 여는 순간을 말하고, 편집 모드는 논리를 만들고 규제를 가하고 분석을 하는 순간을 말한다. 우리 대부분은 특정한 작업을 수행할 때 이 두 가지 모드 사이를 지속적으로 오간다. 이메일 쓸 때와 마찬가지다. 단락을 만들고 읽어 본 다음 편집하고 다시 다음 단락을 만들지 않는가.

주요한 문제는 편집 두뇌가 생성 두뇌를 방해한다는 점이다. 그것이 생각의 흐름을 막아 존재하는 것조차 모르는 놀라운 사고의 잠재력을 없애 버릴 수 있다. 당신은 이 실험에서 미처 몰랐던 놀라운 사고까지 표면화할 필요가 있는데 당신의 편집 두뇌가 매번 끼어들어 방해를 일삼을 수 있다는 얘기다. 편집 두뇌는 모든 것을 옳게 또는 완벽하게 정리하는 일에 너무 집중하기 때문이다. 그래서 생각하지 말라는 것이다. 생각은 당신의 편집 두뇌가 항로의 주도권을 잡게 만든다.

마인드매핑 연습의 첫 번째 단계에서는 생성 모드에 온전히 몰입해야 한다. 다시 말해서 아이디어와 사고가 두뇌에서 그냥 쏟아져 나와 포스트잇이나 화면에 기록되도록 놔둬야 한다는 얘기다. 요점은 어떤 생각이든 그 모든 걸 캡처하라는 것이다. 제한이나 한계도 없고 멍청한 아이디어도 없다.

두 번째 단계에서 우리는 편집 모드에 들어가 그룹으로 묶고 무의미하거나 효과가 없는 것은 제거하고 순서를 정할 것이다. 첫 번째 단계에서는 그냥 다 쏟아 내고 두 번째 단계에서 정리하라는 의미다.

이는 책의 초고를 작성하는 일과 매우 흡사하다. 초고는 당연히 엉성할 수밖에 없지만 그에 대해 생각하는 가장 좋은 방법은 〈뉴욕타임스〉 베스트셀러 작가인 섀넌 헤일(Shannon Hale)의 묘사를 따르는 것이다. 20권이 넘는 책을 저술한 그녀는 이렇게 말한 바 있다.

"나는 초고를 작업할 때면 그저 상자에 모래를 담고 있으며 나중에 그것으로 성을 지을 수 있다고 생각한다."

자, 모래를 좀 퍼 담아 보기로 하자.

마인드매핑 1단계:
두뇌의 폐기장

———

무엇이 필요한가?:

• 마인드매핑 방법을 결정하고 준비한다(포스트잇 또는 소프트웨어).

• 10분 동안 방해받지 않고 몰두할 수 있는 공간

• 카운트다운 타이머를 10분에 맞춘다(휴대폰에 있는 것을 이용하면 된다).

• 생각이나 아이디어를 가장 잘 떠올리는 데 도움이 되는 것이 있으면 준비한다(커피나 음악, 좋아하는 의자 등을 말한다).

• 순서나 구조, 편집 등을 생각하지 않는 열린 마음을 갖춘다 .

무엇을 해야 하는가?(다음의 지침을 먼저 읽으라):

준비가 되면 카운트다운 타이머를 작동한 다음 당신의 타깃과 관련된 아이디어나 사고를 가능한 한 많이 신속하게 적거나 타이핑하라. 무엇이든 괜찮으니 전부 기록하라. 편집하지도 제거하지도 삭제하지도 옮기지도 마라.

포스트잇 메모를 사용하는 경우 처음에는 어디에 붙일지에 대해서 신경 쓰지 마라. 그냥 책상 위에 내려놓고 다음 메모로 넘어가면 된다. 소프트웨어를 사용하는 경우, 떠오르는 생각이나 아이디어 각각이 하나의 가지에 해당한다고 간주하라. 지저분해지겠지만 신경 쓰지 마라. 다음 단계에서 정리하면 된다.

이 과정에서 당신은 손이 따라갈 수 없을 정도로 영감의 급격한 분출을 경험할 수도 있고 또 어떤 순간에는 잠시 멈추고 멍해질 수도 있다. 아무래도 상관없다. 어쨌든 시간이 다 될 때까지 계속하라.

이제 당신은 장비를 갖추었고 갈 준비도 되었으므로 즐겁게 이 과정을 밟기 바란다. 그랜드 모프 타킨(Grand Moff Tarkin)의 유명한 말이 있지 않은가.

"준비가 됐으면 쏴도 된다."

전과 마찬가지로 과정 내내 나도 합류해서 당신의 이해를 도울 것이다. 아래는 푸드트럭 사업자들을 돕기 위해 내가 구축한 온라인 정보 사이트 푸드트러커(FoodTruckr)와 관련된 마인드맵의 첫 번째 단계를 사진으로 찍은 것이다.

마인드매핑 2단계:
정리

10분이 지나면 당신은 포스트잇의 바다 아니면 디지털 버전의 메모 바다를 보게 될 것이다. 훌륭하다! 여기 2단계에서는 우리 두 뇌의 다른 측면으로 들어가 눈에 보이는 것들을 조직화하기 시작할 것이다. 전반적인 임무는 서로 어울리거나 동일선상에 있는 것처럼 보이는 생각들끼리 묶어 시각적인 무더기를 형성함으로써 당신이 적은 모든 것을 여러 그룹으로 조직하는 것이다. 그러면서 각 그룹들에 이름을 붙여야 하는데, 이때 기억하기 쉽도록 서로 다른 색깔의 포스트잇이나 마커를 이용하면 좋다. 마인드매핑 소프트웨어를 이용하는 경우에는 나무에 새로운 가지를 창출하면서 이름을 붙이고 그와 관련된 생각이나 아이디어를 끌어다 그 안에 떨어뜨려

놓으면, 즉 드래그&드롭하면 된다.

이 시점에서, 당신은 아마 별다른 노력 없이도 생각들의 어떤 계층과 등급이 느껴질 것이다. 그렇다면 훌륭하다! 이제 각 무더기에서 계층 구조와 순위나 서열을 정할 수 있을 것이다.

역시 전과 마찬가지로, 그렇게 순위를 정하는 공식은 없다. 당신이 원하는 대로 자유롭게 분석해서 정하면 된다. 당신이 이 일을 하는 이유를 생각하면 할수록 타깃 아이디어를 더욱 깊이 이해하게 된다. 그러므로 이 과정에서 혹시 당신의 무더기 나무에 또 다른 메모를 추가하고픈 마음이 생기면 그렇게 하는 게 마땅하다. 이렇게 연습을 수행해 나가면 구조 어딘가에 구멍이 뚜렷이 느껴질 것이고, 그럴 때마다 그 구멍을 메우면 된다.

거의 완성 단계에 들어서면 당신이 이미 창출한 범주 어느 것에도 속하지 않는 동떨어진 생각들도 몇 개 발견할 것이다. 이는 지극히 정상적인 상황이며 그것들이 나쁜 생각인 것도 아니다. 따라서 별도의 범주, 즉 특별 범주를 만들어 시각화해 놓으면 된다.

이 연습을 마치면 당신의 종자 아이디어는 발아하고 성장해서 무성한 나무로 변모해 있을 것이다. 이제 당신의 타깃 아이디어는 구조를 갖추었다. 실제적인 무엇이 된 것이다.

당신의 마인드맵을 잘 살펴보라. 그것이 당신의 종자 아이디어와 관련해서 당신의 머릿속에 떠오른 모든 것이다. 멋지지 않은가!

하지만 다 끝난 게 아니다. 중요한 과정이 하나 더 남았다. 당신이 적은 모든 것을 동시에 통합하려 애쓰면 큰 곤경에 처할 것이다.

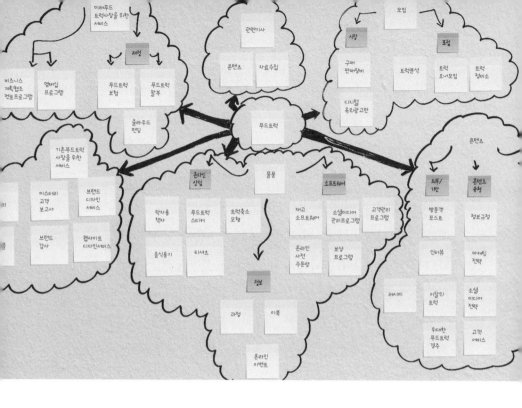

영리한 사업가는 필수 사항에 먼저 집중하는 것으로 시작한다.
다소 거칠게 자라고 있는 나무가 있다면 당신은 무엇을 하는가?
그렇다. 가지치기가 정답이다.

마인드매핑 3단계:
가지치기

더 많은 것이 항상 더 나은 것은 아니며, 더 많은 것은 재앙을
의미할 수도 있다. 예를 들어, 소프트웨어 업계는 기능 추가 경쟁

(feature creep)으로 악명이 높다. 새로운 기능과 역량을 추가하느라 혈안이다. 이는 제품의 전반적 힘을 떨어뜨리는 요인이 되며, 결과적으로 사용자 경험은 약화된다.

가지치기는 쉬운 일이 아니다. 마인드맵을 창출하느라 적잖은 시간을 투자했는데 이제 당신은 그러한 생각들 가운데 일부를 제거해야 한다. 그중 일부는 버리기에 너무 아까운 느낌이 들 수도 있다. 하지만 기억하라. 지금까지 해 온 모든 것은 모래를 퍼 담는 일이었다. 이제 성을 짓는 일을 시작하는 것이다.

낮게 열린 과실을 제거하는 것으로 시작하라. 해당 아이디어에 속하지 않는 게 명백한 것들부터 없애라. 초기 브레인스토밍 동안에는 거기 있을 필요가 없어 보이는 생각들도 많이 기록되었을 가능성이 높다.

당신의 아이디어에 맞지 않는 메모를 찾고 몇 분의 시간을 들여 별로 중요하지 메모들은 과감히 버리도록 하라.

당신 앞에 남겨 둔 것들만이 전진하기 위해 필요한 사항들이다. 가지치기를 조금 더 할 필요는 없는가? 물론 좀 더 해야 한다. 다만 지금 당장 해야 할 필요는 없다. 당신의 타깃 아이디어의 청중, 즉 잠재 고객은 정확히 누구이고 이미 그런 고객들에게 제품이나 서비스를 제공하는 다른 사람(또는 업체)들은 (있다면) 누구인지에 대해 좀 더 배우고 난 후에 다시 돌아와 가지치기 2라운드에 들어갈 것이다. 그러한 조사는 3부에서 진행한다.

지금은 마인드맵을 현재 상태로 놔두고 지금까지 해 놓은 작업에 대해 자부심을 갖는 것으로 만족하자. 설령 당신이 만들어 놓은 마인드맵이 별로 효과가 없다는 것을 나중에 발견한다 해도 손해 보는 것은 결코 아니다. 나중에 무엇이든 머릿속에 떠오른 아이디어를 조직화하고 싶은 경우 얼마든지 마인드맵을 만들 수 있는 기술을 얻었기 때문이다. 실제적인 행동도 이미 많이 취한 상태다. 물론 막 걸음마를 뗀 것이지만 말이다. 개발 실험실의 다음 무대에서는 당신의 마인드맵 전체를 보다 구체적이고 보다 응집력 있는 무언가로 전환해 볼 것이다. 단 한 문장으로 말이다.

WILL IT
FLY?

08

단 한 문장

　건축 회사에서 초안 설계사로 일할 때 나는 회사에서 최고의 성과를 올리는 국장 밑에서 일했다. 그는 수십 년의 업계 경력을 자랑할 뿐 아니라 키가 거의 2미터에 달하는 근육질의 거구였으며 어느 누구의 허튼짓도 용납하지 않는 인물이었다. 다시 말해서 보기만 해도 오금이 저리는 무척 무서운 상사였다.

　내가 입사 면접을 본 상대도 그였다. 그의 책상 건너에 주눅 든 자세로 앉아 '여기 들어오더라도 이 사람 밑에서만 일하지 않게 되면 좋겠다.'라고 생각한 기억이 지금도 생생하다. 하지만 내 바람도 무색하게 그는 나를 고용해 자신의 관할 부서에 소속시켰다. 그는 내게 무서운 상사였지만 그만큼 건축에 대해 많은 것을 가르쳤고,

보다 중요하게는 커뮤니케이션에 대해서도 정말 많은 노하우를 전수했다.

실력이 좋은 탓에 그는 많은 일을 맡았고 그래서 항상 바빴다. 레스토랑 부문의 책임자로서 그는 늘 대면 회의나 전화 회의에 참여하고 있었고, 그렇지 않을 때면 건강에 무척 좋아 보이는 무언가를 먹고 있었다. 또한 때로는 블루투스 무선 헤드셋을 쓰고 이 세 가지 모두를 동시에 진행하기도 했다. 나는 그 헤드셋을 그의 귀에 이식하는 편이 낫겠다는 생각이 들기도 했다. 마치 터미네이터가 회사 건물 여기저기를 돌아다니는 것 같았다.

회의와 회의 사이에 얼마 안 되는 빈 시간이라도 생기면 그는 직원들의 업무를 점검하며 우리의 프로젝트들이 어떻게 진행되고 있는지 확인하곤 했다. 대개 그의 사무실에서 가장 가까운 곳에 앉은 프로젝트 매니저들(불쌍한 친구들)로 시작해서 직무별 과장들을 거친 다음 마지막으로 우리들 초안 설계사들에게로 다가오곤 했다. 내가 신참이라 그랬는지 아니면 나의 자세가 세렝게티의 상처 입은 가젤과 닮아 보여서 그랬는지 모르겠지만 그는 나를 가장 자주 먹잇감으로 삼는 것 같았다. 다른 직원들과의 대화는 30초 내지 45초 정도밖에 걸리지 않았는데 유독 내게 와서는 불편하게 몇 분씩 말을 시키다 가곤 했다.

한번은 내 책상으로 건너온 그가 이렇게 물었다.

"패트릭, 왜 자네는 설계도 초안을 마무리하는 데 아리아나보다 두 배나 시간이 걸리는 건가?"

또 한 번은 내 어깨 너머로 나의 작업을 몇 분 동안 지켜보더니 일어나 보라고 말한 후 내 자리에 앉아 초안 설계사 모두를 불렀다. 그러고는 오토캐드(AutoCAD)의 특정 기능에 대한 구동 방법을 시연해 보였다. 그는 분명 내가 좋아하는 부류의 사람이 아니었다(그런 감정은 그 역시 마찬가지리라 확신했다). 그래서 그가 어느 오후에 나를 자신의 사무실로 불렀을 때 나는 또 비난에 시달릴 거라 짐작했다.

"패트릭."

그가 입을 열었다. 회사의 다른 모두가 나를 팻이라 불렀는데 그는 늘 패트릭이라고 불렀다.

"내가 왜 자네한테 그렇게 심하게 구는지 아나?"

일단 나한테 심하게 군다는 사실을 인정하는 게 놀라웠다. 하지만 이런 질문에 뭐라고 답해야 좋단 말인가? 왜냐하면 당신은 미래에서 온 사이보그라서 그러는 것 같다고 답할까?

"잘 모르겠습니다."

내가 답했다.

"내가 그러는 것은 자네가 건축사로 성공하기를 바라서네. 그리고 이 업계에서 성공하려면 자네는 빨리 배워야 할 뿐 아니라 실행은 더 빨리 할 줄 알아야 하네. 자네가 신참이라 나머지 팀원을 따라 잡고 보조를 맞출 수 있도록 가르치고 있는 거라네. 내가 자네에게 무언가를 물으면 그건 깔봐서 그러는 게 아니라 대답을 통해 솔루션을 파악하도록 돕기 위해 그러는 걸세. 그럴 목적이 아니라면 늘 시간이 모자란 내가 뭐하러 자네와 대화를 나누겠는가?"

나는 그의 진의를 이해하기 시작했다. 왜 내가 동료보다 두 배나 시간이 걸리는지 물어봤을 때 그는 진정으로 그 이유를 알고 싶었던 거였다. 그걸 고쳐 줄 방법을 찾아내기 위해서 말이다. 오토캐드의 기능을 빠르고 효과적으로 수행하지 못하는 걸 지켜봤을 때에는 직접 내 의자에 앉아 즉시 보여 주는 것보다 더 나은 교수법은 없다고 생각한 것이었다.

그의 사무실에서 그런 생각을 하며 서 있을 때 그는 상황에 대한 인식을 바꿔 놓는 무언가를 내게 더 가르쳤다.

"내가 자네에게 질문을 할 때마다, 이메일로든, 자네 책상 앞에서든, 여기 이 사무실에서든, 나는 자네가 한 문장으로, 단 한 문장으로 답해 주길, 그러니까 상황이 어떻게 돌아가고 있는지 내가 정확히 이해하도록 모든 필요한 사항을 단 한 문장에 담아서 답해 주길 바라네. 단 한 문장, 알겠는가?"

그날 오후 이후 그 상사와의 커뮤니케이션은 훨씬 더 효율적이 되었다. 나는 무엇을 묻든 핵심에 도달하는 법을 배웠고, 이 새로운 커뮤니케이션 방법은 사내의 다른 사람들과 대화를 나누는 데에도 영향을 미치기 시작했다. 좋은 쪽으로.

느리지만 확실하게 나는 작업의 '병목' 역할에서 벗어나 나머지 팀원을 따라잡았다. 나아가 시간이 흐르면서 탁월한 직원으로 거듭났고 그와 더불어 수석 초안 설계사로, 그리고 나중에는 직무 과장으로 승진했다. 회사 역사상 최연소 과장 승진이었다.

내가 LEED 시험을 준비한 게 바로 그 시점부터였다. 2008년 경기 침체로 정리 해고를 당한 후 내가 벌인 첫 사업의 토대가 되어준 그 LEED 시험 말이다. 만약 그 시절 그 상사에게 그러한 적극적인 커뮤니케이션을 배우지 않았다면 지금의 나는 없었을 것이라는 생각이 든다.

비록 지금은 건축업계에 몸담고 있지 않지만 나는 거기서 배운 것을 기업가 정신 세계에 그대로 투영하고 있다. 나는 대형 프로젝트의 일정 관리에 대해 배웠는데, 완료하는 데 수년씩 걸리는 프로젝트도 비일비재했다. 포토샵 사용법도 배웠는데 요즘 나의 브랜드 전반에 걸쳐 뿌리는 많은 그래픽을 창출하는 데 요긴하고 쓰고 있다. 그러나 가장 중요한 것은 커뮤니케이션에 대해 배운 일이고 그것이 사안의 핵심에 도달하는 데 얼마나 중요한지 깨달은 일이다.

핵심에 도달하면 진정으로 중요한 것을 발견할 수 있다. 아래의 연습에서 우리는 우리가 이미 창출한 것, 즉 우리의 마인드맵을 펼쳐 놓고 그 모든 아이디어와 사고를 단 한 문장으로 전환해 볼 것이다. 이 연습을 끝낼 무렵이면 우리는 타깃 아이디어의 핵심을 단한 문장으로 전달하는 능력을 갖추게 될 것이다.

그렇게 우리는 구체적으로 완성한 아이디어를 현재 상태 그대로 타인에게 전달하는 첫 번째 시간을 갖는다. 이 얘기를 듣자마자 엘리베이터 피치[7]를 떠올리는 독자도 있을지 모르겠다. 하지만 우리

---

7 **Elevator Pitch** 상품이나 서비스 혹은 사업에 대한 빠르고 간단한 요약 설명을 말한다. 할리우드에서 생겨난 용어로, 엘리베이터에서 만난 중요한 사람에게 20초에서 1분이라는 짧은 시간에 자신의 생각을 전달할 수 있어야 한다는 의미로 지어졌다.

는 지금 엘리베이터 피치를 만들자는 게 아니다. 엘리베이터 피치가 중요하지 않다는 뜻이 아니라, 지금 이 시점에서는 우리의 아이디어를 팔려고 애쓰는 데 초점을 맞추지 않는다는 의미다.

우리는 지금 그저 사람들로부터 정직한 피드백을 받기에 가장 좋은 방식으로 우리의 타깃 아이디어를 공유하고자 하는 것이다. 당신의 사업에 대해 이야기를 하는 것이 왜 중요한지는 다음 섹션에서 논할 것이다. 지금은 연습을 통해 어떤 내용을 말하면 좋을지 파악하는 데 집중하자.

당신의 한 문장

만약 지금 당장 당신의 마인드맵을 누군가(물론 마인드맵이 뭔지 아는 누군가)에게 보여 준다면 그는 당신이 창조하려는 것이 정확히 무엇인지 이해하는 데 큰 어려움을 겪을 것이다. 물론 시간을 들여 자세히 보고 해석하면 근사치에 도달하겠지만 그래도 완전히 이해하지는 못할 가능성도 있다. 누군가에게 피드백을 얻기 위해 당신의 아이디어를 제시하는 경우 잘못 해석할 수 있는 여지를 남기고 싶지는 않을 것이다. 따라서 이를 해석 연습으로 간주하면 좋다. 당신은 이제 당신의 마인드맵을 누구든 쉽게 이해할 수 있는 무언가로 해석해 주는 연습에 들어가는 것이다.

이 연습은 당신의 타깃 아이디어를 세 가지 형태의 글로 써 보는 단계별 과정이다.

1. 한 페이지
2. 한 단락
3. 한 문장

이렇게 단계를 거치며 아이디어를 더욱 정제하고 정련하여 필수 요소들로 요약하는 것이다.

나는 이 연습을 나의 친한 친구이자 이벤추얼밀리어네어닷컴 (EVENTUALMILLIONAIRE.COM)의 창업자인 제이미 타디(Jaime Tardy)에게서 들었다. 나와 그녀는 소규모 그룹의 회원이다. 우리는 지난 5년 동안 매주 모임을 가져 왔다. 한 모임에서 나는 집필 중인 저작의 초점을 찾지 못해 고민이라고 털어놓았다. 무슨 주제로 책을 쓰고 싶은지는 알지만 어떤 책이 될지 그 방향을 분명하게 표현할 수 없어서 문제라고 말이다. 그때 그녀가 이 연습을 제안한 것이다. 덕분에 나는 마치 저격수처럼 내가 표현하고 싶은 핵심 메시지에 초점을 맞출 수 있게 되었다. 지금 당신이 읽고 있는 이 책이 바로 그 산물이다.

각각의 단계를 자세히 살펴보도록 하자.

1단계: 한 페이지 작성

말 그대로 당신의 타깃 아이디어를 한 페이지 분량으로 요약하는 과정이다. 당신의 마인드맵이 실재하는 무엇으로 느껴지도록 A4 한 장 정도에 자유롭게 작성하라. 완벽할 필요도 없고 철자나 문법에 얽매일 필요도 없다. 그냥 시작해서 재밌게 써 나가 보라.

2단계: 한 단락 작성

다음은 당신이 작성한 한 페이지를 하나의 단락으로 압축하는 과정이다. 다른 사람이 당신의 타깃 아이디어가 무엇에 관한 것인지 완전히 이해하려면 무엇을 알 필요가 있는지 생각하며 거기에 초점을 맞춰 작성하라.

이것은 쉬운 일이 아니며, 쉬워서도 안 된다. 하지만 완성해 놓기만 하면 짧은 시간에 당신의 사업에 대해 설명하는 데 이용할 수 있는 매력적인 문단을 갖게 되는 것이다.

3단계: 한 문장 작성

이제 마지막 단계다. 당신이 작성한 한 단락을 단일 문장으로 정련하라. 당연한 일이지만, 이 단계는 완수하는 데 가장 많은 시간이 걸릴 가능성이 높다. 작성하는 글의 양은 가장 적지만 말이다. 대부분의 사람과 같다면 당신은 몇 개의 다른 버전을 작성해 보고 나서야 맘에 드는 최종본을 손에 넣게 될 것이다.

여기 내가 푸드트러커가 어떤 모양새를 갖게 되면 좋을지에 대해 생각하며 고안한 한 문장을 소개한다.

푸드트러커는 푸드트럭 사업을 시작하고 성공적으로 운영하는 데 관심 있는 모든 사람에게 양질의 콘텐츠와 공동체, 지원을 제공하는 온라인 정보 사이트입니다.

당신이 작성한 한 문장을 크게 읽어 보고 어떻게 들리는지 귀 기울여 보라. 어떤 느낌이 나는가? 무언가 이상한 거 같거나 흡족한 마음이 들지 않으면 다른 사람들도 그것을 들었을 때 당신과 같은 방식으로 느낄 것이다.

자신 있게 선언할 수 있는 한 문장이 나올 때까지 고치고 또 고쳐라. 자신 있게 선언하는 것, 그것이 바로 개발 실험실의 마지막 무대인 다음 장에서 우리가 수행할 일이기 때문이다.

WILL IT
FLY?

09

대화와 관찰

팟캐스트를 시작하고 얼마 지나지 않아 나는 기쁘게도 존 새딩턴(John Saddington)을 인터뷰하게 되었다. 그는 몇 개의 사업체를 구축해 각각 수백만 달러에 매각한 젊은 기업가였다. 그와 나는 2013년 내쉬빌에서 열린 한 콘퍼런스에서 처음 만났는데, 대화가 시작되자마자 서로 통한다는 느낌을 받았다. 둘 다 지나칠 정도로 활동적인 아이들의 아빠이자 젊은 사업가이고 그런 아이들과 함께 보내는 시간을 몹시도 소중히 여긴다는 공통점이 있었다. 인터뷰는 먼저 기업가 정신에 대한 그의 고견을 듣는 것으로 시작했다. 그리고 이어서 기업가로서 성공하기 위한 전략과 베스트 프랙티스에 대한 토론으로 넘어갔다. 이미 수차례 성공적인 사업체를 키워 낸 그였기에 나는 그가 새로운 사업에 대한 아이디어를 도출한 후 취하는 첫 번째 단계가 무엇인지 알고 싶었다. 그의 대답은 내가 기대했던 내용이 아니었다.

훌륭한 아이디어가 생겼을 때 가장 먼저 해야 할 일은 그것을 글로 적는 것입니다. 머릿속에 보관해서는 안 됩니다. 가능한 한 최대한 물리적인 종이 위에 아이디어를 토해 내야 합니다. 실제로 종이 위에 적어 놓는 일이 가치 있는 이유를 정말 많이 생각하고 드리는 말씀입니다. 제 말을 믿으시고 컴퓨터 문서로 작성해서 보관하지 마시고 반드시 종이 위에 적으십시오. 펜으로 종이를 누르며 글을 쓸 때 강력한 무언가가 생기기 때문입니다.

그다음 몇 주 또는 한두 달 동안이라도 어디를 가든 그것을 가지고 다니십시오. 그것을 가능한 한 많은 사람과 공유하기 위해서입니다. 배우자든 자녀든, 친구든 사업 파트너든, 스타벅스에서 만난 사람이든 마트에서 만난 사람이든, 말 그대로 여러분이 아는 사람들에게 그것을 보여 주십시오. 그렇게 아이디어를 공유하기 시작할 때 비로소 그것이 세련돼지고 정제되기 때문입니다. 세련되게 정제될수록 아이디어는 훨씬 더 성숙해집니다.

더불어 사람들로부터 신속한 피드백, 즉각적이면서 진솔한 피드백을 얻게 될 겁니다. 때로는 전혀 모르는 사람에게서 '정말 바보 같은 아이디어'라든가 '훌륭한 아이디어이긴 하지만 이런 점을 생각해 봤나요?'와 같은 대답을 들을 수도 있을 겁니다. 그리고 다시 한 번 종이에 적으며 쉽고 빠르게 내용을 첨가할 수 있다는 장점이 따릅니다. 휴대전화 같은 거에 내용을 추가하려면 다소 번거롭지 않습니까? 그래서 저는 훌륭한 아이디어가 떠오르면 종이에 적습니다. 종이에 쏟아 놓고 사람들과 공유하는 과정을 거쳐 세련되게 무르익은 아이디어를 손에 넣게 되는 거죠."

그가 이런 얘기를 하는 동안, 나는 즉시 청취자 입장에서 질문이 떠올랐고 그들이 궁금할 게 뻔한 질문을 던져야 했다.

그렇다면 사람들이 내 아이디어를 훔치거나 모방하는 것을 막을 방법은 있나요?

존의 입에서 그보다 더 동기부여가 될 수는 없는 대답이 나왔다.

"그걸 막을 방법은 아무것도 없습니다. 그러나 아이디어를 누가 처음 말하고 누가 듣든 결국 그 아이디어의 마지막 주인은 그것을 끝까지 실행하는 사람입니다. 누구든 아이디어에 꽂혀서 실제로 헌신하면 아이디어의 주인이 될 수 있습니다. 그리고 대개는 아이디어를 낸 사람이 그것을 세련되게 정제하고 무르익게 만드는 과정에서 그것의 완성 가능성에 희열을 느끼고 헌신하게 됩니다. 대부분의 사람들은 절대 실행하지 않기 때문에 결코 아이디어를 성공시키지 못합니다. 제가 기업가로서 성공한 이유와 다른 많은 기업가들이 성공한 이유는 단순히 우리가 실행하기 때문입니다. 우리는 말만 하지 않습니다. 우리는 실행에 옮깁니다.

아이디어에 대해 이야기해야 모든 것이 시작됩니다. 다른 사람들과 그것에 대해 이야기하기 시작하면 계속 동기를 부여받을 수 있습니다. 계속 추진력을 축적할 수 있을 뿐 아니라 점점 더 정제되고 나아지는 아이디어에 계속 흥미도 느낄 수 있습니다. 일주일이 걸릴 수도 있고 이 주일 혹은 한 달이 걸릴 수도 있지만 그렇게 배양기를 거치면 훌륭한 아이디어에 대해 보다 나은 생각을 가지게 될 겁니다."

이 인터뷰 후 나는 새로운 아이디어가 생기면 존의 조언에 따라 다른 사람들과 공개적으로 공유하기 시작했다. 사실 그 전에도 이미 블로그를 통해서 그렇게 하고 있었지만, 사람들이 있는 데서 그리고 때로는 완전히 낯선 사람들과 직접 대면해서 아이디어를 얘기하기 시작한 것은 그때부터다.

그렇게 체험을 통해 나는 존이 말한 모든 내용을 보증할 수 있게 되었다. 피드백과 질문, 그리고 상호작용은 논의 중인 아이디어를 정제하는 데 실로 도움이 된다. 많은 경우, 내가 그런 가치 있는 상호작용을 거치지 않았더라면 결코 발견하지 못했을 새롭고 나은 아이디어가 떠올랐다.

생각할 거리

이 인터뷰가 있고 몇 달 후, 나는 내 블로그에서 공개적으로 새로운 부업을 시작하기로 결정했다. 공개적으로 공유한 연구 조사를 통해, 나는 푸드트럭 사업을 시작하고 운영하는 데 관심 있는 사람들을 위한 정보 출처를 창출하는 아이디어에 도달했다. 얼마 전부터 내 자신이 푸드트럭의 팬이 되었기에 전반적인 프로세스가 어떻게 작동하는지 궁금했다. 인터넷에서 도움이 될 만한 정보를 찾아봤지만 아무것도 발견할 수 없었다. 결국 내가 그 아이디어를 다듬어 푸드트러커닷컴(FOODTRUCKR.COM)이라는 결실을 맺게 한 것은 친구들과 푸드트럭 운영자들, 심지어 완전히 낯선 사람들과 나눈 현실 세계 속의 대화를 통해서였다.

내가 대화를 나눈 모든 사람은 나의 아이디어가 훌륭하다고 생각했다. 당시 푸드트럭이 대중적 인기를 얻기 시작했기 때문이다. 더 나아가 나의 이야기를 듣던 사람들은 기회가 생긴다면 어떤 종류의 푸드트럭을 운영하고 싶은지 물었을 때 모두 눈을 반짝였다. 이는 좋은 징조가 아닐 수 없었다. 반면에 그 사람들은 모두 예상한 대로 똑같은 질문을 나에게 던졌다.

"그래서 당신은 푸드트럭을 운영하고 있나요?"

나는 그렇지 않다고 답했다.

내가 푸드트럭을 운영하지 않는다는 사실을 알고 나면 사람들의 어조가 바뀌고 분위기가 싸늘해졌다. 그 사실이 즉각적으로 신뢰도를 떨어뜨렸던 것이다. 당연한 결과였다. 본인은 하지 않는 일을 남한테 권하는 사람을 누가 믿을 것이며, 그렇게 믿음이 안 가는 사람에게서 누가 조언을 얻으려 하겠는가? 이것이 존이 말했던 종류의 솔직하며 본능적인 반응이었고, 정확히 내가 접할 필요가 있었던 반응이었다.

만약 내가 이 문제를 고려하지 않고 솔루션 구축부터 시작했다면 처음부터 실패가 예정된 길로 접어들었을 게 분명했다. 이러한 대화를 통해 나는 나의 자원 내에 있는 콘텐츠를 신뢰받게 만들 방법부터 찾아야 한다는 사실을 배웠다. 만약 그럴 수 없다면 그 아이디어에서 벗어나야만 했다.

하지만 내게는 해결책이 분명해 보였다. 나는 항상 정직을 선택한다. 그래서 내가 푸드트럭을 소유하지 않는다는 사실을 완전히 공개하기로 결정했다. 콘텐츠에 대해서는 다른 푸드트럭 소유자로부터 얻은 조언과 스토리, 전략, 팁 등으로 구성해 신뢰를 쌓기로 마음먹었다. 취합한 내용을 블로그에 글로 올리고 푸드트러커스쿨(FoodTruckr School) 팟캐스트를 운용해 인터뷰를 내보내면 충분하다는 판단이 들었다. 나를 단순히 귀중한 정보의 큐레이터로 포지셔닝시키는 전략이었다.

나는 그렇게 다듬은 아이디어를 샌디에이고의 거리로 가져 나가 그 지역의 푸드트럭 소유자들과 전보다 더 많은 대화를 나누었다. 그들이 어떻게 반응하는지 보기 위해서였다. 훨씬, 훨씬 더 나은 반응들이 나왔다. 소비자 수준을 넘어 업계에서 직접적인 경험을 쌓는 것이 이상적이었지만, 나의 솔직한 접근 방식은 나에게 더욱 많은 신뢰와 존경을 안겨 주었다. 또한 다른 푸드트럭 주인들이 사업을 운영하는 방법에 대해 배우는 것을 모두가 좋아한다는 사실이 드러났다.

하지만 내게 가장 유용했던 정보는 어느 푸드트럭 주인과 나눈 한 차례의 대화였다. 내 아이디어에 대해 알게 된 후, 그 여주인은 다음과 같은 질문을 던졌다.

"만약 이 업계에서 경험을 쌓은 사람이 당신이 하려는 것을 똑같이 모방해서 한다면 그건 무슨 수로 막지요?"

이것은 매우 예리한 질문이었고, 그에 대한 해결책을 내가 몰랐기 때문에 처음 들었을 때 솔직히 기가 꺾이지 않을 수 없었다. 나는 질문에 답을 하지 않은 채 대화를 다른 쪽으로 돌렸다. 하지만 그날 밤 집에 돌아온 후 그녀가 제기한 의문에 대해 끊임없이 생각할 수밖에 없었다.

벽에 부딪힌 셈이었다. 그러나 모든 기업가가 그래야 하는 것처럼, 나는 그 벽을 다른 각도에서 보기 시작했다. 나는 질문을 다음과 같이 바꾸었다. 오히려 내가 유리하게 이용하기 위해서였다.

"푸드트럭 업계에서 경험을 쌓은 어느 누구도 추가할 수 없는 무언가를 내가 추가한다면?"

다시 말해서, 해당 영역에서 불공평한 나만의 이점은 무엇인지 따져보기 시작한 것이다. 당신은 이미 불공평한 나만의 이점에 대해 배웠다. 이 책의 1부인 임무 설계 부분에서 말이다. 나는 당신이 어떤 식으로든 그것을 당신의 비즈니스 명세에 통합하고 있는 중이길 바란다. 이 특정한 상황과 관련해 나의 불공평한 이점은 내가 온라인 마케팅 및 소셜 미디어에 대해 가지고 있는 광범위한 지식이었다.

푸드트럭 운영자들은 고급 기술과 전략이 부족했다. 대부분의 푸드트럭 운영자는 이메일 리스트조차 가지고 있지 않다! 그런 지식을 보유한 인물로 나 자신을 차별화하고 유용한 솔루션을 고객에게 제공하면 되는 일이다.

피드백 수학

살펴봤듯이, 당신의 비즈니스에 대한 사소한 대화조차 당신의 아이디어를 크게 개선하는 데 도움이 될 수 있다. 따라서 당신은 그렇게 해야 하며 나는 당신이 그렇게 할 것으로 믿는다. 그러나 먼저 당신이 그 과정을 최대한 잘 활용할 수 있도록 몇 가지 중요한 사항을 짚고 넘어가고자 한다. 다른 사람들과(모르는 사람까지 포함해서) 당신의 아이디어를 공개적으로 나누는 것은 필경 이번이 처음일 것이다.

그래서 당신이 긴장한다면 그것은 지극히 당연한 일이다. 그 점을 충분히 이해하지만 나는 그것이 쉬운 일이라고 거짓말하지는 않겠다. 특히 당신이 비판이나 부정적인 피드백을 잘 받아들이지 못하는 유형의 사람이라면 분명 힘겨운 과정이 될 것이다.

자신의 아이디어를 밖에 꺼내 놓는다는 것은 긍정적인 피드백이든, 부정적인 피드백이든, 모두 받아들일 준비를 갖춘다는 뜻이다. 만약 당신이 의욕적인 대부분의 기업가와 같다면 당신의 피드백 수학은 다음과 같이 보일 것이다.

> 한 개의 부정적인 의견 〉 100개의 긍정적인 의견

나의 경우도 종종 이렇게 보이곤 했기 때문에 충분히 이해한다. 부정적인 의견과 비판은 하루 종일 내 머릿속을 떠나지 않곤 했다. 때로는 너무나 혹독한 비판에 철저히 흔들리기도 했다. 특히 전혀 존중하지 않는 방식으로 비판이 나오면 한동안 심란하지 않을 수 없었다. 나는 다음과 같은 사실을 배우는 데 다소 시간이 걸렸지만, 당신의 여정 초기에 당신에게 전달할 수 있어서 기쁘게 생각한다.

누군가의 의견이나 응답에 전혀 존중이 담겨 있지 않은 경우 아무런 주의를 기울일 필요가 없다는 사실 말이다.

"당신이 비판을 위한 비판이나 악플에 대해 생각하느라 낭비하는 매 초는 중요한 사람들이나 당신이 제공하는 것으로 혜택을 입을 수

있는 사람들에게서 빼앗는 시간인 셈이다."

정중하게 제공하는 부정적인 피드백이나 비판은 종종 매우 유용하다. 아마존닷컴에서 이런저런 제품에 별 한 개나 두 개를 매긴 리뷰를 살펴보라. 타당한 리뷰라면 제품 개발자나 소유자가 해당 제품이나 전반적인 고객 경험을 개선하는 데 고려할 수 있는 유용한 피드백을 포함하고 있는 경우가 많다.

당신은 기업가 여정의 어느 시점에서 부정적인 피드백을 얻게 될 게 분명하다. 대개 그것은 초기에 접할 가능성이 높다. 그것은 전적으로 기업가가 되는 과정과 의식의 일부다. 오히려 기대하라. 우리가 하려는 것에 대해 우리가 실제로 적합한지 알아보기 위해 세상이 테스트를 하는 것과 같다고 생각하라.

그리고 당신이 계속 길을 가는 한 당신은 그 길에 적합한 인물임을 잊지 말라.

이 특별한 연습과 관련해 당신은 언제든 부정적인 피드백을 원하고 받아들여야 한다. 그것이 당신의 아이디어를 훌륭한 무언가로 만드는 데 도움이 되기 때문이다!

또한 이것은 일반적으로 훌륭한 훈련이 되며, 긍정적이든 부정적이든 피드백을 많이 받아들이면 들일수록 당신은 더 나은 기업가가 될 것이다.

도전 과제

이번 주에 이틀 정도 날을 잡아 10명에게 당신의 타깃 아이디어에 대해 이야기해 보라는 도전 과제를 부여한다. 더 많은 사람과 공유하라고 권하지만, 10명이면 잠재적 반응을 폭넓게 예측해 볼 수 있는 훌륭한 출발점이라 할 수 있다.

편안한 사람, 잘 아는 사람으로 시작하라. 당신의 말을 주의 깊게 듣고 훌륭한 피드백을 제공할 그런 사람들 말이다. 그런 다음에 전혀 만난 적이 없는 두 사람 이상과 이야기하라. 당신은 이미 당신의 아이디어가 무엇인지 명확하고 간결하게 표현하는 법을 배웠고, 그것을 하나의 문장으로 좁혀 놓은 상태다. 시작하는 데 필요한 거의 모든 것을 갖춰 놓았다는 의미다. 다음은 이 연습을 진행하면서 고려해야 할 몇 가지 추가적인 팁이다.

아이디어를 공유하는 법

모종의 견해를 밝히며 대화를 시작하지 마라.

"아주 좋은 아이디어가 있는데요."라든가 "멋진 아이디어 한번 들어 볼래요?"와 같은 말로 대화를 시작하면 안 된다. 이런 시작은 일상적인 대화에서 흔한 일이다. 그러나 "아주 좋은"이나 "멋진"과 같은 특정한 견해로

아이디어를 표현하면 역효과를 유발할 가능성이 높다. 아이디어 그 자체(그리고 그것을 다듬기 위해 당신이 한 모든 일)가 당신을 위해 일하게 놔두어라.

스스로 경시하는 태도로 당신 자신(또는 당신의 아이디어)을 팔지 마라.

내가 가장 불쾌하게 생각하는 경우는 사람들이 준비할 시간을 충분히 갖지 못했다거나 완전히 완성된 상태는 아니라는 말로 프레젠테이션을 시작했을 때다. 만약 당신이 부정적으로 말을 꺼내면 당신의 아이디어도 부정적으로 인식되기 마련이다. 같은 원리가 당신의 대화에도 그대로 적용된다. 당신은 이미 많은 노력을 기울였으므로 변명은 이제 그만 접어 두고 자신 있게 접근하고 이 모든 게 프로세스의 일부라는 점을 명심하라.

도움을 먼저 제공하고, 요청은 그다음에 하라.

전에 만난 적이 없는 사람과 아이디어를 공유할 때 내가 가장 좋아하는 일은 도움을 청하기 전에 먼저 도움을 주는 것이다. 예를 들어 커피 매장에 줄에 선 사람과 대화를 나누고 싶은 경우, 나는 뒤에 선 사람의 커피 값을 내준다. 그러면 둘이 커피를 기다리는 동안 짧은 대화의 문이 열린다.

물론 내 아이디어에 대한 얘기를 꺼내기 전에 간단한 질문에 답해 줄 시간이 있는지 먼저 묻는다. 시간이 없다고 하면 그것으로 그만이다. 그럴 시간이 있다고 하면 나는 이렇게 말한다.

"감사합니다. 1〜2분밖에 안 걸릴 겁니다. 저는 잠재적인 비즈니스 아이디어에 대해 솔직한 피드백을 구하고 있는 사업가입니다. 초기의 반응을 가늠하기 위해서 무작위로 사람들에게 물어보는 방법을 택한 겁니다. 1~2분 정도 설명을 들어 주실 수 있겠지요?" 먼저 도움을 제공했기 때문에 대개의 경우 상대 역시 기꺼이 호의를 베푼다.

상대의 의견을 듣는 법

상대의 응답에 의식적으로 귀를 기울여라.

하지만 사실 피드백에 의식적으로 귀를 기울이는 것은 생각보다 훨씬 어렵다. 듣는 동안에 두뇌가 쉴 새 없이 작동할 수 있고, 그러는 가운데 몇 가지 중요한 지표를 놓칠 수도 있기 때문이다. 나 역시 팟캐스트 인터뷰를 진행할 때 같은 문제로 어려움을 겪곤 했다. 내가 던질 다음 질문에 대해 염려하느라 대화의 흐름이나 맥을 놓치기도 했다는 얘기다. 최대한 집중해서 들어야 피드백을 더 잘 받을 수 있다.

메모나 녹음을 하지 마라.

이것은 다소 이해하기 쉽지 않은 조언으로 느껴질 수도 있다. 하지만 중요한 사항이다. 말하는 사람에게 모든 주의를 기울이라는 의미로 하는 말이 아니다. 메모장이나 녹음 장치를 손에 들고 대화에 들어가면 사람들의 반응이 달라지기 때문에 하는 말이다. 많은 사람들이 녹음 장치 앞에서는 소심해지거나 진중해진다. 결국 당신은 들을 필요가 있는 대답보다는 듣고 싶은 대답을 얻게 될 가능성이 높다.

상대의 말허리를 자르지 마라.

그렇다. 이것은 명백한 조언이다. 그렇지만 때로 우리는 얼마나 자주 상대의 말을 끊고 끼어드는지 깨닫지도 못한다. 아이디어를 공유한 후 상대가 말하도록 놔두는 것은 필수 중의 필수다. 가장 좋은 정보는 항상 생각의 끝에서 나온다. 따라서 상대에게 무대를 내어 주고 말하려는 바의 핵심에 도달하도록 놔둬야 한다. 그러고 나서 다음 단계로 안내하면 더욱 좋다.

신속한 후속 질문으로 더욱 깊이 파고들어라.

최상의 정보는 보다 깊은 대화에서 도출된다. 상대의 응답이 끝나갈 때쯤 후속 질문으로 대화를 더 끌어갈 수 있는지 확인하라. 상대가 생각을 더욱 깊이 있게 전개해 나가도록 도울 수 있는 후속 질문을 몇 가지 소개한다.

- 그렇게 말씀하시는 이유는 무엇인지요?
- 그 밖에 또 제가 놓쳤다고 생각하시는 게 있는지요?
- 그것을 왜 그렇게 중요하게 생각하시는 거죠?
- 그것의 이상적인 측면은 무엇이라고 생각하시는지요?
- 그것에 대해 또 생각나시는 건 없는지요?

단지 말에만 주의를 기울이지 마라.

1971년 사람들이 의사소통하는 여러 가지 방식의 비율을 찾기 위한 연구 조사가 실행된 바 있다. 그 결과물이 바로 의사소통의 7-38-55 규칙이다. 의사소통의 55퍼센트는 보디랭귀지로, 38퍼센트는 음성 신호로, 그리고 단 7퍼센트만이 단어로 전달된다는 의미다.

이 비율이 정확한지에 대해서는 확신할 수 없지만(비언어적 의사소통의 비율이 93퍼센트라는 게 너무 많게 느껴지기 때문이다) 실제로 사람들은 언어보다 다른 것을 이용해서 더 많이 말한다. 이 때문에 상대의 응답 내용뿐 아니라 보디랭귀지와 억양에도 주의를 기울여야 한다.

상호작용이 진행되는 동안 적극적으로 기록하는 것은 아니기 때문에 대화가 끝난 후 가능한 한 즉시 중요한 발견 사항을 기록하는 것이 중요하다. 메모장이나 휴대용 녹음 장치 등에 중요하다고 느껴지는 모든 내용을 기록하라.

당신은 이제 개발 실험실의 목적지에 도착했다. 축하한다!

당신은 일련의 연습을 통해 아이디어를 유형의 실체로 전환했고 그에 대해 다른 사람들과 이야기도 나눠 봤다! 훌륭하다!

이 시점에서, 필경 당신은 당신의 마인드맵으로 되돌아가 사람들과 나눈 대화에서 발견한 사항을 추가하고 싶을 것이다. 어쩌면 당신의 아이디어가 전혀 다른 모습으로 변해 있을지도 모른다.

어쩌면 새롭게 정제된 아이디어를 다시 한 번 사람들과 공유해 더 많은 정보를 수집하고 싶을지도 모른다.

말이 나온 김에 마지막으로 주의 사항 한 가지만 덧붙이고자 한다. 긍정적인 피드백은 당신의 손에 성공적인 사업이 잡혔음을 100퍼센트 확증해 주는 무엇이 아니다. 누군가가 무언가를 좋아한다고 말한다고 해서, 그리고 보디랭귀지로 그 점을 더욱 여실히 보여준다고 해서 그것이 당신의 타깃 고객들이 실제로 줄을 설 것을 의미하지는 않는다.

4부에서 우리는 당신의 타깃 고객들을 대상으로 당신의 아이디어를 테스트해 볼 것이다. 실제로 그들이 단지 말만이 아니라 행동으로도 당신의 아이디어를 인정해 줄 것인지 알아보려는 것이다. 경우에 따라서는 당신이 구상한 사업의 유형에 따라, 완전히 구축하거나 기능을 발휘하게 하기도 전에, 즉 머릿속에 보유한 아이디어만으로도 돈을 받을 수 있게 될지도 모른다.

그러나 거기에 이르기 전에 우리에게는 치러야 할 한 가지 시험이 더 남아 있다. 이 시험은 우리의 타깃 아이디어가 아니라 타깃 고객에 대한 것이다. 3부에서는 우리의 이상적인 최종 소비자가 누구인지, 그들이 모이는 곳은 어디이며 관여하고자 하는 것은 무엇인지 정확히 찾아내기 위해 다량의 연구 조사를 진행할 것이다. 이 과정을 마치면 당신은 누구에게 말을 건네야 하는지에 대해서, 때로는 그들보다 더 잘 이해하게 될 것이다.

잠시 숨을 고르기 바란다. 준비가 되면 3부로 들어가 정확히 어떤 유형의 고객들에게 우리가 손을 뻗으려 노력해야 하는지 조사하고 분석해 보기로 하자.

3부

비행 계획

"만약 당신이 타깃 고객의 문제가 무엇인지 그들보다 더 명확하게 규정할 수 있다면,
고객은 당신에게 솔루션이 있다고 순순히 믿게 될 것이다."

— 제이 에이브러햄(Jay Abraham)

WILL IT
FLY?

10

진단

비행기는 활주로로 진입하기에 앞서 일련의 평가 및 점검 과정을 반드시 거쳐야 이륙 허가를 받을 수 있다. 무수히 많은 기계적인 점검 사항과 엔진 상태를 확인하는 것에 더해 비행 전 점검 과정에서 빼놓을 수 없는 중요한 요소가 있다.

바로 목적지에 도달하기 위한 비행 계획 수립이 그것이다. 비행 계획은 사전 준비와 분석이 필수다.

목적지가 어디인지 아는 것 외에 조종사는 가장 안전하고 편안하게 그리고 정시에 목적지까지 도달할 수 있는 최선의 방법을 결정해야 한다. 그렇게 하기 위해서는 정확한 기상예보의 확보와 항공교통관제 규정의 준수 그리고 동 시간대에 공중에 떠 있는 다른 비행기들과 자신의 항로에 대한 정확한 이해 등이 전제되어야 한다. 그런 정보들을 사전에 파악하면 비행에 소요되는 연료와 관련해 상당한 비용을 절감할 수도 있다.

조종사는 여러 가지 장치들을 활용해 판단을 내린다. 최적의 항로를 선택하는 데 도움을 주는 무수한 기계장치와 레이더가 있고, 악천후나 난기류를 피하기 위해 최근 동일한 항로를 비행한 다른 조종사들로부터 조언을 구할 수도 있다.

프로젝트의 출범을 눈앞에 둔 당신은 이륙 직전의 조종사와 다를 바 없다. 이미 성공적인 이륙을 위한 다양한 비행 전 점검 과정을 완수했다는 의미다. 1부 임무 설계에서 자신의 강점과 약점, 호불호, 프로젝트의 궁극적인 목표 그리고 아이디어와 임무의 연관성 등에 대해 살펴봤으며, 다음 과정인 2부에서는 최초의 아이디어에 생명력을 더하고, 보다 명확하고 정제된 무언가로 성장시키는 과정에 대해 알아봤다.

3부는 이륙 이후 마주하게 될 환경을 탐사하고 평가하는 과정이다. 길잡이가 되어 줄 다양한 연습 문제를 통해 타깃 고객에 대해 완벽하게 파악하고 그들을 어디에서 찾을 수 있는지 알아볼 것이다. 또한 동일한 공간에 누가 있는지도 살펴볼 것이다(즉, 동일한 고객층을 타깃으로 삼고 있는 경쟁자와 경쟁 제품에 대해 조사한다).

그렇게 하면 당신의 잠재적 협력자가 누구인지, 누구와 협력 관계를 구축해야 하는지에 대해 알 수 있고, 나아가 프로젝트의 효과적인 출범을 위한 최적의 포지셔닝 방안을 결정할 수 있다.

조사에 착수하기에 앞서, 내가 기업가로서 첫발을 내디뎠을 당시 얻었던 매우 중요한 교훈 한 가지를 공유하고자 한다. 나에게 그것은 사고방식의 일대 전환점이 되었고 지금처럼 모두가 연결된 세상에서 성공적이면서도 장기간 지속 가능한 비즈니스를 위해 가장 필요한 것이 무엇인지를 이해하는 데 큰 도움을 주었다.

누군가 출발점에 서 있던 나에게 그것을 가르쳐 주었던 것처럼 이제 나는 기꺼이 그것을 전수하고자 한다. 페이지를 넘겨 보라. 이제부터 시작이다.

WILL IT FLY?

진정한 팬 1000명

2013년 2월 26일 새벽 3시, 내 눈은 여전히 말똥말똥했다. 도저히 잠을 이룰 수 없었다. 마치 다음 날 아침 디즈니랜드에 놀러갈 생각에 잠을 못 이루던 어린 시절로 돌아간 것만 같았다. 그날 밤, 수많은 생각이 내 머릿속을 가득 채웠지만 그 시간까지 나를 잠 못 들게 했던 것은 미키마우스도 아니었고 놀이동산(Dole Whip)도 아니었다. 나는 그저 몇 시간 후에 앤드류 워너(Andrew Warner)가 진행하는 팟캐스트 믹서지(Mixergy)에 출연할 예정이었다. 믹서지는 내가 가장 즐겨 듣던 비즈니스 팟캐스트 중 하나였다.

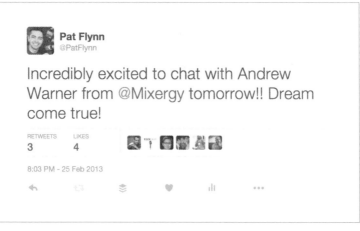

Pat Flynn
@PatFlynn

Incredibly excited to chat with Andrew Warner from @Mixergy tomorrow!! Dream come true!

RETWEETS | LIKES
3 | 4

8:03 PM - 25 Feb 2013

내일 믹서지의 앤드류 워너와 대화를 나눌 생각에 말할 수 없이 흥분됩니다! 꿈은 이루어집니다!

나는 수년간 앤드류가 진행하던 팟캐스트의 애청자였다. 이제, 드디어, 대망의 그날이 눈앞에 와 있었다.

앤드류와 그의 팟캐스트에서 내가 가장 높이 사는 부분은 그의 맹렬한 인터뷰 스타일이다. 그는 결코 머뭇거리는 법이 없으며 누구도 감히 언급하지 못하는 어려운 질문을 던지곤 한다. 앤드류가 그 거침없는 언변으로 게스트를 궁지로 몰아넣는 것을 지켜본 것만도 부지기수다. 종종 지켜보는 사람마저 민망해질 때도 있지만 동시에 더없이 훌륭한 인터뷰라는 사실은 부정할 수 없다.

그런 앤드류 워너를 대면하게 될 출연을 앞두고 그날 밤 내가 그렇게 흥분에 휩싸였던 이유는 그에 대한 열렬한 존경심과, 그가 만들어 낸 성과물의 품질을 꼽을 수 있다. 나 또한 팟캐스트의 진행자였기 때문에 앤드류가 제작에 쏟아붓는 그 모든 노력을 짐작하고도 남았다. 그로부터 인터뷰 요청을 받은 것은 영광스러운 일이었다.

믹서지 출연이 결정되었을 때 내 머릿속에 맨처음 떠오른 것은 평소 동경하던 사람과 마주앉아 대화를 나눌 수 있으니 얼마나 근사한 일인가라는 단순한 생각이었다. 하지만 인터뷰가 시작되자마자 나는 바짝 긴장하지 않을 수 없었다.

나는 앤드류가 초반부터 대답하기 곤란한 질문으로 치고 들어올 것이라 예상했고 내 예상은 그대로 적중했다. 인터뷰는 애초에 나를 게스트로 초대하는 것 자체가 썩 내키는 일은 아니었다는 말로 시작되었다. 내가 상상했던 도입부는 아니었지만 그것이 바로 전형적인 앤드류의 인터뷰 스타일이었고 어쨌든 그날 나는 게스트 자격으로 그의 맞은편에 앉아 있었다. 대화는 이어졌고 나의 LEED 시험 웹사이트의 성공담을 거쳐 블로그를 통해 그 성공 사례를 소개한 과정과 매달 수익을 공개해 왔던 내용을 나누고 나자 앤드류는 이렇게 질문했다.

"수익률의 기준으로 성공 여부를 판단하고 그것을 사례로 소개하는 방식은 우물 안 개구리와 같은 시각이 아닐까요? 좀 더 거시적인 관점에서 접근할 필요가 있지 않느냐! 이 말입니다. 예를 들면, '오늘날 우리가 사는 세상을 변화시키는 것은 무엇인가?… 어떻게 하면 세상을 위한 새로운 소프트웨어를 창조할 수 있을까?'와 같은 질문을 해야 한다는 말이죠. 스프레드시트가 사람들의 일상에 얼마나 큰 변화를 불러일으켰는지 생각해 보세요. 학교의 수업 방식에서부터 기업의 업무 환경, 심지어 간단한 메모를 적어 두는 일에 이르기까지 일상생활의 거의 모든 측면에서 효율성이 향상되었습니다. 어떻게 하면 지난달보다 이달에 더 많은 돈을 벌 수 있을까를 고민하는 대신 보다 고차원적 수준에서 사고해야 할 필요가 있다고 생각하지 않으세요?"

인터뷰 동영상과 대본을 확인할 수 있는 링크:
HTTP://MIXERGY.COM/INTERVIEWS/PATRICK-FLYNN-SMART-PASSIVE-INCOME-INTERVIEW

좋은 질문이었다. 진정 나는 우물 안 개구리처럼 사고하고 있었던 것인가? 나는 세상 사람들이 잘 알지도 못하는 건축업계 관련 사업을 통해 거둬들인 수익을 성공 사례로 소개하며 내 이야기에 귀 기울이는 청중들에게 민폐만 끼치고 있었던 것인가?
그의 질문에 대한 나의 대답은 이러했다.

"글쎄요. 사실 그것은 오로지 금전적 이익만을 목적으로 했던 것은 아닙니다. 그보다는 사람들에게 도움을 주기 위한 것이었죠. 말씀하셨듯이 거시적 차원에서 보다 큰 그림을 그리고 차세대 스프레드시트 같은 걸 만들어 내는 것은 분명 훌륭한 일입니다. 그러나 저는 눈높이를 조금 낮추어 소수의 사람들을 위해 그들의 세상을 변화시키는 것은 누구든 지금 당장 실행에 옮길 수 있는 일이라 생각합니다. 그렇지 않나요? 특정 시장을 목표로 정하고 그들의 세상을 변화시키는 것 말입니다. 굳이 모두가 모든 사람을 위한 차세대 스프레드시트를 창조해야 할까요? 세 살짜리에게 변기 사용법을 가르치는 사람들만을 위한 스프레드시트를 만드는 일도 중요하다고 봅니다. 그런 것도 소수의 사람들에게는 세상이 변하는 경험이 될 것이고, 그 정보를 공유하는 사람들의 세상 또한 변화하게 될 것이니 말입니다."

좀 더 그럴싸한 예를 들지 못했던 것이 못내 아쉬웠다. 당시 아내와 나는 한창 아들 녀석에게 변기 사용법을 가르치고 있던 터라 그때 머릿속에 떠오른 대로 말이 나와 버렸다. 그것만 제외하면, 앤드류가 나에게 곤란한 질문을 던졌다는 사실이 매우 흡족했다. 왜냐하면 그 질문으로 인해 내가 가르치고자 하는 바의 요지를 정확하게 전달할 수 있었기 때문이다. 그것은 차세대 스프레드시트나 페이스북, 우버와 같은 거창한 것을 만들어 내는 일이 결코 아니다.

물론 그런 일도 충분히 가능하며 그렇게 하고자 하는 사람들 또한 전폭적으로 지지하는 바이다. 그러나 내가 진정으로 가르치고자 하는 바는 바로 이것이다.

'반드시 크게 놀아야만 성공하는 게 아니다. 누군가의 세상에서 커지는 것만으로도 충분하다.'

이런 말이 있다.

"100만 달러를 벌고 싶다면 100만 명의 삶을 변화시켜라."

이 말의 본질적 의미는 짐작할 수 있다. 결국 타인의 삶을 변화시키는 것에 중점을 두어야 한다는 것이다. 그러나 이것은 끔찍하고 쓸데없는 충고일 뿐이다. 초창기에는 100만 명은 고사하고 누구도 당신의 존재를 인지하지 못할 수도 있다. 그리고 산수를 해 보면 알겠지만 당신 자신이나 제품 혹은 서비스의 가치를 고객 1인당 고작 1달러로 잡고 사업을 할 수는 없는 노릇이다. 산술적 가치를 다른 시각에서 바라보기로 하자.

〈와이어드 매거진(Wired Magazine)〉의 설립자이자 수석편집자 케빈 캘리(Kevin Kelly)는 2008년 3월 자신의 블로그에 '1000명의 진정한 팬'이라는 제목의 기사를 게재했다. 지금까지 내가 읽었던 기사 중 가장 중요한 한 편이라고 확신한다. 1000명의 진정한 팬은 지난 10여 년 동안 음악인에서부터 미술가에 이르는 창작 활동 종사자들뿐만 아니라 기업의 창업자들 사이에서도 빈번히 회자되는 고전으로 자리 잡았다.

1000명의 진정한 팬 링크:
HTTP://KK.ORG/THETECHNIUM/1000-TRUE-FANS/

케빈 캘리의 기사가 그렇게 막강한 힘을 발휘할 수 있는 이유는 성공이란 반드시 블록버스터급 히트작이나 바이러스처럼 퍼져 나가는 상품에 기인할 필요가 없다는 관점을 제시하고 있기 때문이다. 오직 1000명의 진정한 팬을 확보하는 것에 집중해야 성공에 이를 수 있다는 얘기다.

케빈은 진정한 팬을 이렇게 정의한다.

"당신이 생산하는 것이면 무엇이든, 전부 구매할 사람."

뮤지션의 진정한 팬이라면 다음번 공연을 보기 위해 수백 마일의 거리도 마다않고 달려올 사람이다. 진정한 팬은 당신의 팟캐스트에 소개되는 모든 내용을 빠짐없이 챙겨 볼 것이다. 그것이 그들이 의례적으로 거치는 생활의 일부이기 때문이다. 진정한 팬은 당신이 세상에 내놓는 상품을 진정으로 사랑하는 사람이며, 언제나 그 자리에서 당신의 든든한 지원군이 되어 주는 사람이다. 케빈은 진정한 팬의 산술적 효과를 이렇게 설명하고 있다.

"보수적으로 어림잡아 당신의 '진정한 팬들'이 당신이 하는 일을 지원하기 위해 매년 하루치의 급여를 소비한다고 가정해 보자. '하루치의 급여'는 평균 금액이다. 골수팬들이라면 그보다 훨씬 더 많은 돈을 기꺼이 소비할 것이다. 좀 더 구체적인 금액을 설정한다면 각각의 진정한 팬이 연간 100달러 정도를 소비한다고 가정할 수 있다. 만약 당신에게 1000명의 팬이 있다면 연간 소비 금액의 합계는 10만 달러가 된다. 약간의 경비를 제하면 대부분의 사람에게 충분한 수입이라 할 만한 금액이다.

1000이라는 수는 실현 가능성이 충분한 수치다. 하나둘 입으로 세어도 셀 수 있을 정도다. 하루에 한 명씩 더해 간다면 3년이면 충분히 확보할 수 있는 숫자이기도 하다. 진정한 팬심은 실행으로 이어지는 법이다. 진정한 팬을 즐겁게 하는 일은 그 자체로 즐거우며 기운이 샘솟는 일이기도 하다. 그렇게 확보한 진정한 팬은 예술가로 하여금 자신의 진면목을 유지하며 팬들이 인정하는 작품의 특유한 측면과 품질에 집중하도록 돕는다."

산술적 효과를 요약하면, 매년 100달러의 금액을 지불하는 1000명의 진정한 팬이 있다면 당신은 매년 10만 달러의 수익을 창출하게 될 것이다. 거의 사용하지도 않는 서비스의 대가로 매월 100달러 이상의 비용을 지불하는 사람들이 적지 않다는 것을 감안하면 자신이 진정으로 사랑하는 무언가를 위해 연간 100달러 정도의 비용은 기꺼이 지불할 사람을 휘어잡는 일은 그리 어려운 일도 아닐 것이다.

여기서 언급하는, 구체적 수치에 지나치게 연연하지는 말기 바란다. 중요한 것은 당신이 언제나 전면에 나서거나 중심 역할의 수행을 즐기는 편이 아니어도 상관없다는 사실이다. 반드시 그래야 할 필요가 없기 때문이다.

요지는 이렇다. 70억 인구가 사는 지구촌 안에는 수없이 많은 소수 집단이 존재하며 당신은 특정 소수 집단에 속한 사람들이 필요로 하거나 원하는, 신뢰할 수 있는 자원이나 상품 혹은 서비스의 제공자가 될 수 있다. 집단의 규모가 거대해야만 타인은 물론 자신의 삶에 변화를 안겨 줄 수 있는 것이 아니다.

이쯤에서 앤드류의 질문으로 돌아가 보도록 하자. 내 사고의 범위는 우물 안 개구리에 불과했던 것인가? 아니다, 그렇지 않다. 나는 다만 충분히 작게 사고했을 뿐이다.

부는 틈새시장에 존재한다

언젠가 들은 이 문구는 내가 온라인 사업을 시작한 후 줄곧 내 귓가를 맴돌았다. 케빈의 기사에 인용된 문구는 아니지만 그가 쓴 기사의 요점이 이 문구 하나에 절묘하게 압축되어 있다.

'부는 틈새시장에 존재한다.'

시장 조사를 진행하다 보면 당신이 목표로 설정한 소수 집단의 세상이 서서히 그 모습을 드러낼 것이다. 바로 유사한 문제점과 행동 방식, 습관 등을 공유하며 필요로 하는 것, 원하는 것, 추구하는 것들이 비슷한 사람들이 속한 시장이다. 나는 당신에게 타깃 고객의 범위를 가능한 한 좁혀 나갈 것을 권장한다. 맞춤형 시장의 범위가 좁을수록 더 나은 서비스의 제공이 가능하고 고객과의 연결성이 향상되며 진행 과정의 경쟁 또한 줄어들기 때문이다. 다음 장에서 다루게 될 내용도 바로 그것이다.

LEED 시험이란 것이 뭔지 아는 사람은 실로 소수에 불과하지만 막상 시험을 준비하기 위해 도움을 찾아 나선 사람들에게는 신뢰할 수 있는 자원의 출처가 필요하다는 사실, 그리고 내가 그 출처가 되었다는 사실을 잊지 말기 바란다. 소수 집단에 속한 그들은 내가 제공하는 서비스에 기꺼이 돈을 지불했으며 다른 사람에게 추천도 해 주었다.

타깃 고객과 시장에 대한 조사를 시작하기 위해 지금부터 우리는 기존 시장의 상황 파악에 착수할 것이다. 이미 시장에 나와 있는 것들에 대한 지식을 토대로 어떻게 새로운 풍미를 가미할 수 있는지 결정할 수 있을 것이다.

WILL IT
FLY?

12

시장 지도

군계일학이란 말을 들어 본 적이 있는가?

무리 중에서 두드러져 보이거나 주변의 다른 것과는 사뭇 다른 무언가를 묘사할 때 사용하는 표현이다.

"틀에서 벗어나 사고하라."와 "다음 수준으로 가져가라."만큼이나 남용되는 모호한 표현이기도 하다. 이런 문구들을 이롭게 활용하려면 먼저 여기에 포함된 명사를 정의하는 일이 순서일 것이다. 틀에서 벗어나기 위해서는 어떤 틀에 갇혀 있는지를 먼저 알아야 할 필요가 있다는 말이다.

우리는 현재 어느 수준에 있는가? 다음 수준은 어떤 것인가? 그리고 어느 지점에서 실제로 수준이 바뀌는 것인가? 우리는 어떤 유형의 '무리' 중에서 두드러져 보이고 있는가?

여기서는 바로 그런 것들을 규정하게 될 것이다. 당신의 타깃 고객에게 이미 제공되고 있는 장소(틀), 종사자(무리), 상품(수준)은 어떠한지 파악해 나간다는 의미다. 나는 이것을 시장 지도라 부른다.

시장 지도는 당신이 진입하고자 하는 환경을 한눈에 조감할 수 있는 도구다. 지도를 활용해 당신의 위치를 확인하면 확신을 갖고 항해를 시작할 수 있을 것이다. 시장 지도는 비즈니스의 출범과 성장, 수익 창출의 과정에서 반복적으로 참고할 수 있는, 매우 유용한 길잡이 역할을 수행한다.

연구 조사에 착수하기 전에, 그 과정에서 지금 당신이 개발하고 있는 것과 유사한 비즈니스 혹은 상품을 발견하게 될 확률이 높다는 점을 반드시 명심하길 바란다. 그런 일이 발생한다고 포기하지는 말라는 뜻이다.

지금까지 나는 미래의 기업가들과 수없이 많은 대화를 나누었고 설문 조사도 진행한 바 있다. 그들이 시작하기를 망설이는 두 번째 주요 원인이 바로 그것이다. 자신의 아이디어를 이미 다른 누군가가 점유하고 있는 현실에 부딪혔다는 이유로 망설인다는 얘기다. 첫 번째 주요 원인은 실패에 대한 두려움이다.

당신이 계획하고 있는 것을 다른 누군가가 이미 실행하고 있는 사실을 발견한다면, 그것은 매우 운이 좋은 일이다! 힘든 부분은 이미 누군가가 완수했다는 의미이기 때문이다. 그들은 시간과 돈을 들여 타깃 고객의 요구에 부응하는 상품을 공급하고 있거나 그러한 시도를 하는 중일 것이다. 따라서 당신은 그들을 길잡이 삼아 해야 할 것과 하지 말아야 할 것을 구분하고 당신만의 독특한 위치를 선정할 수 있다. 그들과 구별되는 차별성을 확보할 수 있다는 말이다. 그것이 바로 무리 중에서 두드러질 수 있는 방법이다. 이 점을 연구 조사 과정에서 항상 염두에 두기 바란다. 작가이자 강연가인 샐리 호그셰드(Sally Hogshead)는 이렇게 말했다.

"다른 것은 나은 것보다 더 좋은 것이다."

이제 시작해 보도록 하자.

시장 지도 만들기

시장 지도의 제작을 위해서는 시장 내에 존재하는 3P를 규정해야 한다.

- 장소(Place)
- 종사자(People)
- 상품(Products)

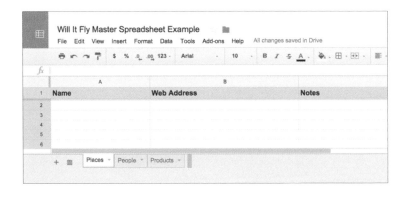

이 세 가지 항목을 각각 개별 스프레드시트에 이름, 웹사이트 주소, 비고 등의 세부 내역으로

정리하라.

각각의 스프레드시트를 한꺼번에 관리할 수 있도록 마스터 파일을 생성할 것

을 권장한다. 앞으로 만들어 갈 몇몇 다른 종류의 스트레드시트 또한 마스터

파일에 추가하여 통합적으로 관리할 수 있다. 마이크로소프트의 엑셀(Excel)

이나 맥의 넘버스(Numbers) 프로그램을 활용하면 한 개의 파일 내에 다수의

하위 시트를 생성할 수 있다. 개인적으로는 구글 드라이브를 사용해 한 개의

구글 시트를 생성하는 쪽을 추천한다. 사용하는 장치의 종류에 상관없이 손

쉽게 접근할 수 있기 때문이다. 장소, 사용자, 상품 등으로 각각의 하위 시트

를 구성하고 이 장에서 주어지는 연습 과제를 수행하면 된다.

'과연, 뜰까?' 동반자 과정 12장. 시장 지도에 들어가면 구글 시트 작성 방법을

자세하게 안내하는 동영상 자료를 볼 수 있다.

장소(Place)

당신이 시작하고자 하는 비즈니스가 어떤 것이든, 설사 그것이 오프라인의 재래식 상점일지라도 온라인상에서 타깃 고객이 어디에 있는지 확인하는 과정은 필요하다. 검색을 통해 기존의 다른 웹사이트들에 대해 파악할 수 있을 뿐만 아니라 그들에 대해 보다 많은 정보를 수집할 수 있다. 검색 과정에서 수집되는 다양한 의견은 최종 사용자의 목소리를 여과 없이 청취할 수 있는 방법인 동시에 당신의 비즈니스 형태를 결정하고 그것을 공유하는 데 유용하게 활용할 수 있는 정보가 될 것이다.

검색 결과는 향후 광고를 하거나 노출 목적의 기사를 올리거나 시장 내에서 권위와 신뢰를 구축하는 잠재적 장소의 목록이 된다.

해당 시장 내의 상위권에 포진한 웹사이트들을 신속하게 찾아내는 데 활용할 수 있는 도구는 여러 가지가 있지만 신속성과 효율성 측면에서 단연 구글이 으뜸이다. 따라서 구글을 기점으로 출발해 보기로 하겠다.

블로그

가장 먼저 할 일은 당신이 목표로 하는 시장의 상위 블로그들을 신속하게 찾아내는 일이다. 블로그를 특정하여 검색하는 이유는 다음과 같은 세 가지 훌륭한 장점을 취할 수 있기 때문이다.

1. 블로그에는 최종 사용자들과 직접 소통할 수 있는 동호회가 조직되어 있는 경우가 많다.
2. 일반적으로 블로그는 보다 용이하게 운영자가 누구인지 파악할 수 있고 운영자와 직접 연결할 수도 있다.
3. 최근까지 양호하게 유지 관리되고 있는 경우, 업계의 최신 유행과 추세를 파악하는 훌륭한 수단이 된다.

다행히도 조건 검색 방법을 활용하면 사이트들을 샅샅이 훑어보는 데 소요되는 시간을 대폭 줄일 수 있다. 당신이 선택한 주제와 연관된 블로그를 검색할 때 구글 검색창에 다음과 같이 입력하면 된다.

블로그: 키워드

물론 키워드는 당신의 비즈니스 또는 타깃 고객과 연관된 단어 혹은 문구를 말하는 것이다. 예를 들면, 제물낚시(Fly Fishing) 관련 사업을 출범시키고자 할 경우 검색어의 형태는 다음과 같다.

블로그: 제물낚시(blog: fly fishing)

검색 결과의 첫 번째 페이지만 훑어보면 당신의 목록에 추가해야 할 정보가 얼마나 되는지

단번에 간파할 수 있다.

종종 목록 게시물(List Post)이라 불리는 항목이 눈에 들어오기도

한다. 이것은 유용한 정보를 한곳에 모아 둔 집합적 성격의 블로그로, 인기 있는 웹사이트를 검색할 때도 매우 유용하다.

연관 검색어는 해당 분야에서 가장 빈번하게 사용되는 용어이며 사용자들이 무엇을 찾고 있는지 한눈에 파악할 수 있는 수단이 된다.

횡재가 아닐 수 없다! 이렇게 이미 제물낚시에 관련된 70여 개의 블로그를 찾아낸 셈이다. 단 하나의 키워드로 말이다! 이 정도만으로도 압도적이라고 생각할 수 있으나 검색 작업은 앞으로도 계속 이어 나가야 한다. 우리가 지금 수행하고 있는 검색 작업을 사금 채취를 위한 선광 작업으로 간주하라. 다량의 자갈과 모래를 선광 냄비에 쏟아부은 다음 신중히 계산된 움직임을 통해 궁극적으로 유효한 결과물을 도출해 내는 과정 말이다.

모든 틈새시장에서 활발한 블로그 활동이 이루어지는 것은 아니다. 당신의 목표 시장 내의 블로그 검색 결과가 그리 신통치 않다면 타깃 고객 및 시장에 관련된 다른 키워드를 사용하여 검색해 보라. 그래도 아무런 성과가 없다면 다음 연습 과제로 넘어가면 된다. 블로그 외에도 온라인상에는 타깃 고객이 모여 있을 만한 위치가 몇 개 더 존재한다.

검색을 진행하며 얻은 결과물은 반드시 스프레드시트에 채워 넣어야 한다. 추후 간편하게 접속할 수 있도록 하이퍼링크를 포함해 두는 것도 좋은 방법이다. 비고란에 특이 사항을 꼼꼼히 기록해 두는 것 또한 잊지 말아야 한다. 해당 블로그를 두드러져 보이게 만든 것이면 무엇이든 특이 사항에 해당한다. 스프레드시트의 작성이 완료되었다면 이제 최종 사용자의 입장을 살펴보도록 하자. 온라인 포럼을 둘러볼 시점이다.

포럼

검색자의 입장에서 본다면 블로그와 마찬가지로 온라인상에서 이루어지는 포럼은 분야를 막론하고 환상적인 정보의 원천이 아닐 수 없다. 대개 한 사람 혹은 소규모 팀이 운영하는 블로그와 달리 포럼은 최종 사용자들 간 대화의 집합체이다. 운영자를 찾기란 쉽지 않다. 하지만 조사의 관점에서 보면 이는 사금을 채취하는 것과 같다.

소셜 미디어 그룹

지구촌에 살고 있는 대다수의 사람들이 소셜 미디어를 사용한다. 우리가 찾는 타깃 고객이 소셜 미디어에 있을 가능성 또한 매우 높다는 의미다. 그리고 소셜 미디어 사용자들은 끼리끼리 모이는 법이다. 소셜 미디어 최종 사용자 검색은 목표 시장과 연관된 거의 모든 주제에 대한 실시간 대화를 찾아내는 일을 매우 용이하게 한다. 비즈니스의 출범을 눈앞에 두고 타깃 고객에 대한 검색 작업을 수행하는 당신에게 강력한 도구가 될 수 있을 것이다.

현재 온라인상에는 다수의 소셜 미디어 경로가 존재하지만 당신이 찾고자 하는 최종 사용자 그룹을 찾을 가능성 측면에서 가장 편리하게 활용할 만한 것은 페이스북과 링크드인이다. 예를 들어, 당신이 스케이트보드를 즐기는 사람들의 집단을 검색하고자 할 경우, 전문성이 강한 소셜 네트워크인 링크드인에서 찾아낼 가능성은 그리 높지 않다. 간혹 예상치 못한 반전이 있기는 하지만 말이다. 반면 페이스북은 전반적으로 보편성이 강하며 게시물의 주제 범위 또한 DIY공예품에서부터 DIY뇌수술(결코 농담이 아니다)까지 매우 다양하다.

페이스북에서 검색 작업을 수행하는 방법은 아주 간단하다. 페이스북 화면 상단의 검색창에 목표 시장과 연관된 키워드를 입력하고 실행 버튼을 누르기만 하면 된다. 각기 다른 범주로 구분되어 있는 꽤 쓸 만한 검색 결과를 얻을 수 있을 것이다.

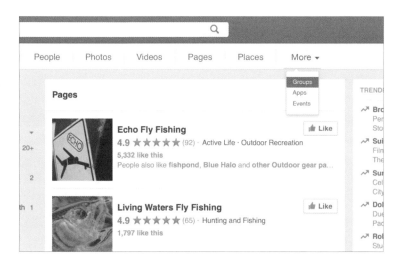

검색 작업을 수행하고 있는 당신에게 유용한 범주는 그룹이다. 더 보기 탭의 하위 메뉴로 숨

겨져 있을지 모르니 꼼꼼히 확인해야 한다.

　　몇 번 클릭을 하다 보면 특정 주제에 관심을 가진 사용자가 집중

적으로 모이는 그룹의 목록이 상당히 길어져 있을 것이다. 목표 시

장에 따라 달라지겠지만 수십 개는 기본이고 수백 또는 수천 개의

그룹이 존재할 수도 있다. 그중 일부는 일반 대중에게 개방된 그룹

으로 별도의 승인 절차 없이 즉각적으로 가입할 수 있다.

　　반면 유지 관리를 담당하는 운영자로부터 가입 승인이 내려질 때

까지 기다려야 하는 경우도 있다. 사용자들 사이에서 가장 인기가

높은 그룹을 선택하기에 앞서 해당 그룹이 현재 활동 중인지 반드

시 확인하도록 한다. 그룹의 활성화 여부를 파악하는 방법은 그룹

내의 마지막 메시지 게재 일자를 확인하는 것이다.

만약 마지막 게재 일자가 작년이라면 활성화 상태의 그룹이라 간주할 수 없으며 조사 목록에 추가할 가치 또한 없다.

페이스북에서 찾은 그룹이 링크드인에 존재하기도 한다. 페이스북과 링크드인 모두 그룹 검색을 위해서는 먼저 소셜 미디어 자체에 대한 로그인 과정이 필수다.

두 개 사이트를 통틀어 적어도 25개 정도의 유의미한 그룹을 추려낼 수 있는지 확인해 보라. 여기까지 완료하였다면 이제 당신의 '장소' 항목 스프레드시트에는 블로그와 포럼을 포함하여 모두 100개가 넘는 세부 항목으로 구성된 목록이 만들어졌을 가능성이 높다. 세부 항목의 수가 그보다 많으면 훌륭하고, 적더라도 무방하다. 당신이 작성한 목록의 길이에 상관없이 십중팔구 당신은 목표 시장에 존재하는 대다수의 기존 사업자들보다 훨씬 더 많은 검색 작업을 소화해 냈을 것이 분명할 테니 말이다. 자부심을 가져도 좋다.

아직 우리의 검색 작업이 끝난 것은 아니다. 지금부터는 목표 시장의 상위권에 포진한 종사자와 영향력 행사자들에 대한 검색을 시작할 것이다. 지금까지와는 완전히 다른, 고도로 정교한 수단을 활용해서 말이다.

종사자(People)

타깃 고객이 어디에 위치하는지 파악하는 것도 중요하지만, 이미 그들에게 제품이나 서비스를 제공하고 있는 종사자들이 누구인지 아는 것 역시 그에 못지않게 중요할 뿐 아니라 반드시 알아야 할 사항이다. 이미 타깃 고객의 신뢰를 확보한 기존 사용자를 확인함으로써 고객이 어떻게 행동하는지, 무엇에 반응하는지, 어떤 것을 거부하는지 등에 대한 엄청난 지식을 수집할 수 있다. 다시 말해 해야 할 것과 하지 말아야 할 것에 대한 분별력을 획득할 수 있다.

상위권 종사자들을 추적하면 그들이 타깃 고객과 어떻게 상호작용을 하고 관계를 형성하는지 파악할 수 있다. 그리고 당신의 비즈니스에서 누구와 관계를 맺고 자신을 구분하기 위해 무엇을 해야 하는지 정확한 판단을 내릴 수 있게 된다.

예를 들면 이런 것이다. 내가 인터넷 마케팅 분야에서 상위권 종사자들의 선례를 쫓기 시작했을 당시, 나는 최대한 많은 뉴스레터를 구독했다. 나는 30여 개 뉴스레터의 구독자가 되었고 업계에서 영향력을 행사하고 있던 그들로부터 다수의 이메일을 매일같이 수신했다. 그렇게 몇 주가 지나자 수백 건의 이메일이 축적되었고 흥미로우면서도 동시에 꽤 유용한 패턴이 눈에 들어오기 시작했다.

그중 한 가지를 꼽자면, 광고 문안의 작성에서 그들 모두 상당한 경지에 올라 있음을 알 수 있었다. 그들은 제공하는 상품을 묘사하는 데 세심한 주의를 기울여 단어를 선별했다. 더 나아가 거의 같은 시기에 동일한 상품 혹은 광고 메일을 발송하는 집단을 가려 내기 시작했다. 누가 누구의 친구인지 간파할 수 있게 되었고 궁극적으로는 핵심 그룹을 파악할 수 있게 되었다. 단순히 주의 깊게 관찰하는 방법만으로 말이다. 그것을 통해 나는 핵심 관계 구축의 중요성과 목표 시장 내에서 형성된 합작투자(JV) 파트너십이 어떻게 작동하는지에 대해 배울 수 있었다.

그 모든 경험이 나에게는 매우 유용한 정보가 되었다. 그러나 상위권에 포진한 영향력 행사자들의 선례를 쫓으며 내가 얻은 가장 유익한 지식은 내가 '하지 말아야 할 것'에 관한 것이었다. 다른 사람들이 무엇을 하는지 지켜보았으니 그들과는 다른 차별적인 무언가를 시장에 소개해야 당연하지 않겠는가?

예를 들어, 시장 내의 영향력 행사자들이 발송하는 이메일에는 내 이름이 포함되어 있는 경우가 거의 없었다. 모든 이메일은 "안녕, 친구"란 인사말로 시작하거나 인사말을 생략하고 바로 본론으로 들어가는 경우가 대부분이었다. 이메일의 내용 또한 상품과 서비스에 대한 홍보가 주를 이루었고 그 이상의 가치는 찾아볼 수 없었다. 수신자인 나와 상호작용을 하거나 내가 필요로 하는 것과 내가 원하는 것이 무엇인지 찾아내려는 어떤 시도도 보이지 않았다.

그 결과, 나는 수신자의 이름을 빠짐없이 수집해 두었고, 내가 발송하는 이메일은 모두 받는 사람의 이름이 포함된 인사말로 시작했다. 또한 나의 이메일 주소록에 있는 사람들에게 상품 판매 목적의 이메일을 발송하지 않는 것을 철칙으로 삼았다.

물론 이런 방법이 모든 경우에 유익하다고 할 수는 없지만 적어도 '다른 사람들이 하지 않는 방법'을 선택하는 전략은 꽤 효과적이다. 나는 지금도 여전히 많은 사람으로부터 인터넷 사업과 마케팅이 난무하는 오늘날 나의 이메일이 한줄기 신선한 바람처럼 느껴졌다는 내용의 답신을 받는다.

당신이 지향해야 할 점이 바로 그것이다. 고객에게 한줄기 신선한 바람과 같은 존재가 되는 것 말이다. 앞으로 연습 과제를 풀어나가는 동안 신선한 바람과 같은 존재가 될 수 있는 방법이 무엇인지 고민해 보기 바란다. 늘 똑같은 내용에 식상해 있거나 빠진 퍼즐한 조각을 찾아 헤매고 있을지도 모를 고객들에게 산소와 생명을 불어넣기 위해 당신은 어떤 새로운 것을 소개해야 하겠는가?

이제부터 목표 시장 내에 있는 영향력 행사자들의 목록 작성에 착수해 보도록 하자. 하나씩 찾아낼 때마다 이름과 웹사이트 주소 그리고 특이 사항을 마스터 스프레드 시트의 종사자 항목에 꼼꼼히 기록하라. 이미 알고 있는 종사가가 있다면 그들도 목록에 추가하면 된다. 더 많은 사업자를 검색하는 데 도움이 될 만한 방법에는 세 가지 정도가 있다.

소셜 미디어의 상위권 종사자들

———

목표 시장 내의 영향력 행사자들에 대해 보다 깊이 있는 검색을 하고자 할 때 소셜 미디어를 훑는 것은 꽤 적절한 접근법이다. 영향력 행사자들에게는 대개 수많은 팔로워가 있다. 결과적으로 우리는 그들을 통해 목표 시장에 대한 지식을 습득할 수 있다. 대표적 소셜 미디어인 트위터부터 시작해 보자.

트위터는 환상적인 정보의 원천이다. 좋아하는 유명 인사의 근황을 알아보는 통로일 뿐만 아니라 목표 시장 내의 상위권 영향력 행사자들을 찾아내는 데에도 매우 유용한 도구이다. 팔로워 수는 시장 내에서 그들이 보유한 영향력의 정도를 보여 주는 비교적 적절한 지표다. 팔로워들은 관심이 있거나 자신에게 유용하다고 생각되는 계정을 선택하기 때문이다.

그러나 팔로워 수가 완벽한 척도라고 볼 수는 없다. 일부 계정은 이미 비활성화 상태일 수도 있고 경우에 따라서는 구차스러운 방법이긴 하지만, 인지도를 높이기 위해 팔로워를 구매하는 사람도 있기 때문이다. 그럼에도 팔로워의 수는 시장 내의 입지를 나타내는 양호한 지표로 간주되는 것이 일반적이다.

단지 그 이유만이 아니라 트위터는 다른 플랫폼에 비해 비교적 신속하게 팔로워의 수를 늘려 나갈 수 있다는 장점을 보유하고 있기 때문에 이제 막 자신의 브랜드를 구축하려는 사람들에게 강력 추천할 만한 소셜 미디어라는 것이 나의 생각이다. 또한 시장 내의 영향력 행사자들과 관계를 형성하는 데 훌륭한 매개체가 되어 주기도 한다. 이미 트위터 계정을 보유하고 있든 그렇지 않든 상관없이 이 부분의 검색 작업을 진행할 수 있다.

목표 시장 내 상위권에 포진한 트위터 종사자들을 검색하기 위해 우리는 트위터의 고급 검색 기능을 활용할 것이다. 고급 검색을 위한 웹페이지의 주소는 다음과 같다.

HTTPS://TWITTER.COM/SEARCH-ADVANCED

고급 검색 페이지에서는 검색 대상이 무엇이든 입력해야 할 내용이 꽤 많다. 나름의 방법으로 검색을 진행하며 검색의 범위를 좁혀 나가도록 하자. 검색 시작에 앞서 유의해야 할 부분은 '다음 단어 모두 포함(All Of These Words)'과 '시작일(From This Date)'이다.

'다음 단어 모두 포함'은 문자를 입력할 수 있는 빈칸으로 다른 검색에서 사용한 바 있는 목표 시장에 연관된 주요 키워드를 입력하기만 하면 된다. 그 외 다른 키워드를 사용하여 원하는 횟수만큼 검색해 보도록 하라.

'시작일'은 이전 2개월 내의 날짜를 지정하도록 하자. 검색 결과로 나타나는 계정들이 현재 활성화 상태임을 확인할 수 있는 방법이다.

트위터 고급 검색 화면

검색 결과가 양적 측면에서 다소 압도적일 수 있을 것이다. 그러나 동시에 매우 흥미로운 면도 있다. 특히 추출된 이미지들이 그렇다. 무수한 이미지들 속으로 빨려 들어가 검색의 목적을 망각하기 전에 화면 상단에 있는 추가 검색(More Options) 탭을 클릭한 후 상위 계정(Top Accounts)을 선택하라.

여기서 당신은 해당 주제에 대해 업데이트(트윗)을 공유하고 있는 상위 계정의 목록을 얻을 것이다. 트위터는 자체 구축한 알고리즘에 따라 이들 결과들을 선호도순으로 보여 주는데, 대대 팔로워의 수는 물론이고 팔로워들의 활성화 정도 등과 같은 다른 요소들까지 고려한다.

검색된 종사자 목록을 스프레드시트에 저장하기에 앞서 각각의 계정을 일일이 살펴보고 당신의 타깃 고객과 맥락을 같이하고 있는지 반드시 확인해야 한다. 트위터의 검색 알고리즘은 정교하기는 하나 언제나 완벽하리라는 보장은 없다.

검색 결과로 나타난 종사자들과 그들의 최근 게시물이 정당한 것인지 확인한 후 당신의 데이터베이스에 포함시키는 것이 좋다. 트위터를 통해 적어도 20개의 결과물은 얻어야 한다는 것이 나의 생각이지만 영향력이 높다고 판단되는 자료가 그보다 더 많다면 주저 없이 데이터베이스에 포함시키기 바란다.

그렇다 해서 영향력이 큰 모든 계정에 반드시 수만 명의 팔로워가 있다고 단정할 수는 없다. 팔로워의 수는 얼마 되지 않지만 놀랍도록 유용한 계정도 얼마든지 존재하기 때문이다. 트위터는 단순히 팔로워의 수만을 기준으로 하지 않고 해당 계정 내에서 얼마나 많은 활동이 이루어지고 있는가도 기준 삼아 계정의 순위를 부여한다. 비교적 적은 수의 팔로워를 보유한 계정이 검색 결과 화면의 상위권에 자리 잡고 있으면서 게시물 또한 정당하다고 판단되면 스프레드시트에 기록해 두는 것이 좋다.

이와 같은 소규모 계정은 사실상 당신에게 보다 유용한 도구로 입증될 가능성이 높다. 또한 운영자에 대한 접근이나 관계 형성이 훨씬 쉬울 것이다.

기타 소셜 미디어 플랫폼

———

소셜 미디어 세상의 영향력 행사자를 검색할 수 있는 플랫폼은 트위터 외에도 다수가 존재한다. 앞서 연습해 본 트위터의 검색 방식과 크게 다르지 않기 때문에 개별 플랫폼의 검색 방식을 일일이 설명하는 데 한정된 지면을 소모할 생각은 없다.

목표 시장의 범주에 따라 특정 소셜 미디어를 활용하는 것이 더 나을 수도 있으므로 각자 나름의 검색 작업을 진행해 볼 것을 권한다. 많은 수의 팔로워를 확보하고 있으며 활발하게 활동을 이어 가고 있는 영향력 행사자의 이름을 각 플랫폼별로 수집해서 정리해 보도록 하자. 검색 대상이 될 만한 소셜 미디어 플랫폼은 다음과 같다.

- 페이스북(Facebook)
- 인스타그램(Instagram)
- 링크드인(LinkedIn)
- 페리스코프(Periscope)

소셜 미디어 외에도 거대한 검색 엔진이 두 개 더 있다. 첫 번째는 짐작한대로 유튜브(YouTube)다. 어떤 영향력 행사자는 유튜브로 비즈니스를 구축하고 고객과 직접적인 연결을 맺는 매개체로 활용한다. 목표 시장의 범주에 맞는 다양한 키워드를 사용하여 검색 작업을 수행하고 많은 수의 구독자를 확보하고 있는 사용자를 당신의 스프레드시트 목록에 추가하도록 하라.

유튜브에 비해 상대적으로 보편성이 떨어지기는 하지만 내가 개인적으로 선호하는 검색 엔진이 있다. 바로 아이튠즈(iTunes)다.

아이튠즈

일반적으로 아이튠즈는 검색 엔진으로 간주되지 않지만, 사실 아이튠즈는 검색 엔진이다. 음악, 동영상, 도서, 앱, 팟캐스트 등을 한 곳에 모아 놓은 디렉터리와도 같은 아이튠즈는 사용자의 미디어 소비 및 관리 방식에 일대 혁명을 불러일으킨 바 있다. 또한 검색 작업을 수행하는 우리가 주의 깊게 살펴보아야 할 대상을 파악하는 경로가 되었다.

특히 팟캐스트는 지속적인 교육과 오락의 놀랍도록 훌륭한 도구다. 누구나 팟캐스트의 제작자가 될 수 있고 동영상을 올릴 수도 있기 때문에 우리가 검색하고자 하는 범주 내에서 영향력이 큰 사람이 누구인지 한눈에 파악할 수 있다.

뿐만 아니라 인터넷의 다른 형태의 미디어에서는 찾아보기 힘들 정도로 엄청난 시청률을 자랑하는 팟캐스트도 있다. 지금까지 진행해 온 선광 작업의 대미를 아이튠즈로 장식한다면 매우 독특한 정보의 수집이 가능할 것이다.

아이튠즈 내의 영향력 행사자를 검색하는 방법은 두 가지다.

1. 목표 시장의 범주와 연관된 상위권 팟캐스트를 검색한다.
2. 목표 시장과 관련 있는 인물 중 팟캐스트의 게스트로 등장한 사람이 있는지 찾아본다.

아이튠즈에서 상위권을 차지하는 팟캐스트를 신속하게 파악하려면 먼저 컴퓨터에서 아이튠즈 애플리케이션을 열어야 한다. 모바일 장치를 사용해도 무방하지만 검색 작업을 보다 수월하게 하는 기능들을 모두 활용하려면 데스크톱이 훨씬 낫다.

아이튠즈에 접속할 수 없다면 모바일 장치에서 사용할 수 있는 스티쳐(Stitcher) 앱을 통해 검색 작업을 수행할 수도 있다. 스티쳐 또한 우수한 팟캐스트가 집중되어 있는 디렉터리이며 모바일 장치를 통해서만 접속할 수 있다. 검색 결과에는 큰 차이가 없을 것이다.

아이튠즈의 검색창에 키워드를 입력하고 실행한 후 팟캐스트의 하위 메뉴에서(팟캐스트 에피소드가 아니니 유의하기 바란다) 모두 보기를 클릭한다.

당신의 목표 시장과 연관이 있는 수없이 많은 팟캐스트의 목록이 나타날 것이다. 트위터를 비롯한 소셜 미디어 플랫폼과 마찬가지로 아이튠즈의 검색 기능 또한 고유의 알고리즘을 사용하고 있지만 대체로 가장 인지도가 높은 계정이 상위권에 포진한다고 보면 된다.

버즈스모(BuzzSumo)

시장 내의 영향력 행사자와 그들이 홍보하는 콘텐츠를 검색하는 최고의 도구를 꼽으라면 버즈스모(BUZZSUMO.COM)라 할 것이다. 가장 좋은 도구를 두고 왜 이제껏 언급을 미루었는지 궁금한가? 왜냐하면 유료 서비스이기 때문이다.

검색 작업을 수행하는 데 굳이 비용을 들일 필요는 없다는 점을 먼저 알려 주고 싶었다. 사업의 출범을 앞둔 풋내기 기업가들이 온갖 제품과 도구들부터 장만하는 것을 흔히 볼 수 있다. 결국엔 아무짝에도 쓸모없는 소프트웨어와 교육과정들이 되고 마는데 말이다. 나는 당신이 이른바 도구형 창업가(Toolpreneurs)가 되기를 바라지 않는다. 무료 웹사이트를 활용하는 수작업을 직접 거치며 검색을 하면 비용을 절감할 수 있을 뿐 아니라, 그보다 더 중요한 것으로 검색의 절차까지 제대로 이해할 수 있다는 장점이 따른다.

각종 도구들을 이용했다면 자동으로 처리되었을 검색의 절차 말이다. 처음부터 도구를 사용하는 쪽을 택한다면 도구의 사용 방법

외에 당신에게 남는 것은 무엇이 있겠는가? 아마 딱히 없을 것이다.

그렇다고 오해하지는 말아 주기 바란다. 자동화와 도구 이용을 거부한다는 뜻은 결코 아니다. 나 또한 업무 프로세스를 자동화하는 데 도움을 주는 팀원들을 두어야 한다고 생각한다. 다만, 당신의 비즈니스가 성장 단계에 올라선 후에 그렇게 하기를 권한다. 어쨌든 현재 단계에서 당신은 전장의 참호에 있는 셈이고 따라서 전장을 굽어보며 진격할 공간을 적절히 탐색할 필요가 있다.

목표 시장에 대한 보나 심층적인 정보를 검색하는 데 유용한 도구를 사용하는 일에 매달 비용을 투입할 의사가 있다면 버즈스모가 그 솔루션이다. 여기서 그 사용법을 자세히 설명할 필요는 없으리라 본다. 쉽게 이용하도록 구성되어 있으니까.

원하는 경우 상세한 설명을 곁들인 사용법 안내 동영상도 제공한다.

여기까지 검색 작업을 수행했다면, 시장 내에서 영향력을 행사하는 주요 인물의 명단이 꽤 길어져 있을 것이다. 그들 주요 종사자들이 곧 시장의 권위자 내지는 전문가들이다. 50명 정도면 꽤 괜찮은 검색 결과를 얻은 편이라 하겠다.

정도의 차이는 있겠지만 당신은 이미 찾을 필요가 있는 인물은 모두 찾은 셈이다. 적어도 지금은 말이다. 시장 지도의 완성을 위해 마지막으로 우리는 상품 영역 탐사에 나설 것이다. 지금 목표 시장에 공급되고 있는 상품에는 어떤 것들이 있는지 그리고 어떤 사람들이 그것을 구매하기 위해 기꺼이 돈을 지불할 의사가 있는지를 파악하기 위한 탐사다.

상품(Products)

목표 시장 내의 상품 검색은 가장 유용한 작업에 속한다. 당신의 타깃 고객들에게 공급되고 있는 상위권 상품과 서비스 그리고 책들은 어떤 것인지 파악해 보도록 하자. 다시 말해서 지금 고객들이 무엇을 위해 기꺼이 돈을 지불하고 있는지 알아보자는 것이다.

고객이 무엇을 구매하는지 파악하면 이미 공급되고 있는 상품은 어떤 것이며 무엇이 부족한지 알 수 있다. 지금까지의 검색 활동을 통해 이미 일부는 파악된 사항이다. 상품 검색이 특히 중요한 이유는 현재 판매 중인 제품과 구매되고 있는 제품을 직접 확인하는 과정이기 때문이다. 누구나 드나들 수 있는 무료 웹사이트 검색과는 차원이 다르다.

사용자들이 상품 혹은 서비스를 취하기 위해 돈을 내놓는 이유는 그것이 정말 필요하거나 그것이 실로 효과적인 방식으로 판매되고 있기 때문이다. 두 가지 모두 알아 두면 좋은 정보다.

계속 진행하기 전에 기억해 둘 것이 있다. 제공되는 상품과 구매되는 상품이 반드시 일치하지는 않는다는 점이다. 웹사이트를 통해 공급되는 상품이 있다고 해서 반드시 구매자가 있다는 것을 의미하지는 않는다.

웹사이트만 보면 구매자가 있는 것처럼 보이는 경우가 많기에 하는 말이다. 그럼에도 시장에 나와 있는 기존 상품을 검색하는 일은 중요하다. 전혀 팔리지 않는 상품일지라도 알아 둘 필요가 있다. 우리가 가장 먼저 방문할 사이트는 사용자들이 구매하는 상품과 그들의 피드백까지 정확히 보여 주는, 수억 명의 구매자와 방대한 양의 데이터를 보유하고 있는 곳이다. 바로 아마존닷컴(AMAZON. COM)이다.

아마존닷컴

아마존닷컴 역시 그 모든 다양한 상업적 목적에도 불구하고 검색 엔진이다. 앞서 이용한 다른 검색 엔진에서와 마찬가지로 키워드를 입력하면 상위권에 포진한 결과물을 얻을 수 있다. 다른 검색 엔진과 구별되는 중요한 차이점은 아마존을 방문하는 사용자들은 상품의 구매라는 뚜렷한 목적을 지닌다는 사실이다. 바로 그 차이점이 아마존의 영향력을 더욱 강화시키는 요인이다.

아마존 검색창에 키워드 혹은 목표 시장의 명칭을 입력한 후 화면에 나타나는 결과물을 유심히 살펴보라. 검색 결과의 순위를 결정하는 것은 인기의 정도다. 그것이 책이든 도구든 다른 어떤 물리적 상품이든 당신의 스프레드시트에 기록하라. 연결 링크까지 포함시키는 것도 잊지 말기 바란다.

나중에 보다 더 흥미로운 결과를 보기 위해 이 부분을 다시 언급하기로 하고 지금은 스프레드시트상에 상품 목록을 채워 나가는 일을 마무리하는 데 열중하자.

상품명과 상품 판매자의 웹사이트 주소 그리고 구매자들이 해당 상품에 부여한 평점, 상품을 조회한 횟수, 현재 판매 가격까지 모두 마스터 스프레드시트에 포함시켜야 한다.

물리적 상품의 검색 결과만 확인했다면 책도 몇 권 목록에 포함시키는 것은 어떤가? 검색창 옆에 있는 드롭다운 메뉴에서 도서를 선택한 후 실행하면 해당 분야에 관련된 도서 목록이 화면에 나타날 것이다. 당신의 스프레드시트 목록에 추가해야 할 상품들이다.

다른 웹사이트로 옮겨가기 전에, 아마존닷컴에 대해 한 가지 더 언급하고 싶은 부분이 있다. 당신의 사용자 목록에 영향력 행사자 10여 명쯤은 거뜬히 추가할 수 있는 방법이다. 그것도 아주 신속하고 쉽게 말이다.

도서 검색 결과 화면의 왼쪽에 저자(Author)라고 써 있는 부분이 보일 것이다. 해당 목표 시장에 관련된 책을 쓴 훌륭한 저자들의 명단이다. 이들의 이름을 기록해 두도록 하라. 그들은 잠재적인 영향력 행사자들일 뿐 아니라 경우에 따라서는 향후 협력 관계를 구축하기에 적합한 대상일 수도 있다.

이제 우리는 목표 시장 내의 기존 상품에 대해 좀 더 깊이 있는 탐색 작업을 수행할 것이다. 이 작업의 출발점은 당신이 이미 작성해 둔 스프레드시트 중 장소 항목이다.

장소가 중요한 이유는 현재 그런 곳들에서 타깃 고객들 간에 커뮤니케이션이 이루어지고 있기 때문이다. 커뮤니케이션 내용의 대부분은 사용자가 구매 의사를 가지고 있거나 이미 사용해 보고 리뷰까지 남긴 프로그램이나 상품에 관한 것이다.

물론 더 많은 상품에 관한 정보를 얻기 위해 구글을 검색하는 방법도 있다. 그러나 해당 상품에 대한 실제적 대화를 주고받는 사용자를 신뢰하는 쪽이 훨씬 쉽고 훨씬 나을 것이다. 특정 상품에 대한 사용자의 반응(선호도)을 가늠해 볼 수 있기 때문이다.

최상위에 기록된 포럼부터 시작해 보자. 포럼 내에서 게시판과 토론방이 있는 위치를 찾아라. 검색창이나 검색 기능을 활용하면 된다. 모든 포럼에 검색창과 검색 기능이 존재하는 것은 아니지만 적어도 검색 기능을 포함하고 있는 포럼은 아주 많다. 검색 기능조차 없다면 어쩔 수 없이 토론의 내용을 일일이 검토하는 수밖에 없다. 그것도 나쁘지 않다. 왜냐하면 사용자들은 목표 시장 내의 다양한 상품에 대한 토론을 이곳에서 시작하는 경우가 많기 때문이다. 그들이 이곳에 있다면 찾아내는 일은 그리 어렵지 않다. 검색창에 다음과 같은 문구를 입력하라.

- 리뷰(Product Review)

- 써보셨나요(Have You Tried)

- 샀어요(I Bought)

- 구매했어요(I Purchased)

이런 문구는 십중팔구 당신을 기존 상품에 관한 대화 스레드로 안내한다. 원하는 결과물을 찾았다면 토론방의 링크를 스프레드시트에 복사해 두도록 하라. 상품 자체에 대한 링크도 마찬가지다. 스프레드시트상에 해당 상품의 명칭이 아직 올라 있지 않다면 말이다.

이쯤 되면 당신은 이미 목표 시장 내의 사용자들이 사용하고 있는 다양한 상품과 도서, 서비스의 목록을 확보한 셈이다. 아직도 스프레드시트에 여유 공간이 남아 있다면 그 부분을 채워 넣을 수 있는 방법은 이런 것이다.

구글에서 목표 시장과 연관된 키워드를 입력하고 실행한다. 화면의 사이드바에서 다수의 상품과 서비스의 목록을 볼 수 있을 것이다. 바로 구글의 광고 네트워크를 통해 게재된 유료 광고들이다. 그 상품들이 실제로 팔리고 있는지 확신할 수는 없지만 적어도 약간의 비용과 마케팅 수단을 동원해 그것들을 홍보하고 있는 기업이 있다는 사실은 확인할 수 있지 않은가?

구글 검색창에 키워드와 함께 리뷰(Product Review)를 나란히 입력하는 방법도 있다. 당신이 목표로 삼은 시장에 존재하는 다양한 상품과 서비스를 마주하게 될 것이다.

주의할 점은 상위권을 차지하고 검색엔진의 트래픽을 활용하기 위한 목적으로 리뷰 사이트들이 진짜처럼 그럴싸하게 꾸며져 있을 수도 있다는 사실이다.

이미 수집해 둔 블로그나 웹사이트를 방문해 그들이 제공하는 상품이나 서비스는 어떤 것인지 확인할 수도 있다. 그런 웹사이트의 사이드바에도 검색 대상이 되는 서비스 혹은 상품으로 바로 연결해 주는 링크가 있을지도 모른다.

다시 한 번, 당신은 이미 존재하는 것들과 당신에게 가장 적합한 위치를 가늠해 볼 수 있는 근거를 마련한 셈이다. 거기에 어떻게 진입할 것인지에 대해서는 아직 걱정할 필요가 없다. 검색 작업을 완료하고 나면 목표 시장 내에 부족한 것이 무엇인지, 어떻게 가치를 첨가할 수 있는지 등을 파악하는 일이 쉽게 느껴질 수도 있다. 물론 때로는 그게 그렇게 명확하게 드러나지 않을 수도 있다. 그러한 경우 당연히 당신은 조금 더 깊이 파고들어야 한다. 그것이 바로 다음 장에서 다룰 내용이다. 우리는 이제 우리의 타깃 고객과 잠재적 최종 사용자에 대해서 구체적인 결론을 내리게 될 것이다.

WILL IT
FLY?

13

고객 P.L.A.N.

검색 작업의 실전 연습 과정을 거치는 동안 당신이 보유한 레이더는 목표 시장의 환경 파악에 최적화되었다. 타깃 고객의 정확한 위치와 최상위에 포진한 막강한 영향력 행사자들을 알아냈고, 나아가 현재 시장 내에 공급되고 있는 상품 및 서비스까지 파악했다.

다시 한 번 강조하지만, 당신은 아주 훌륭히 과업을 수행하고 있다. 비즈니스의 출범을 앞두고 이만큼 방대한 검색 작업을 수행하는 사람은 흔치 않다(이미 성공적으로 비즈니스를 운영하고 있는 사람들도 포함해서 하는 말이다).

성공한 사람들의 특징은 실행에 있다. 당신 역시 곧 실행에 나설 것이다. 지금까지 수행한 검색 작업 덕분에 실제로 행동에 들어가면 의사결정에 소요되는 시간이 대폭 줄어들 것이다.

지금까지 우리가 거쳐 온 과정으로 인해 당신의 초기 아이디어는 상당히 변모했을 가능성이 높다. 마인드맵 창출에서부터 아이디어에 대해 다른 사람들과 나눈 대화, 목표 시장에 대해 파악한 그 모든 정보들까지 초기 아이디어를 변모시키는 데 한몫했을 것이다. 어쩌면 초기의 그것과는 완전히 다른 새로운 무언가로 재탄생했을지도 모른다.

만약 그랬다면 매우 고무적이다. 당신의 아이디어는 어떻게 해야 시장에서 성공을 거둘 수 있는가? 그리고 당신에게 적합한 아이디어인가? 이 두 가지 측면에서 다양한 선택 영역을 탐사할 수 있도록 도움을 주는 것이 내 역할이다.

이런 관점에서 본다면, 주도권을 쥐고 자신의 비즈니스를 구축하는 일에는 분명 역설적인 면이 존재한다. 성공적인 비즈니스를 꿈꾼다면 비즈니스의 중심에 자신이 없어야 한다는 사실부터 깨달아야 한다. 비즈니스의 중심에는 다름 아닌 타깃 고객이 있어야 한다는 의미다.

이 책에서 나는 이런 견해를 수없이 피력했다. 바로 그것이 앞으로 당신이 나아가야 할 방향이기 때문이다. 비즈니스의 운영으로 발생하는 수익은 고객의 요구에 얼마나 부응하는가에 따르는 부산물일 뿐이다. 고객의 요구에 부응하기 위해서는 그들이 누구인지, 그들의 현재 상태는 어떠한지, 무엇이 그들을 행동에 나서도록 만드는지 등에 대해 정확히 알아야 한다.

이 장에서는 타깃 고객에 대해 보다 심층적으로 이해해 보고자 한다. 우리는 이미 시장에 대한 다양한 사전 조사 작업을 완수했다. 이제부터는 최종 사용자의 이성과 감성을 파헤쳐 볼 것이다. 그래야만 그들의 현재 상태를 정확히 파악할 수 있고 그들에게 솔루션을 제공할 수 있는 최적의 방법 또한 도출할 수 있다.

이 과정을 고객 아바타 정의 혹은 고객명세서 작성이라 부르기도 한다. 모두 훌륭한 표현이다. 그러나 나는 보다 구체적이고 행동지향적인 '고객 P.L.A.N.'이란 표현을 선호한다.

고객 P.L.A.N.은 두문자의 순서에 따라 네 가지 섹션으로 구성된다.

1. 문제(Problems)
2. 언어(Language)
3. 사연(Anecdotes)
4. 니즈(Needs)

고객 P.L.A.N.을 완벽히 숙지한 이후에야 비로소 당신의 타깃 아이디어가 타깃 고객에 적합한지 정확히 알 수 있다. 그런 다음, 검증 단계로 넘어가기에 앞서 적절한 조정 작업을 거쳐야 한다. 실제로 고객의 구매 활동으로 이어질 무언가에 안착할 수 있는 절호의 기회를 포착하기 위한 사전 작업인 셈이다.

지금까지 우리는 타깃 청중이나 최종 사용자, 독자, 청취자, 시청자, 구독자 등에 대해 얘기해 왔는데, 이 시점부터는 타깃 고객을 발견하고 묘사하는 쪽으로 사고방식을 전환하는 일이 매우 중요하다. 사실 우리의 목적은 비즈니스의 구축이지 않은가? 당신이 제공할 서비스와 제품으로 수익 창출이 가능할 것이란 점을 재차 확인하는 일은 매우 중요하다. 고객에게 무언가를 제공하면 그 대가를 지불받는다. 단, 고객이 어떤 형태로든 대가를 지불할 수 있는 방법까지 제공하는 경우에 그렇다.

본격적인 고객 P.L.A.N. 작업에 착수하기에 앞서, 타깃 고객에 대한 학습을 왜 지금까지 미루다 이제야 시작하는 것인지 밝힌다. 가장 먼저 다루어야 했던 내용이 아니냐고 묻는 독자들이 있을 것 같아서다. 하지만 내 생각은 다르다. 신중하게 고려한 끝에 바로 이 시점에 다루는 것이 최고의 효율성을 발휘할 수 있다고 판단했다. 그 이유는 이렇다.

비즈니스 아이디어도 없이 그야말로 바닥부터 시작하는 경우라면, 나 역시 순서를 달리 잡았을 것이다. 특정 시장을 찾아 그 안에 있는 고객들의 고충과 문제점에 집중하며 솔루션을 도출하는 것부터 시작하는 것이 옳기 때문이다. 하지만 이 경우 당신이 진정한 흥미를 느끼지도 못하고 상품이나 서비스 제공에 관심도 없는 틈새시장으로 진입하는 결과로 이어질 가능성이 내포돼 있다.

당신은 지금 바닥부터 시작하는 것이 아니다. 이 책을 골라잡은 당신은 이미 비즈니스 아이디어를 가지고 있다. 어쩌면 하나의 아이디어가 아니라 여러 개일 수도 있다. 비즈니스 구축에 관심을 보이는 사람들 대부분이 단일 아이디어가 아니라 다수의 아이디어를 머릿속에 담고 있으며 어느 것에 먼저 집중할 것인지 선택의 문제를 놓고 고민한다. 수많은 기업가 지망생들을 정작 실행에 옮기지 못하게 만드는 딜레마가 아닐 수 없다.

나는 당신에게 한 가지 아이디어를 선택해서 일련의 사고 실험을 거치도록 요구했으며, 연습 과제를 함께 수행하며 해당 아이디어를 규정하고 정제할 수 있도록 도왔다. 그와 동시에 당신에게 가장 적합한 비즈니스 유형에 집중하도록 유도했다. 시장 조사 과정에서 수행한 모든 연습 과제는 당신이 목표 시장에 종사하는 일에 과연 흥미를 느끼고 있는가를 확인하는 과정이었다.

당신의 초기 아이디어는 과연 타깃 고객의 니즈와 일치할 것인가? 그럴 수도 있다. 지금부터 그에 대해 알아보기로 하자.

혹여 일치하지 않더라도 상관없다. 중요한 것은 자신에게 적합한 것이 무엇인지 그리고 자신이 종사하고 싶은 시장은 무엇인지 인지하는 것이다.

이제 더 이상 미룰 이유가 없다. 지금부터 당신의 고객 P.L.A.N.을 설계해 보도록 하자.

마스터 스프레드시트를 준비하라

곧 착수할 조사 작업을 체계적으로 수행하기 위해 마스터 스프레드시트에 하위 시트 한 개를 추가할 것이다. 제목은 P.L.A.N.으로 하고 문제(Problems), 언어(Language), 사연(Anecdotes), 니즈(Needs) 등 네 개의 열을 생성한다. 여기까지 완료한 후 계속 읽어 나간다.

마스터 스프레드시트 P.L.A.N. 하위 시트 생성 화면

문제(Problems), 언어(Language), 사연(Anecdotes), 니즈(Needs)

P: 문제

비즈니스 아이디어라는 것은 결국 타깃 고객의 고충 또는 문제에 대한 잠재적 솔루션이다. 고객의 문제를 보다 효율적으로 해결할수록 비즈니스는 더욱 크게 성공할 수 있다. 따라서 고객의 고충을 파악하는 것에서부터 시작하는 것이 마땅하다. 일단 고객의 고충을 정확히 파악할 수만 있으면 마케팅은 저절로 해결된다.

불행히도 너무나 많은 사람이 잠재적 고객에 대해 완벽히 이해하지 못한 채 오로지 비즈니스 자체에만 몰입한다. 아이디어는 있을지 몰라도 타깃 고객들을 괴롭히고 있는 고충과 문제의 핵심을 파

악하는 데 시간을 투자하지 않는다.

지금 당신은 방향을 제대로 잡은 것이다. 이제 곧 고객의 고충과 문제에 대해 완벽히 숙지하게 될 것이기 때문이다.

일대일 실시간 대화

단언컨대, 타깃 고객과 연관된 조사 작업을 수행하는 최선의 방법은 실시간으로 일대일 대화를 나누는 것이다. 이메일 교환도 나쁘지 않다. 그러나 직접 대면 혹은 전화 통화가 목적 달성을 위해 더 좋은 방법이다. 2부에서도 당신은 아이디어의 결점을 찾아내고 정제하기 위해 온갖 종류의 사람들과 대화를 나눠 보지 않았던가?

타깃 고객의 진정한 고충을 파악하기 위해서는 그들과 대화를 나눌 필요가 있으며 정곡을 찌르는 핵심 질문을 던져야 한다.

내가 운영하는 팟캐스트의 46번째 에피소드에 출연했던 더 파운데이션(The Foundation)의 데인 맥스웰(Dane Maxwell)은 기업가로서 고객의 진정한 고충을 파악하는 데 있어 핵심 질문이 얼마나 중요한가에 대해 이야기했다. 그는 잠재적 니즈의 파악에 도움이 될 만한 몇 가지 질문을 예로 들어 주었다.

- [주제]에 관한 것 중 당신을 가장 불만스럽게 만드는 것은 무엇인가?

- [주제]에 연관된 것 중 당신에게 마법 지팡이가 있다면 바꾸고 싶은 것은 무엇인가?
- 현재 비용 부담이 가장 큰 문제는 무엇인가?
- [주제]와 연관하여 현재 하고 있는 활동 중 가장 중요한 것은 무엇인가? 그것으로 인해 불만스러운 점이 있는가?
- [주제]와 연관된 것 중 시간이 가장 많이 소모되는 것은 무엇인가?
- [주제]를 위해 현재 무엇으로부터 도움을 받고 있는가? 있다면 장점은 무엇인가? 어떤 점이 개선되기를 바라는가?
- [주제]와 연관된 것 중 반복적으로 해야만 하는 것은 무엇인가?

이런 유형의 대화를 나눌 때 무엇보다 중요한 것은 언제나 깊이 있게 파고들어야 한다는 것이다. 상대방의 반응에 '어째서' 혹은 '왜 그렇게 느끼는가' 등의 질문으로 대응하다 보면 불만 혹은 고충을 야기하는 진짜 원인을 찾아낼 수 있다.

그렇다면 당신이 대화를 나눌 타깃 고객은 어디에서 찾을 수 있는가? 이미 당신의 스프레드시트에 그들이 존재하는 위치를 기록한 목록이 있지 않은가? 그곳에서부터 출발하면 된다.

각종 포럼에서 고객들을 파악해 전화나 스카이프 혹은 해당 플랫폼의 문자 서비스 등의 형태로 일대일 대화를 요청할 수 있다.

하지만 지금까지의 내 경험을 통해 말하자면, 대화를 나눌 상대를 찾을 수 있는 최고의 장소는 온라인이 아닌 오프라인이다. 잠재적 고객이 있을 것으로 짐작되는 박람회나 각종 행사장들 말이다. 직접 대면을 통한 상호작용보다 더 나은 방법은 없다는 것이 내 생각이다.

대화를 나누는 상대가 누구인지 그리고 그들의 고충과 문제들이 무엇인지 당신의 스프레드시트에 빠짐없이 기록하라. 그들이 바로 향후 당신의 비즈니스와 관련된 다양한 사항에 대해 훌륭한 자문단이 되어 줄 것이다. 그들이 바로 미래의 고객이라는 점은 두말할 필요도 없다. 재차 강조하지만, 도움을 제공한 사람들에게 어떤 형태로든 반드시 답례를 해야 한다.

설문 조사

일대일 대화를 나눌 만한 기회가 조만간 주어지기 힘든 경우에 활용할 수 있는 검증된 방법이 있다. 타깃 고객의 고충과 문제에 대해 학습할 수 있는 또 다른 방법은 설문 조사를 실시하는 것이다. 설문 조사는 타깃 고객 관련 데이터(그들의 고충까지 포함하여)를 비교적 짧은 기간에 대량으로 수집할 수 있다는 점에서 매우 강력한 도구이다.

단언컨대, 적합한 비즈니스 설문 조사 시행 방법의 지침을 얻을 수 있는 최고의 참고 자료는 라이언 레브스크(Ryan Levesque)가 쓴 『애스크(Ask)』다. 나는 2015년 중반 블로그를 통해 설문 조사를 실시한 바 있다. 라이언의 저서를 두 번 정독한 후의 일이다. 조사 결과, 나는 고객을 위한 최선의 방법으로 서비스를 제공하고 있지 않았음이 여실히 드러났다.

결국 설문 조사 결과에 근거하여 전반적인 콘텐츠 전략을 수정하였고 그것은 지금 이 책이 세상에 나올 수 있는 중요한 계기 중 하나가 되었다.

나의 팟캐스트의 178번째 에피소드인 라이언 레브스크와의 인터뷰를 들어 보면 『애스크(Ask)』의 핵심 내용은 물론, 그가 나의 비즈니스에 끼친 영향에 대해 보다 자세히 알 수 있을 것이다 (SMARTPASSIVEINCOME.COM/SESSION178).

이제부터 설문 조사 실시에 관한 기본적 방법론에 대해 알아보도록 하자. 그전에 알아 둘 것은 타깃 고객과의 일대일 대화와 마찬가지로 '설문 조사에서 가장 중요한 요소 또한 어떤 질문을 하는가?' 라는 점이다.

타깃 고객에게 던질 수 있는 가장 중요한 특정 질문이 한 가지 있다. 그들이 무엇을 구매할 것인지 직접적으로 질문해서는 안 된다. 대신 다음과 같은 질문을 던지면 원하는 대답을 이끌어 낼 수 있다.

[주제]와 연관된 것 중 당신을 가장 힘들게 하는 것은 무엇입니까?

이 질문은 일대일 대화에서 물어보는 그것과 매우 유사하다. 라이언의 심층 분석(Deep Dive) 설문(그의 저서에 소개된 네 가지의 중요한 설문 조사 유형 중 하나다)에 의하면 이것은 가장 먼저 물어야 할 질문인 동시에 가장 중요한 질문이다. 만약 오직 한 가지 질문만 해야 한다면 바로 이 질문을 선택해야 한다.

이 질문의 장점은 우선, 간단하면서도 놀랍도록 강력하다는 것이다. 개방형 질문이기 때문에 결과 분석에 다소 시간이 소요된다. 그러나 타깃 고객이 겪는 어려움의 실제적 측면을 보여 준다는 점에서 유용한 형태의 결과물을 얻어 낼 것이 거의 확실한 질문이다.

설문 조사 응답자들의 대답을 통해 그들이 사용하는 언어를 파악할 수 있는 부수적 이익도 기대할 수 있다. 고객 P.L.A.N.의 다음 단계에서 매우 유용하게 활용될 수 있다. 고객들의 대답 중 일부는 이메일이나 상품설명서, 판매 페이지 등 향후 당신의 비즈니스를 홍보하기 위한 자료에 직접적으로 삽입할 수 있는 경우가 아주 많다.

> 타깃 고객의 고충과 문제에 관련된 응답자의 반응을 수집하는 과정에서 주목할 만한 단어와 구절은 P.L.A.N. 시트의 언어 열에 기록한다.

목표 시장과 관련해 이미 팔로워를 보유하고 있다면 그들에게 이메일이나 문자 메시지로 이 질문을 전송한다. 이 질문의 중요성과 질문을 하는 이유에 대한 설명도 덧붙이도록 하라.

단, 간략하면서도 친절한 메시지이어야 한다. 그래야만 정직한 대답을 보다 많이 확보할 수 있다.

청중이나 팔로워 혹은 이메일 목록을 보유하고 있지 않다 해도 조바심을 낼 필요는 없다. 기존 연락처 목록이 없더라도 명확한 결과를 도출할 수 있는 설문 조사를 실시할 수 있다. 이렇게 장담할 수 있는 이유는 내가 그렇게 해 봤기 때문이다.

앞서 2부에서 다양한 유형의 사용자들과 수많은 대화를 거친 후 푸드트러커닷컴을 출범시킨 과정을 공유한 바 있다. 거기에는 내가 살고 있는 샌디에이고의 우리 동네 푸드트럭 운영자들과의 직접적인 대화도 포함되었다. 웹사이트가 인터넷상에 올라가기도 전에 나는 수백 명에 이르는 전국의 푸드트럭 운영자들을 대상으로 설문 조사를 실시할 수 있었다.

그 결과에 근거하여 그들이 직면하고 있던 어려움을 파악했고 그들에게 도움을 제공하기 위해 내가 만들어 낼 수 있는 상품은 어떤 것인지 결정했다. 나는 어떻게 그들과 접촉할 수 있었는가? 바로 이메일을 통해서다.

그들 중 일부는 자신의 웹사이트에 이메일 주소를 공개하고 있었다. 또한 나는 트위터를 통해 이메일 주소를 요청하기도 했다.

푸드트러커닷컴은 기존의 푸드트럭 운영자뿐만 아니라 조만간 사업을 시작하고자 하는 예비 사업자를 위해 만들어졌기 때문에 나는 이 한 가지 질문을 준비했다.

"푸드트럭 사업을 시작하기 전에 알았더라면 좋았을 '한 가지'가 있다면 무엇입니까?"

대략 250명 정도의 푸드트럭 운영자의 이메일 목록을 확보한 후 나는 각각 개별적으로 이메일을 발송했다. 개별 푸드트럭의 이름, 위치 등 사전 조사 과정에서 발견한 흥미로운 사항들을 모조리 동원하여 최대한 개인 맞춤형 이메일을 작성했다.

일주일 후, 8개의 회신이 도착했다. 응답률(3.2 퍼센트)은 높지 않았다. 그러나 그 내용은 상당히 놀라운 수준임에 틀림없었다.

• 회신 1

"사업 허가를 받기 위해 필요한 절차와 그 일에 얼마나 많은 노력이 필요한지 사전에 알았더라면 좀 더 철저히 준비했을 것이고 남들보다 앞서 나갈 수 있었을 겁니다."

• 회신 2

"푸드트럭 사업을 시작하기 전에 미리 알았더라면 하는 한 가지는 허가나 면허, 인증, 보험 등 사업 운영에 반드시 필요한 제반 사항들입니다. 막상 운영을 하다 보면 이동식 식음료 판매업 관련 법규를 모두 이해하고 필요한 자격 요건을 제때에 갖추는 일이 쉽지 않기 때문입니다."

• 회신 3

"예상치 못한 일에 대비해야 합니다. 트럭이 고장 나거나 너무 일찍 판매가 종료되거나 너무 많이 준비해서 음식이 남는 것 등 말입니다. 제가 드릴 수 있는 최고의 조언은 다른 어떤 비즈니스와 다르지 않습니다. 사전 조사를 충실히 수행하고 견실한 사업계획서를 작성하라!는 말뿐입니다."

이 정도만으로도 핵심 정보를 충분히 확보한 셈이다. 잠재적 콘텐츠는 물론 어떤 상품과 서비스를 제공해야 할지도 알 수 있다. 그러나 나는 거기에서 멈추지 않았다.

일주일이 지난 후, 나는 그때까지 아무런 응답이 없던 242명의 푸드트럭 운영자들에게 다시 이메일을 발송했다. 그리고 42개의 회신을 받았다. 42개나 말이다! 응답률이 425퍼센트나 상승한 셈이다!

부는 틈새시장에 존재하지만 행운은 후속 조치를 뒤따른다.

응답자들이 보내 준 이메일의 내용은 하나같이 훌륭했다. 웹사이트의 공식 출범 이후 나는 일종의 종합편 포스트를 편성해 설문 조사의 답신으로 온 모든 내용을 올렸다(설문 조사에 응해 준 사람들에 대한 나름의 감사 표시이기도 했다). 종합편은 가장 많은 방문자 수를 기록한 페이지가 되었다.

그렇게 수집한 새로운 지식으로 무엇을 했을 것 같은가?

'푸드트럭 사업 시작하기: 확실한 길라잡이'라는 상품을 창조했다. 지금까지 수십만 달러의 수익을 올렸고 현재도 여전히 매출을 기록하는 중이다.

설문 조사 결과는 사이트 내에 다수의 포스트를 만드는 데에도 영감을 주었다. '푸드트럭 사업계획서 만들기'나 '푸드트럭 사업을 음식 납품 사업으로 발전시키는 방법' 등과 같은 인기 포스트가 여기에 포함된다. 푸드트럭 업계에 몸담고 있지도 않던 내가 어떻게 이런 콘텐츠를 개발할 수 있었을까?

앞서 밝힌 바와 같이, 이미 업계에서 활약하고 있던 적합한 사람들과 접촉했고 적절한 조사를 진행했기 때문이다. 푸드트러커닷컴은 지금까지도 푸드트럭 사업의 시작과 관리 방법을 가르쳐 주는 가장 유용한 온라인 자료로 인정받고 있다.

온라인 유료 광고

타깃 고객의 위치 파악과 그들과의 직접적인 접촉이 여전히 해결되지 않는 숙제로 남아 있다면(모든 사전 조사 작업을 완료하였다면 고객의 위치 파악이나 대화를 시도하기 위한 이메일 발송에 아무런 문제가 없겠지만 말이다). 유료 광고를 통해 불특정 다수의 사용자가 설문 조사 웹페이지에 접속하도록 유도하는 방법을 선택할 수 있다.

페이스북 광고는 효과가 입증된 방법이다. 그 이유는 간단하다. 접촉 대상을 정확히 선별하는 일이 용이하기 때문이다. 물론 광고를 하려면 광고 그 자체에도 비용이 들지만 불특정 다수가 접속하여 설문 조사에 응할 수 있는 웹사이트, 즉 랜딩 페이지를 제작해야 하는 등 부수적인 작업이 수반되고 비용 또한 발생한다.

타깃 고객으로부터 정보를 취득하는 데 활용할 수 있는 여타의 광고 플랫폼으로는 구글의 애드워즈(AdWords)나 트위터 등 다수가 있다. 유료 광고의 제작과 실행은 이 책이 다루고자 하는 범주를 벗어난다. 온라인 유료 광고에 대해 보다 자세히 알고 싶다면 릭 멀레디(Rick Mulready, RICKMULREADY.COM) 또는 에이미 포터필드(Amy Porterfield, AMYPORTERFIELD.COM)의 자료를 참고하기 바란다.

이미 언급한 바와 같이, 이 책의 의도는 비용을 들이지 않고 필요한 정보를 얻기 위한 사전 조사 작업을 수행할 수 있도록 돕는 것이다. 타깃 고객들 사이에서 통용되는 언어가 있다는 사실은 이미 알고 있다. 이제부터 그들이 사용하는 언어가 얼마나 중요한가에 대해 본격적으로 살펴보도록 하자.

L: 언어

나는 내 아이의 아빠가 되기 전에는 한 번도 아기를 안아 본 적이 없다. 솔직히 말하면, 내가 그 조그만 아기를 안으면 부서질지도 모른다는 두려움마저 갖고 있었다.

"안뇽 우리 아기! 우르르 까꿍!"

아기의 작은 코를 가리키며 "이게 뭘까? 요기에 있는 이건 도대체 뭘까? 와, 아빠가 우리 아기 코를 잡았네!"

내가 실제로 이런 언어를 구사했다는 것도 이상하지만 내가 깨달은 것은, 아빠가 된 내가 갓난아기의 언어를 사용한 것은 너무나 자연스러운 현상이라는 점이다. 부모는 아기와 공감하고 유대감을 형성하기 위해 갓난아기의 언어를 사용하고자 노력한다. 물론 갓난아기는 아직 부모의 말을 알아듣지 못한다. 그럼에도 부모는 아기처럼 말하려고 노력하는 것이다.

케이오니는 이제 여섯 살이 되었다. 당연히 갓난아기의 언어는 유아용 대화(레고 놀이나 축구, 해적을 주제로 한 대화가 주를 이룬다)로 대체되었지만 여전히 여섯 살짜리 수준의 언어가 사용된다는 사실에는 변함이 없다. 아이가 알 것이라고 생각하는 단어와 아이가 상황에 가장 잘 반응하는 방식 등에 근거해 내가 여섯 살짜리 수준의 언어를 사용한다는 얘기다.

비즈니스를 시작할 때 가장 중요한 것 중 하나가 타깃 고객들이 서로 간의 의사소통에 사용하는 언어를 이해하는 일이다. 그들은 고충과 어려움을 토로할 때 어떤 단어를 사용하는가? 그들은 자신의 포부와 목표를 어떻게 설명하는가? 타깃 고객의 언어를 이해하면 그들과의 관계 형성이 보다 용이하며 궁극적으로 그들의 신뢰도 또한 높아진다.

이 장에서 할 일은 타깃 고객의 언어를 이해하는 일이다. 앞서 타깃 고객의 고충과 문제에 대해 살펴보면서 이미 연습해 본 바 있다. 여기서는 그들의 속마음을 이해하는 데 도움이 될 만한 정보를 얻기 위해 보다 심도 있게 들여다보고자 한다. 검색의 범위를 좁히기 위해 가장 유용하게 사용되는 세 가지 종류의 단어와 문구에 대해 살펴볼 것이다.

1. 질문

2. 불만 사항

3. 키워드

재차 강조하건대, 고객이 사용하는 단어와 문구는 P.L.A.N. 스프레드시트의 언어 열에 기록해 두는 것을 잊지 말기 바란다.

질문

타깃 고객이 궁금해 하는 특정 질문에 대해 이해하는 것은 매우 중요한 일이다. 질문을 한다는 것은 해답을 찾고 있다는 의미다. 당신이 그 해답의 원천이 될 수 있다면, 그것이 콘텐츠든 상품이나 서비스든 상관없이, 비즈니스와 브랜드를 구축하는 과정에서 타깃 고객들로부터 권위를 인정받고 신뢰를 얻게 될 가능성이 높다. 타깃 고객의 질문을 신속하게 파악할 수 있는 방법에는 세 가지가 있다.

사용자들은 도움을 얻고자 포럼에 참여한다. 다음의 구체적인 전략을 활용하면 당신의 타깃 고객 중 누군가의 특정 질문에서 시작된 대화를 신속하게 검출할 수 있다.

앞서 작성한 시장 지도에 검색 대상이 될 만한 포럼의 목록이 있을 것이다. 목록에 있는 모든 포럼을 일일이 방문하여 대화 내용을 하나하나 검색하는 수고로운 일은 똑똑한 구글에게 맡기면 된다.

1단계: 포럼을 선택하고 URL을 클립보드에 복사한다.

여기서는 제물낚시 검색에서 찾아 두었던 포럼 중 하나를 활용할 것이다. 해당 포럼의 URL은 HTTP://WWW.THEFLYFISHINGFORUM.COM이다.

2단계: 아래 검색어를 구글 검색창에 입력하고 실행한다.

how do I(어떻게) site:http://www.theflyfishingforum.com

이렇게 하면 포럼 내에서 how do I가 포함된 대화를 모두 추출할 수 있다. how do I는 무언가에 대해 도움을 얻고자 할 때 사용자들이 전형적으로 사용하는 구문이다.

검색하고자 하는 단어들을 인용 부호로 묶어 주는 것이 관건이다. 그것이 입력된 단어의 순서와 동일한 결과물만 보여 달라고 구글에게 요청하는 것이기 때문이다.

3단계: 결과를 확인한 후 의미 있는 질문을 기록한다.

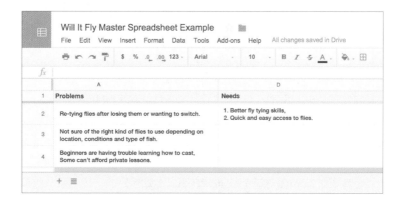

547개의 결과물이 검색되었다. 나쁘지 않다!

how do I 대신 검색어로 사용할 만한 단어는 이런 것들이다.

- why is it(이유는)

- when can I(언제)

- what are the(어떤 것들)

- what is the(어떤 것)

- how come I(어떻게 하면)

- need help(도움이 필요)

- please help(도와주세요)

- I need(필요해요)

- help with(도움)

이와 같은 저격수형 검색 전략은 콘텐츠의 유형과 관계없이 어떤 웹사이트에서든 활용할 수 있다. 검색하고자 하는 단어를 (인용 부호와 함께) 입력한 다음 'site:'와 웹사이트 주소를 순차적으로 입력하면 된다. 위에서 보여 준 사례와 같이 말이다.

FAQ

———

블로그에서 타깃 고객의 질문을 검색하는 일은 비교적 어렵다. 블로그에 게시물을 올리는 사람은 통상 운영자 본인이기 때문이다. 하지만 일부 웹사이트는 사용자들이 자주 묻는 공통적인 질문과 그에 대한 대답을 별도의 공간에 마련해 둔다.

FAQ(자주 묻는 질문) 페이지가 바로 그것이다. FAQ 페이지는 사용자들의 공통적인 질의 사항이라는 점에서 활용도가 높다. 이것은 사용자들의 반복적이고 동일한 질문들로부터 운영자나 고객 서비스 팀을 구제하고 질문하는 사람에게는 보다 신속하게 답변을 제공할 목적으로 마련된다.

불만 사항

———

불만 사항은 타깃 고객을 이해하는 데 가장 유용한 언어 중 하나다. 문제점을 파악하고 어떤 것이든 구축되어 있는 기존 솔루션을 수정할 수 있기 때문이다. 뿐만 아니라 타깃 고객이 사용하는 언어, 대개의 경우 매우 감성적 수준의 언어를 직접 들을 수 있기 때문이다.

고객이 이해할 수 있는 언어로 그들의 고충과 어려움을 확인해 준다는 것은 곧 당신이 그들과 공감하고 있음을 보여 주는 것이다. 따라서 타깃 고객과 보다 강한 유대 관계를 형성할 수 있다.

아마존 리뷰

아마존의 리뷰는 타깃 고객들이 자신의 특정한 구매 결정에 대해 어떻게 반응하는지 살펴볼 수 있는 강력한 플랫폼이다. 고객의 호불호를 파악해 향후 사업 운영에 적용할 수 있다. 검색 방법은 다음과 같다.

- 1단계: 시장 지도에서 아마존을 통해 판매된 상품 혹은 도서를 찾아 해당 페이지를 연다.
- 2단계: 별점 2~3점을 준 리뷰를 읽는다.
- 3단계: 그중에서 흥미로운 불만 사항을 별도로 기록해 둔다.

별점 2~3점짜리 리뷰만 읽는 이유는 그것이 정직한 의견일 경우가 많기 때문이다. 전부가 그런 것은 아니지만 몇몇 리뷰의 경우 정직하지 못한 의견도 있다. 극단적인 예를 들자면, 경쟁자의 특정 상품에 대한 평판에 흠집을 내기 위해 조직적으로 별점 1점을 대량 등록하는 경우도 있다. 반대로 별점 5점은 십중팔구 상품 판매자의 친구 혹은 도서의 출판업자가 등록했을 가능성이 높다. 별점 1점과 5점짜리 리뷰가 전부 가짜라는 말은 아니다(결코 그렇지 않다).

다만, 이 검색 작업의 목적을 달성하기 위해 우리는 진짜 정보를 수집하고자 할 뿐이며 2점과 3점짜리 리뷰가 대체로 그에 부합한 다는 얘기다.

중간 점수를 준 사용자들은 불만을 토로하고 설명까지 덧붙인 다. 대개의 경우 매우 구체적인 방식으로 자신이 최고점을 주지 못 한 이유를 밝히는 동시에 상품 혹은 도서의 장점 또한 포함시킨다.

시장 지도에 있는 아마존 판매 상품 목록 중 별점이 2~3점인 리 뷰에서 흥미로운 불만 사항을 발견하면 따로 기록해 두도록 하라. 타깃 고객이 어떻게 느끼는지, 왜 그런지 정확히 알 수 있을 것이다.

키워드

언어에 대한 조사 작업의 완성을 위해 이제부터 타깃 고객들이 검색엔진에 어떤 키워드를 입력하는지 살펴볼 것이다. 타깃 고객이 사용하는 키워드는 매우 중요하다. 왜냐하면 그것은 타깃 고객이 무언가에 대한 해답을 찾던 시점에 사용한 단어이기 때문이다. 또 한 앞으로 구축하게 될 비즈니스 혹은 서비스의 콘텐츠 전략과 광 고에서 중점을 두어야 할 잠재적 키워드를 포착할 수 있는 기회가 된다는 점에서도 매우 중요하다.

과거에는 키워드가 비즈니스 설립 초기에 훨씬 더 큰 역할을 담당했다. 수백 가지의 키워드 데이터를 동시에 검색할 수 있는 여러 가지 도구가 있다. 검색 대상이 되는 데이터에는 월 단위로 측정한 특정 용어의 검색 횟수 혹은 해당 용어와 관련된 구글 검색 상위 사이트들의 경쟁력 등이 포함된다.

나는 한때 이런 종류의 데이터에 대한 세밀한 검색 작업에 매료되어 그렇게 찾아낸 기회주의적 키워드를 중심으로 웹사이트를 구축하곤 했다. 구글이 지금처럼 정교하지 못했던 과거에는 이런 키워드 데이터 검색 도구를 사용해 소위 확실한 키워드를 추출한 후 잽싸게 웹사이트를 구축하고 검색 순위 상위권을 점령한 다음 돈벌이를 시작하는 일이 그리 어렵지 않았다.

한동안 그것은 꽤 괜찮은 사업 방식으로 통하기도 했다. 손쉬운 방법이었기 때문이다.

오늘날에도 많은 사람이 여전히 그런 식으로 웹사이트를 구축하는데, 일부는 실제로 성공하기도 하지만 이미 완벽한 키워드를 중심으로 구축된 웹사이트가 많아 이제 더 이상 틈새를 찾기가 어렵다. 키워드 자체만으로는 아무런 의미가 없다. 지속 가능한 무언가를 만들어 내기 위해서는 독특하면서도 가치 있는 콘텐츠, 타깃 고객과 그들이 필요로 하는 것에 대한 심층적 이해가 반드시 필요하다.

그럼에도 키워드는 여전히 기록해 둘 만한 가치를 보유하고 있다. 이미 언급한 바와 같이, 키워드는 타깃 고객이 무엇을 찾고 있는지 보여 주는 지표이며 궁극적으로 당신이 공개할 콘텐츠에 영향을 끼칠 수도 있기 때문이다. 비즈니스의 설립 과정을 완료하고 운영 단계로 접어들면 이 유용한 키워드 목록으로 광고 등 아주 많은 업무를 처리할 수 있을 것이다. 물론, 지금 우리는 그 단계와는 거리가 멀다. 그러니 단순성을 유지하도록 하자.

P.L.A.N. 스프레드시트에 꼼꼼히 기록하여 타깃 고객이 다양한 검색엔진에 입력하는 키워드의 목록을 작성하는 작업에 집중하라.

구글 연관 검색

- 1단계: 타깃 시장과 관련된 키워드 하나를 검색창에 입력하고 실행한다.
- 2단계: 화면 가장 아래쪽에 위치한 연관 검색으로 이동한다.
- 3단계: 연관 검색된 키워드들을 고객 P.L.A.N. 스프레드시트에 기록한다.

대체로 첫 번째 검색 화면에 나타난 키워드들은 매우 유용하다. 연관 검색 키워드는 사용자들이 최초의 키워드와 연계하여 입력하는 용어라는 점을 기억해야 한다. 꽤 유용한 정보가 될 것이다. 그러나 이들 상위권 키워드들은 일반적으로 경쟁이 극심하다. 키워드의 금맥은 그보다 더 깊숙이 파고 들어가야만 발견할 수 있다. 특히 콘텐츠 기획이나 고객 행동 분석을 목적으로 한다면 더욱 그렇다. 그런 키워드들은 최초의 키워드가 포함된 긴 문구이거나 최초의 키워드가 포함되어 있지 않은 연관 키워드들이다.

고객 P.L.A.N.에 기입할 만한 키워드를 확보하는 방법은 연관 검색 구역에 제시된 링크를 하나씩 클릭하면서 새로운 검색을 시작하는 것이다. 당연한 얘기지만 깊이 들어갈수록 보다 많은 롱테일 키워드를 발견하게 될 것이다.

이제 당신의 P.L.A.N. 스프레드시트에 꽤 많은 양의 데이터가 수집되어 있을 것이다. 그러나 타깃 고객에 대한 전체 스토리를 파악하는 데 도움이 될 만한 몇 가지 주요 항목이 아직 남아 있다. 지금부터 스토리 몇 개를 찾아나서 보도록 하자.

A: 사연

사연은 짧고 흥미로운 스토리다. 앞으로 당신의 비즈니스에 활용할 수 있는 가장 강력한 도구 중 하나이기도 하다. 콘텐츠 제작과 상품 홍보를 모종의 스토리의 구성 요소로 이용하면 엄청난 효과를 기대할 수 있다. 사용자들은 스토리와 개인의 경험을 연계하는 경향이 있고 그에 대한 호응도 또한 높기 때문이다. 나도 이 책에서 아들과 함께했던 종이비행기 만들기에서부터 무서운 상사로부터 커뮤니케이션 노하우를 전수받았던 일화까지 여러 가지 사연을 소개한 바 있다. 사연은 그 자체로 교훈을 전달하기도 하지만 스토리의 틀 안에 끼워 맞추면 호감도를 높이고 기억에 남을 만한 무엇이 된다. 또한 사람들의 관심을 끌 수 있는 훌륭한 수단이기도 하다.

인간은 태생적으로 스토리에 귀를 기울이고 주의 깊게 들으려는 경향이 있다. 아무것도 모르는 갓난아기에게도 옛날이야기를 들려 주지 않는가? 심지어 언어가 만들어지기 이전부터 스토리가 전해지고 있었다는 것을 동굴벽화가 말해 주고 있다. 사람들은 스토리를 들을 때 그 세계에 완전히 빠져들어 주인공의 감정을 거의 그대로 느끼기도 한다.

여기서는 타깃 고객의 사연을 찾아낼 예정이다. 진솔한 스토리 말이다. 사연을 검색하는 것은 일반적인 검색 방법이라 볼 수 없다. 나 또한 우연한 기회로 접하게 되었고 그때 이후 많은 사람에게 전파하고자 노력 중이다. 타깃 고객의 사연을 끄집어낼 수 있다면 그들의 감정을 함께 공유할 수 있다. 그런 감정이입이 형성되면 타인에게 상품이나 서비스를 제공하는 또 한 명의 종사자인 당신이 그들에게 관심을 집중하게 될 가능성이 높다. 사연은 우리가 지금까지 수행해 온 모든 사전 조사 활동을 하나로 이어 주는 역할을 하며 당신이 하는 일에 현실성을 부여한다.

사연 검색은 마케터들이 전통적으로 가르치길 좋아하는 고객 아바타의 생성과는 다르다. 고객 아바타는 인위적으로 생성되는 것이다. 한 사람의 인성과 니즈 및 욕구, 고충 등을 포함한 페르소나라는 측면에서는 실제적 존재라고 볼 수도 있지만 인위적 가공물이란 사실은 변하지 않는다. 일종의 표준 모델에 불과하다는 얘기다. 이런 방법론을 이해하지만 과연 우리는 만들어진 고객 아바타의 감정을 그대로 느낄 수 있을까?

절대 불가능한 일이라고 본다. 왜냐하면 우리는 이미 그것이 진짜가 아니라는 사실을 인지하고 있기 때문이다.

내가 사업을 지속적으로 키워 나갈 수 있는 원동력이자 의사 결정의 길잡이 역할을 해 주는 것은 다름 아닌 청취자들이 들려주는 그들의 사연이다. 그들의 사연으로 인해 내가 서비스를 제공하는 고객들과 나는 지속적으로 연결된다. 또한 나는 청취자들과 직접 만나 그들의 개인적인 사연을 들을 수 있는 기회를 놓치지 않으려 애쓴다. 그들의 사연을 들으면서 나는 내가 도움을 제공할 수 있는 지점이 어디인지 찾으려 노력한다. 사연 속 어딘가에 그들이 절실하게 도움을 필요로 했지만 아무도 도와주지 못했던 지점이 있지 않을까?

그들이 포기하지 않고 계속 나아갈 수 있도록 만드는 원동력은 무엇일까? 내가 어떻게 하면 그들이 포기하지 않도록 도울 수 있을까?

당신의 타깃 고객들로부터 그들의 사연을 직접 들어 보기 바란다. 고객의 감정을 당신도 고스란히 느낄 수 있을 것이다. 그러면 당신은 쉽사리 무리에서 두드러질 수 있을 뿐 아니라 정신적으로 고객에게 더욱 헌신할 수 있다.

고객의 사연을 들을 수 있는 최적의 방법은 직접 대면이다. 타깃 고객과의 일대일 대화 중에 그들의 고충과 문제에 관련된 사연이 나올 만한 분위기를 조성하는 것도 좋은 방법이다.

"… 했을 때 스토리가 있으면 들려주세요."라는 말로 대화를 시작하면 도움이 될 것이다. 쉽고 효과도 뛰어난 이 분위기 조성 방법을 활용하면 상대의 마음을 열고 그들의 감정을 진정으로 공유할 수 있게 된다.

개인의 사연이 온라인상에서 공유되는 경우가 흔하며 쉽게 찾아볼 수 있다는 사실 또한 매우 고무적이다. 약간의 검색 작업이 필요하고 경우에 따라서는 찾아내기가 그리 쉽지만은 않겠지만 이제부터 소개할 기법들을 잘 활용한다면 타깃 고객들의 흥미로운 사연을 찾아내는 데 도움이 될 것이다.

포럼 검색을 통해 사연을 찾아내는 일은 별다른 소득도 없이 흙더미만 잔뜩 남는 경우도 있다. 또 어떤 때는 반짝반짝 빛나는 무언가를 발견하기도 할 것이다. 선광 냄비에 흙더미를 더 많이 넣을수록 당신이 찾고자 하는 것을 얻을 확률은 더 높아지는 법이다.

아래 제시한 검색 용어 목록이 유용한 이유는 누군가의 진솔한 사연을 들었을 때 사람들의 일반적인 반응을 모아 놓은 것이기 때문이다.

- 놀라운 사연(Amazing Story)
- 멋진 사연(Great Story)
- 끝내주는 사연(Awesome Strory)
- 좋은 이야기(Good Story)

다음은 출현 빈도가 그리 높은 편은 아니지만 여전히 활용 가치가 있는 검색 용어들이다.

- 이야기 하나 들려줄게요(Tell You A Story)
- 한 번은 내가(One Time I Was)
- 그때를 기억합니다(I Remember When)
- 사연을 공유합니다(Share A Story)
- 이런 일이 있었어요(Happened To Me)
- 알아냈어요(I Figured It Out)

가능한 많은 사연을 검색할 것을 권장한다.

N: 니즈

니즈란 고객이 문제 해결을 위해 필요로 하는 것으로 믿어지는 무엇이다. 상품 혹은 비즈니스는 그 필요를 충족시키는 메커니즘이 된다.

예를 들면 이렇다. 제물낚시에 관한 검색 작업을 통해 내가 발견한 문제는, 다수의 낚시꾼들이(특히 초보 낚시꾼들이) 제물을 놓쳤을 때 혹은 새 것으로 교환하고 싶을 때 제물을 신속하게 낚싯대에 다시 묶는 작업을 어려워한다는 것이다. 실제 제물낚시를 다니는 사람들과의 실시간 대화를 포함한 추가 분석을 수행한 결과, 그들을 힘들게 하는 진짜 원인은 눈앞에 있는 물고기를 잡아 올릴 기회를 놓치고 싶지 않은 마음이었다. 시간이 지체될수록 물고기는 더 멀리 도 망가 버릴 것이니 말이다.

이 특정 문제와 연관하여 파악된 니즈는 두 가지다.

1. 보다 신속하게 제물을 묶는 기술
2. 제물에 대한 신속하고 간편한 접근성

이 두 가지 니즈는 일종의 상품 혹은 비즈니스로 발전할 가능성 이 보인다! 상품 혹은 비즈니스를 무작위로 선택하는 것이 아니라 실제적 효용 가치가 있는 무언가를 구축하고 있을 가능성을 높이 기 위해서는 완벽한 사전 조사 작업이 뒷받침된 무언가를 근거로 삼아야 한다.

바로 그것이 애초의 계획이지 않은가?

그렇다면 애초에 가지고 있었던 비즈니스 아이디어는 어떻게 되 었나? 아마 지금쯤 완전히 다른 새로운 무언가로 변형되어 있을 확 률이 높다. 어쩌면 완전히 사라져 버렸을지도 모를 일이다. 전혀 새 로운 쪽으로 방향을 전환하였다면 말이다. 그러나 여전히 누군가에 게는 검증의 대상이 될 실행 가능한 선택안일 수도 있다. 경우가 어 떠하든 당신은 스스로 기울이는 노력의 목적이 타깃 고객의 문제를 파악하는 것임을 잘 알고 있다.

기억할 것은, 비즈니스란 누군가의 문제를 해결하는 솔루션일 뿐 이라는 사실이다.

스프레드시트에 모아 둔 문제 목록을 활용하면 타깃 고객 각각의 니즈를 파악할 수 있다. 목록의 생성 구조상 한 번에 한 가지 문제에만 집중할 수 있다. 이것은 대다수 기업가가 보유하는 공통의 실수, 즉 모든 문제를 해결하는 한 가지 솔루션을 창출하려는 실수를 막아 준다. 작은 규모로 가볍게 사업을 준비하고 4부의 비준 과정을 용이하게 만들려면 한 가지 문제에 한 가지 솔루션을 도출하는 데 집중해야 한다.

경우에 따라서는 니즈의 파악이 불가능할 수도 있다. 그렇더라도 상관없다. 빈칸을 모조리 채워 넣을 필요는 없으니까 말이다. 다만, 진행 과정에서 타깃 고객이 특정 문제와 싸우기 위해 필요로 하는 것이 무엇인지 명확하게 생각하기 위해 노력하면 된다.

이 과정이 마무리되면 당신의 스프레드시트는 유용한 정보들로 가득 채워져 있을 것이다. 그리고 그중 어딘가에 당신이 이 책의 4부에서 검증하게 될 아이디어의 근원이 있을 것이다! 기대되지 않는가! 이 책의 실질적인 마지막 장인 4부에서는 여기서 파악한 고객의 니즈에 근거해 상품 혹은 비즈니스 솔루션을 도출하게 될 것이다. 그런 다음, 그중 하나를 골라 어떻게 전개되는지 지켜보도록 하자.

명약

누군가 이런 말을 한 적이 있다. 기업가들이 만들어 내는 상품과 서비스는 명약과 같다. 목표 시장을 좀먹고 있는 특정 질병을 퇴치할 수 있는 해결책 또는 치료제이니 말이다. 그 비유는 그날 이후 내 머릿속 깊이 각인되었다.

제약이나 의학의 영역에서 명약이란 단순히 이미 존재하는 재료들의 혼합에 지나지 않는다. 특정 방식으로 재료를 섞어서 무언가를 치료하는 데 사용하는 것 말이다. 어떤 면에서는 상품이나 비즈니스의 역할도 크게 다르지 않다. 상품과 비즈니스 또한 문제에 대한 해결책이며 대개 이미 존재하는 것들을 특정 방식으로 조합한 경우가 많기에 하는 말이다. 물론 기존의 해결책에 비해 강력하고 효과적이어야 의미가 있다. 나아가, 고객의 문제를 질병에 비유한 것은 우리가 지금 수행하고 있는 작업에 대한 정확한 설명이다.

우리는 나를 위해 무언가를 만들어 내는 것이 아니라 그들에게 필요한 무언가를 만들어 내고자 노력 중이다. 만약 당신이 그 명약(문제의 치유책)을 조제할 수 있다면 사람들은 끊임없이 당신을 다시 찾게 될 것이다. 그리고 자신과 동일한 문제를 안고 있는 친구들에게 당신을 추천할 것이다.

고객 P.L.A.N.을 완성하기 위해 이제부터 타깃 고객의 특정한 문제와 니즈에 대한 명약을 조제할 것이다. 그 명약들은 각각 잠재적 솔루션이 될 것이다. 잠재적 솔루션은 검증의 대상이자 이 책의 4부에서 소개할 고객 비준 방법의 적용 대상이 될 수 있다.

우리는 솔루션에 대해 특정한 방법을 적용하여 비교적 소규모의 검증 작업을 시행할 것이다. 성공 가능성을 입증 혹은 반증하기 위해서다.

먼저 P.L.A.N. 스프레드시트에 열을 추가하고 제목을 명약으로 하자. 그런 다음 하나씩, 차근차근 짚어 가며 최선의 해결책이라 생각되는 솔루션을 도출해 나가면 된다. 어떤 것은 물리적 상품이 될 것이고 또 어떤 것은 디지털 형태의 무엇이 될 것이다. 서비스가 될 수도 있고 도구 혹은 소프트웨어일 수도 있다. 결국 해결하고자 하는 대상에 따라 각기 다른 형태의 솔루션이 나올 것이다.

앞서 7장에서 마인드맵을 만들 때 그랬던 것처럼 편집 두뇌가 끼어들 여지를 주어서는 안 된다. 지금까지 수집한 지식을 바탕으로 아이디어가 쏟아져 나오도록 놔두기만 하면 된다. 그렇게 쏟아져 나오는 아이디어는 십중팔구 이미 존재하는 것들일 가능성이 높다. 그렇더라도 상관없다. 제대로 방향을 잡았다는 신호일 것이기에 그렇다.

지금까지의 사전 조사 작업 덕분에 당신의 아이디어를 기존의 유사한 솔루션과 차별화하는 일은 그리 어렵지 않을 것이다. 다시 한 번 말하지만, 후발 주자로 시장에 진입하는 당신은 유리한 입장에 있는 것이다. 그러니 지금은 그런 걱정은 접어 두어도 좋다. 앞으로 나아가는 일만 생각하자.

훌륭한 기업가는 한 가지 문제에 대해 한 가지 솔루션을 검증하고 비준한다. 지금은 당신의 P.L.A.N. 중 어느 것을 골라잡는가의 문제만 남았다. 이 모든 작업의 묘미가 바로 여기에 있다. 단순히 고객의 고충 중에서 한 가지를 골라 아무 생각 없이 그것을 출발점으로 삼는 것이 아니다. 전체를 내려다볼 수 있는 지도를 머릿속에 넣고 이제껏 수행해 온 작업의 결과물에 근거하여 당신에게 적합한 한 가지를 추진하기 위해 솔루션 차림표에서 선택할 수 있는 것이다. 어떤 것을 선택하든 그것은 결과적으로 타깃 고객에게 상품이나 서비스를 제공하는 일이 될 것이다.

이 단계에서 한 가지만 선택하는 일이 다소 힘겨울 수도 있다. 구미가 당기지 않는 솔루션을 하나씩 제거해 나가는 방법은 어떤가? 예를 들면 이런 것이다. 어쩌면 당신은 서비스를 기반으로 한 비즈니스 구축에는 크게 흥미를 느끼지 못할 수도 있다. 그래서 고객과의 일대일 접촉을 최소화할 수 있는 어떤 것을 찾고 있다면 서비스 기반 솔루션이 있는 줄을 회색 처리해 둔다(삭제하는 것이 아니다. 나중에 다시 필요할지도 모르지 않은가!).

스프레드시트의 좌측에 강조 표시를 남겨 두고 나머지 셀의 배경색을 진회색으로 바꾸면 된다. 이렇게 하면 선택의 폭이 대폭 줄어든다.

적합하지 않은 솔루션의 제거 과정 모두가 단순한 직선형의 작업은 아닐 것이다. 선택의 폭을 좁혀 들어가는 과정에 소모되는 시간 또한 상당할 것이다. 그렇더라도 상관없다. 지금까지 수행한 조사 작업의 결과를 근거로 고민해야 할 것이 많을 것이다. 이미 시장에 공급되고 있는 상품(혹은 아직 공급된 적이 없는 상품)에 주목하기 바란다.

당신의 최초 비즈니스 아이디어는 어떻게 되었는지 궁금할 것이다. 현재 당신이 가지고 있는 매트릭스에서는 그것을 찾아볼 수 없을 확률이 크다. 어딘가에 있을 수도 있다. 그렇다면 아주 좋은 일이지만 그렇지 않더라도 걱정할 필요는 없다. 당신이 무언가 잘못한 게 있어서 그런 게 아니다. 지금까지 거쳐 온 전반적인 과정이 적절했기에 그런 것뿐이다. 필요 이상으로 시간을 소비한 것도 아니니 걱정하지 말라.

생각해 보라. 아이디어는 시간이 지나면서 변화하고 진화한다. 그렇게 될 것이라 예상하는 것이 마땅하다. 아이디어는 출발점일 뿐이다. 조사 작업과 토론, 최종 사용자에 대한 심층 학습 등의 과정을 거치는 동안 외형적 변화가 일어날 수 있고 완전히 새로운 무엇으로 바뀔 수도 있다.

아이디어의 규정, 정제, 분류를 위해 당신이 수행한 모든 작업은 필요에 의한 것이었다. 보기엔 그렇지 않더라도 말이다. 주어진 연습 과제를 해결해 나간 과정은 미래의 기업가가 되겠다는 다짐의 순간이었다. 보다 깊이 있게 파고들수록 시장과 고객에 대한 조사 작업이 더욱 완벽해질 가능성이 높다. 궁극적으로 한 가지의 솔루션을 선택할 때는 개발 실험실을 다시 한 번 훑어보기를 권장한다. 보다 쉽게, 훨씬 더 정제된 상태에서 출발할 수 있을 것이다. 또한 최종 결과물은 타깃 고객을 위한 최선의 솔루션이 될 것이라는 확신을 갖고 나아가게 될 것이다. 다음의 작업을 수행한 후 이 장을 마무리하도록 하자.

• 1단계: 한 줄 그리고 한 가지의 솔루션을 남겨 두고 나머지는 모두 제거하라.

한 가지 고충/문제에 대한 한 가지 솔루션만 손에 쥐게 될 것이다.

• 2단계: 하루 동안 그 아이디어에 대해 고민하라.

일상적으로 생활하며 선택한 아이디어에 대해 생각하고 충분히 이해하도록 하라. 당신에게 어떤 느낌으로 다가오는지 주의 깊게 관찰하되 메모지를 항상 가까이 두는 것이 좋다. 왜냐하면 당신의 두뇌는 생각이 급격히 분출되는 상태에 있을 것이기 때문이다. 머릿속에 떠오르는 것은 모조리 기록으로 남겨 두도록 하라.

• 3단계: 새로운 타깃 솔루션을 중심으로 2차 마인드맵을 창출하라.

10분간의 브레인스토밍 이후 타깃 솔루션의 대상이 된 타깃 고충/문제의 해결과 무관한 것은 모두 제거한다. 고충 해결을 위한 행위를 100퍼센트 지원하지 않는다면 마인드맵에서 제거해야 한다.

• 4단계: 한 페이지, 한 단락, 한 문장.

당신이 선택한 아이디어에 대해 다른 사람들과 대화를 나누는 일은 잠시 미루기로 하자. 이 책의 다음 파트에서 수행할 일이기 때문이다. 4부에서는 나름의 어젠다를 숨긴 채 그 작업을 수행할 것이다. 동시에 타깃 고객들을 대상으로 비준 절차도 거칠 것이다.

더할 나위 없이 훌륭했다! 그 어느 때보다 많은 일을 해냈다. 결코 쉬운 일은 아니었지만 지금까지의 모든 작업이 서로 어떻게 맞물려 돌아가는지 이제 인식하리라 믿는다. 자랑스러워할 만하다. 왜냐하면 누구나 여기까지 다다를 수 있는 것은 아니기 때문이다. 대다수는 중도에 포기하고 만다. 막상 실행에 옮기는 데 필요한 일을 수행하는 데 두려움을 느끼기 때문이다. 단언컨대, 여기까지 온 당신은 적어도 그들 중 한 명은 아니다.

4부에서는 비행 시뮬레이션에 돌입할 것이다. 당신이 선택한 비즈니스 솔루션을 갖고 타깃 고객을 대상으로 실제적인 검증 과정을 시작한다는 얘기다. 운이 좋으면 그 과정에서 수익이 발생할지도 모른다. 지금 당신도 나만큼 들떠 있기를 바란다. 준비가 되었다면 다음 페이지로 넘어가도 좋다. 그곳에서 다시 만나도록 하자.

비행 시뮬레이션

"직관과 경험은 상품과 비즈니스의 수익성을 예측하는 데 도움이 안 되는 형편없는 지표다.
상업적 실행 가능성을 판단하는 데 필요한 정밀한 지표를 확보하는 방법은 사람들에게
구매 의사가 있는지 묻는 게 아니라, 구매하라고 요구하는 것이다.
후자에 대한 반응만이 중요한 유일한 지표다."

—팀 페리스(Tim Ferriss), 『나는 4시간만 일한다(The 4-Hour Work Week)』

WILL IT
FLY?

15

말 없는 영웅

어릴 때 아폴로 13을 봤던 기억이 있다. 실제로 우주선 아폴로 13호 발사 장면을 봤다는 것이 아니라 1995년에 상영된 톰 행크스(Tom Hanks)와 빌 팩스턴(Bill Paxton), 케빈 베이컨(Kevin Bacon) 등이 출연한 영화를 봤다는 얘기다. 영화가 개봉되던 당시 나는 12살이었다. 그 영화를 두 번이나 본 이후 나는 항상 아폴로 13을 내가 가장 좋아하는 영화 목록의 상위권에 꼽는다.

우주에 대한 동경이 시작된 것도 그때부터였을 것이다. 아직도 몇몇 장면은 생생하게 기억에 남아 있다. 기억 속에 남아 있는 장면은 우주선 내 이산화탄소의 농도가 위험 수준으로 상승하고 있을 때 지상의 우주 비행관제 센터 엔지니어들이 신속하게 해결책을 찾아내던 내용이다.

그들은 우주선 내에서 구할 수 있는 재료들만 사용하는 해결책으로 우주 비행사들의 목숨을 살려 냈다. 우주 비행사들이 가상의 우주 환경을 설정해 놓고 안에 들어가 훈련을 받는 시뮬레이터 말이다. 그들은 시뮬레이션 훈련에서 대개 수차례 실패를 거듭하다가 마침내 적합한 방법을 찾아내곤 했다.

비행 훈련에서 시뮬레이션은 필수적이다. 우주 비행선이든, 747 여객기든 혹은 자가용 비행기든 모두 마찬가지다. 조종사들은 실제로 비행기에 탑승해 조종실로 들어서기에 앞서 비행 시뮬레이터 안에서 무수히 많은 시간을 보내야 한다.

이 장에서 당신은 당신만의 비행 시뮬레이터 안에 들어갈 것이다. 아이디어에 대한 소규모의 검증 및 비준 과정을 거치며 성공 가능성을 가늠해 볼 것이란 얘기다. 그 과정에서 당신은 일부 조정을 가할 수도 있고 접근 방식을 정밀하게 다듬어 나갈 수도 있다. 출범을 위한 카운트다운을 시작하기에 앞서 완벽한 준비를 갖추고 자신감을 끌어올리기 위해서다.

한 가지 참고로, 시장 환경과 잠재적 반응 등을 토대로 성공 가능성을 파악하는 확인 과정에 비준이라는 표현을 쓰는 까닭은 아이디어 입장에서 획득하는, 성공 가능성에 대한 객관적 인정이라는 의미를 부여하기 위해서다.

솔루션에 따라 각기 다른 비준 기법이 적용된다. 이제부터 모두 살펴볼 생각이다. 어떻게 그리고 왜 그것이 적합한지 단계별로 들여

다보기로 하자.

비즈니스의 출범과 전면적인 실행에 앞서 자신의 아이디어에 대한 검증 작업을 실시한 실제 사례도 접하게 될 것이다. 그들은 모두 솔루션을 구축하기도 전에 기꺼이 돈을 지불하는 타깃 고객을 확보했다. 더 이상 지체할 이유가 어디 있겠는가?

이제 시작해 보도록 하자. 비준 원칙에 대해 알아보고 그것이 우리에게 어떻게 작용하는지 살펴보자.

WILL IT
FLY?

16

비준 원칙

"직접 봐야 믿을 수 있지."

내가 어지러운 방을 청소하겠다고 약속할 때마다 어머니가 숨죽여 중얼거리곤 하던 말이다.

어머니께서 나에게 비준에 관한 중요한 교훈을 주셨다는 사실을 그때는 미처 깨닫지 못했다. 누군가 무엇을 하겠다고 말하는 것과 사실상 무엇을 하고 있는가는 완전히 다를 수 있다. 따라서 신뢰를 얻기 위해서는 말만 내세우는 것 이상의 무엇이 필요하다. 비즈니스를 구축할 때 저지를 수 있는 최악의 실수가 있다면 지난 2010년에 내가 저지른 일인 것이다.

두 개의 고급 사양 워드프레스[8] 플러그인을 구축하려 했지만 나는 결과적으로 1만 5000달러의 손실을 낳았을 뿐이다.

당시 나는 모든 일을 비밀리에 진행했다. 비즈니스 아이디어를 사방팔방 떠벌리고 다닐 필요가 없다고 생각했기 때문이다. 하지만 앞의 개발 실험실을 통해 숙지한 바와 같이 향후 계획에 대해 소수의 몇몇 사람과 논의하는 일은 반드시 필요하다.

그때 누군가가 나에게 그런 조언을 해 주었더라면 내가 잘못된 방향으로 돌진하고 있으며 쓸데없는 곳에 비용을 소진하고 있다는 사실을 금방 알아차렸을 것이다.

이에 버금가는 최악의 실수는 구매하거나 이용할 의사가 있다는 누군가의 말만 믿고 비즈니스를 구축하는 일이다. 어머니의 교훈에서 알 수 있듯이, 말과 행동은 완전히 다른 것이다.

기업가의 세계에서는 타인의 말을 들어야 할 때 반드시 유념해야 할 사항이 있다.

"타인의 말에 귀를 기울이되 객관적인 숫자를 신뢰하라."

무언가를 말하는 것은 쉽다. 하지만 행동으로 말하면 훨씬 더 큰 의미를 갖는 법이다.

비즈니스 아이디어의 추진에 확신을 갖기 위해 당신에게 필요한 것은 나서서 실제 행동으로 옮겨 줄 사람들이다. 행동의 수준은 다

---

8 WordPres 콘텐츠 제작 및 관리를 위한 무료 소프트웨어

양하다. 그리고 각기 다른 정도의 신뢰도와 비준 절차를 수반하기 마련이다. 중요한 것은 말만 내세우기를 중단하고 행동으로 나서 줄 사람들이다.

비즈니스의 구축에 앞서 진행하는 사전 비준이란 새로운 것이 아니다. 그러나 그것을 지도상에 처음으로 적용한 사람이 있다.

베스트셀러『나는 4시간만 일한다』의 저자 팀 페리스는 그 책의 뮤즈 테스트(Testing the Muse) 섹션에서 다음과 같이 사전 비준의 한 가지 전략을 소개한다. 그는 두 가지의 가상 비즈니스 및 제품을 설정하고 검증을 실시했다. 상품은 요가 수련법 DVD와 프랑스 세일러 셔츠(Sailor Shirts)였다.

팀은 비준의 방법으로 구글의 광고 플랫폼인 애드워즈를 이용했다. 실제로 이들 가상의 상품에 관한 광고를 게재한 후 수요가 있는지 알아보는 방법으로 관심도를 측정한 것이다. 광고를 본 사용자는 상품 설명 페이지를 검색한 후 지금 구매 버튼을 실행하여 상품을 구매하게 된다.

물론 가상의 상품이므로 구매 버튼을 누르면 곧바로 매진이라는 메시지가 나오도록 설정되어 있다. 웹상에 남긴 사용자의 모든 흔적은 추적이 가능하기 때문에 실제로 그 상품을 구매할 의사가 있었는지 그렇지 않았는지 확인하는 일은 어렵지 않았다.

상당수의 사람들이 팀의 가르침에 따라 나름의 뮤즈 테스트 작업을 시도했다. 마찬가지로 이 책에 소개된 비준 전략을 활용해 당신 나름의 사전 검증 작업을 시도하도록 돕는 것이 나의 목표이다.

시작에 앞서, 짚고 넘어가야 할 한 가지 질문이 있다.

"비즈니스 아이디어의 성공 가능성을 100퍼센트 확신할 수 있는 방법이 있는가?"

솔직히 말해 그런 것은 존재하지 않는다. 실제로 비즈니스를 구축하고 직접 운영해 보지 않는 이상 어떤 것도 미리 확신할 수 없기 때문이다. 비즈니스의 구축 시점에서부터 실행에 이르는 과정에는 수많은 요인이 수반된다. 비준 과정을 통과한 훌륭한 아이디어일지라도 성공을 위해서는 뛰어난 실행 능력이 필요하다.

"우리가 여기서 수행할 작업은 당신의 아이디어의 성공 가능성을 확인하는 것이다."

성공 가능성의 확인은 소규모 검증 작업을 전면적 사업 추진의 단계로 신속하게 격상시킬 수 있는 엄청난 자각이자 결정적인 동기부여 요인이 된다.

이 책을 읽는 동안 당신은 반복되는 과정을 거쳐 왔다. 각 단계별로 아이디어의 평가 작업을 수행하고 계속 진행할 것인지 아니면 이전 과정을 반복하여 다시 시도할 것인지 의도적인 결정을 내리면서 말이다. 각 단계를 완수할 때마다 당신의 작업 결과에 대한 신뢰역시 쌓였을 것이다.

비준 단계는 그런 전반적인 과정의 일부다. 여기서도 실행과 평가, 의사 결정 등의 행위가 이루어질 것이다. 아이디어에 대한 비준 작업이 완료되고 타깃 고객의 구매 행위로 이어진다는 것이 판명되면 다음 단계인 비즈니스의 구축으로 넘어가면 된다.

우리가 대답을 제시해야 할 질문은 이것이다.

"비준의 범위 내에서 성공은 어떻게 규정해야 하는가?"

어떤 검증이든 그 목적은 단순하지만 매우 중요한 질문에 대한 해답을 찾는 것이다.

"아이디어가 먹힐까?"

아이디어가 먹히든 먹히지 않든 성공적인 비준 과정은 특정 상황이 특정 방식으로 발생한 이유를 이해할 수 있도록 돕는다. 그런 지식으로 인해 당신의 궁극적인 목표에 보다 가까이 다가설 수 있을 것이다. 비준 작업은 결국 다음과 같은 다양한 부수적 혜택을 안겨주며 당신이 보다 영리한 기업가로 변모하도록 돕는다.

1. 사람들이 취하는 행동으로부터 매우 유용한 피드백을 얻을 수 있다.

비록 실패하더라도, 사전 영업을 통해 단 한 건의 매출을 올리지 못하더라도 당신에게는 향후 어떤 방향으로 나아가야 할 것인가에 대한 (혹은 중단할 것인가에 대한) 명확한 지침이 주어진다. 잘못된 부분을 재평가하고 제대로 작동할 때까지 수정할 수 있다. '만들어 놓기만 하면 사람들이 모여들 것이다.'라고 생각하던 시대는 이미 지났다.

꿈같은 얘기이며 허구에 가깝다. 기업가이자 대중 연설가이며 동시에 디지털 마케터인 그랜트 볼드윈(Grant Baldwin, GRANTBALDWIN. COM)은 내 블로그를 통해 비준 과정의 중요성과 초기부터 고객을 포함시키는 작업이 왜 중요한가에 관해 이렇게 설명했다.

> "비즈니스 구축의 일반적 유형은 아이디어를 도출하고 (중략) 후미진 작업실에서 상품을 만들고 (중략) 다시 세상으로 나와서는 (중략) 내가 이 상품을 만들었다고 크게 떠들고 (중략) 다행히 예상이 들어맞아 실제로 사람들이 돈을 쓰기 시작하기를 바라며 기다리는 것이었습니다. 이런 방식이 통할 때도 있습니다. 하지만 회복 불능에 가까운 커다란 실패로 이어질 때도 있습니다. 사전에 막을 수도 있었던 실패로 말입니다. 초기 단계에서부터 고객이 참여하는 검증 과정을 거친다면 진짜 고객들로부터 실제적인 피드백을 얻을 수 있고 그들이 구매할 것으로 생각되는 상품이 아니라 실제로 그들이 원하는 상품을 만들어 낼 수 있습니다."

2. 무언가를 판매하는 과정을 일찍 경험할 수 있다.

상품에 대한 비준을 위해 사전 영업을 진행하는 것은 향후, 보다 크고 보다 수익성 높은 비즈니스의 출범을 준비하는 더없이 훌륭한 훈련 방법이다. 일단 일이 돌아가기 시작하면 추진력이 쌓이기 마련이고 더불어 판매에 필요한 자신감도 축적될 수 있다.

어느 경우든 성공적 영업의 핵심 요인은 자신감이다. 비즈니스의 출범과 상품에 대한 확신이 없으면 영업 활동에서도 자신감 부족을 드러낼 가능성이 높다. 결과적으로 구매자의 신뢰도 또한 감소할 것이다. 자신이 하는 일에 스스로 믿음을 가져야 한다. 그렇지 않으면 누구도 당신을 신뢰하지 않을 것이다. 비즈니스 구축 이전에라도 몇 건의 판매를 성사시키면 당신의 자신감은 급격히 상승할 것이다.

3. 선불을 챙길 수도 있다.

무언가에 대한 대가로 현금을 미리 받는 것은 분명 기분 좋은 일이다. 잠재적 비즈니스에서 수익이 창출되기 시작하면 그렇게 벌어들인 현금으로 개발 비용을 충당할 수도 있다. 실패할 것이라고 말하던 사람들을 납득시키는 데도 큰 도움이 될 것이다. 돈이 들어오는 걸 보면 누구든 당신을 지원하는 입장으로 돌아설 것이라는 뜻이다.

주의: 당신이 하는 일을 신뢰하지 않는 사람들의 생각을 바꾸기 위해 노력하는 것은 때로 시도할 가치가 없는 일에 속한다. 이 경우 결과로 입증하는 수밖에 없다. 당신과 뜻을 함께하는 사람들을 가까이하고 그들의 지원을 얻도록 하라. 그들은 당신의 사기를 북돋아 주며 적절한 책임감을 갖도록 돕는다.

4. 끝까지 노력하여 완수하도록 동기를 부여할 것이다.

당신이 제공하고자 하는 것에 대한 사람들의 실제적 관심을 확인하는 것보다 더 확실한 추진 동력이 되는 것은 없다. 더욱이 그것이 만들어지기도 전에 기꺼이 돈을 지불하는 사람들이 있다면 더욱 그럴 것이다. 그것은 당신이 약속을 이행하기 위해 필요한 작업에 매진하도록 만드는 동기부여 요인의 실제적 증거다.

기업가들이 직면하는 힘든 상황 중 일부는 X만큼의 시간을 투입했으니 X만큼의 수익을 얻는 것이 당연하다는 사고방식에 익숙해지는 것이다. 열심히 일하지만 아무런 대가도 주어지지 않을 때 우리는 목적을 상실하고 정신적 동요를 일으킨다.

돈이 들어올 가능성이 보이지 않으면 얼마나 큰 걱정에 빠지겠는가? 하지만 생각해 보라. 상품이나 서비스에 대한 비준 과정을 거치며 얼마간의 수익도 발생시킨다면 얼마나 놀라운 수준의 의욕이 생성되겠는가? 사전 영업 활동을 통한 매출 달성의 결과로 당신이 얻는 것은 현금뿐만이 아니다. 구매 비용을 선불로 지불한다는 것은 그만큼 당신을 신뢰한다는 뜻이고, 이는 다시 커다란 동기부여로 이어진다. 당신은 결코 그들을 실망시키고 싶지 않을 것이기에 그렇다.

이제 비준 작업이 어떻게 이루어지는지 확인해 볼 준비가 되었는가? 바로 시작해 보도록 하자.

WILL IT
FLY?

17

비준 방법

전술한 바와 같이, 비준은 누군가의 말을 근거로 삼지 않는다. 당신이 만들어 낼 상품을 구매할 것이다, 좋아한다, 읽을 것이다, 소비할 것이다, 보거나 들을 것이다, 라는 사람들이 취하는 특정 행위에 근거한다는 뜻이다. 비준의 기본 공식은 아래 각 단계별 과정을 순차적으로 밟는 것이다.

- 1단계: 타깃 고객 접촉
- 2단계: 타깃 최적화
- 3단계: 솔루션에 대한 상호작용 및 공유
- 4단계: 거래 요청

각 구성 요소는 비준 과정에서 특정 역할을 담당한다. 각 구성 요소를 규정한 다음 하나로 합쳐 보도록 하자. 4단계로 구분하긴 했지만 비준 작업이 엄청난 노력을 필요로 한다는 사실을 도외시하고 싶은 마음은 없다. 실로 많은 노력이 투입되어야 한다.

하지만 당신이 여기까지 온 이유도 바로 그것이 아니던가? 당신은 공상에 머물러 있으면서 무슨 일이 일어나 주기만을 바라는 사람이 아니지 않는가? 당신은 상상을 현실로 만드는 사람이다. 이제 시작해 보도록 하자.

1단계: 타깃 고객 접촉

목표 시장 내의 고객에게 접근해야 한다. 고객에게 접근할 수 없다면 비준 과정은 시작도 할 수 없다. 대개의 경우, 비준 과정에서 어려움을 겪는 지점도 바로 여기다.

지금까지 내가 경험한 비준 방법 대다수는 특정 솔루션에 대한 고객의 호응도를 측정하는 데 도움이 되는 아주 매력적인 기법들이었다. 그러나 그중 어떤 것도 어떻게 하면 고객에게 접근할 수 있는가의 문제는 해결해 주지 못했다. 팔로워 혹은 이메일 목록을 이미 보유하고 있다는 가정하에 작동되는 기법들이 대부분이기 때문이다. 불행히도 그런 것을 확보하지 못한 나머지는 앞이 캄캄할 수밖에 없다.

이미 고객을 확보했거나 팔로워를 거느리고 있다면 그보다 멋진 일은 없다! 바로 다음 단계로 넘어갈 준비가 갖추어진 셈이다. 플랫폼의 규모가 크든 작든 그것은 문제가 되지 않는다.

고객 명단이 없더라도 걱정할 필요는 없다. 당신이 필요로 하는 고객 명단은 반드시 이미 보유하거나 직접 구축해야 하는 것이 아니기에 하는 말이다. 고객에게 접근할 수만 있으면 되는 일 아닌가? 접근 방법에는 여러 가지가 있다.

타깃 광고

광고 게재를 통해 목표 시장의 전면으로 나서서 당신이 제공하고자 하는 것에 대한 고객의 관심도를 측정해 보는 방법이다. 여기에 이용할 수 있는 플랫폼에는 다양한 종류가 있다. 팀 페리스의 『나는 4시간만 일한다』에서 언급된 방법은 구글의 애드워즈다. 페이스북이나 트위터 등의 플랫폼 또한 광고의 소비자가 될 타깃 고객을 파악할 수 있는 수단이다.

물론 광고에는 비용이 수반된다. 광고비를 결정하는 요소에는 여러 가지가 있지만 거의 대부분 광고를 클릭하는 횟수를 근거로 비용을 부과하는 방법을 적용한다. 아무도 클릭하지 않는다면 광고비를 지불할 필요가 없다는 말이다. 그와 동시에, 누구도 광고에 관심을 기울이지 않는다는 사실을 확인하는 셈이 되기도 한다.

광고를 클릭하는 사람이 아무도 없다면 당신의 아이디어가 제대로 작용하지 않는다는 의미일까? 반드시 그런 것은 아니다. 단순히 광고에 문제가 있는 것일 수도 있다. 클릭 횟수에 근거한 비용 부과 방법의 잠재적 문제점이기도 하다. 광고 자체가 호감을 유발하지 못하거나 의미를 제대로 전달하지 못해 결과적으로 아이디어의 성공 가능성을 오판할 수도 있다는 얘기다.

광고가 효과를 거두었다면 좋은 징조다. 만족스러운 클릭 회수를 기록한 광고에 대해서는 거기에 사용한 언어를 기록해 두라. 효과가 입증되었으니까 말이다.

광고에 대한 반응이 좋다고 해서 당신의 아이디어에 대한 비준이 끝난 것일까? 아직은 아니다. 왜냐하면 그것은 해당 광고가 성공적이었다는 사실을 보여 주는 것에 불과하기 때문이다. 진정한 비준은 아직 이뤄지지 않은 상태다. 지금은 고객과의 접촉 방법에 대해 좀 더 살펴보도록 하자. 아직 타깃 고객을 확보하지 못했거나 이미 확보한 타깃 고객의 범위를 확장하고 싶다면 말이다.

광고를 클릭하면 어디로 연결되는가? 랜딩 페이지나 설문 조사 사이트, 웨비나[9]의 등록 페이지 등 다양한 곳으로 연결될 수 있다. 이에 대해서는 비준 방법의 2단계에서 보다 자세히 다룰 것이다. 지금은 고객과 접촉할 수 있는 또 다른 방법에 대해 계속 살펴보도록 하자.

---

9 **Webianr** 웹(Web)과 세미나(Seminar)의 합성어 – 옮긴이

맞춤형 타깃 광고

아직도 광고에 대해 얘기하고 있으니 아무래도 광고비를 지출하게 될 확률이 높다는 의미일 것이다. 이왕 비용을 지출할 것이라면 구글이나 페이스북, 트위터 등에 올리는 수동적 광고 대신 당신이 원하는 타깃 고객이 존재하는 특정 웹사이트에 능동적으로 광고를 게재하는 방법은 어떤가?

이 경우, 웹사이트의 운영자와 직접적으로 광고 계약을 체결하게 된다. 창의성을 발휘할 수 있는 여지가 훨씬 많아진다는 의미다. 배너 광고가 될 수도 있고 이메일 혹은 블로그나 소셜 미디어의 게시물 내에 언급하는 형태의 광고가 될 수도 있다. 당신이 생각해 낼 수 있는 어떤 방법이든 적용할 수 있고 여러 가지 방법을 한꺼번에 적용할 수도 있다.

요컨대, 기존 고객을 확보하고 있는 웹사이트에 당신의 아이디어를 노출시키는 것이 핵심이다. 당신의 광고 혹은 그것이 포함된 게시물은 이미 인지도를 획득한 웹사이트를 통해 고객에게 전달될 것이므로 그 결과물에 대한 신뢰도가 상당히 높을 것이다.

그렇다면 이런 웹사이트 혹은 웹사이트의 운영자는 어디서 찾을 수 있는가? 다행히도 우리에게는 장소와 종사자의 목록이 있지 않은가? 앞서 12장에서 작성한 시장 지도 말이다!

아직 시도하지 않았다면 그들과 진솔한 대화를 시작하고 실제적 관계를 구축하는 작업을 당장 개시하기 바란다. 그런 다음 그들의 웹사이트에 당신의 광고 게재를 타진하면 된다. 광고 게재에 관한 대화가 시작되었다면 당신의 의도를 매우 솔직하게 밝히기를 권한다.

전과 마찬가지로, 고객이 광고를 통해 당신이 의도하는 행위를 취한다면 더없이 좋은 일이지만 그것이 전부는 아니다. 정작 중요한 것은 그다음 단계일 것이다. 그러나 지금은 적어도 메시지 전달에 성공했다는 사실은 입증된 셈이다. 혹시 전환율이 오르지 않는다 해도 그것이 곧 솔루션이 틀렸다는 의미는 아니다. 단지 해당 광고가 어떻게 받아들여지는가의 문제일 뿐이다. 필요하다면 손쉽게 수정할 수 있다.

방문자 게시물

방문자 게시물이란 다른 웹사이트에 방문자로서 게시물을 작성해 올리는 것이다. 이것은 광고를 하지 않고 웹사이트 운영자의 지원하에 가치를 제공하는 글을 올려 당신과 접촉하는 고객들과 관계 구축을 시작할 수 있다는 점에서 비준 과정을 시작하는 매우 강력한 수단이 될 수 있다. 그런 고객들은 당신이 제공할 또 다른 가치에 관심을 보이게 될 것이다.

방문자 게시물을 활용하는 데에는 비용이 발생하지 않는다. 그러나 방문하고자 하는 웹사이트 운영자와 모종의 관계를 구축하는 과정을 필요로 한다. 이전 사례와 마찬가지로 시장 지도를 활용해 목표로 삼을 웹사이트를 정한 다음 해당 웹사이트에 게재할 기사의 종류를 결정하면 된다.

포럼

시장 지도를 작성할 때 검색해 둔 포럼을 기억하는가? 포럼은 당신의 타깃 고객이 이미 존재하는 곳이다. 포럼은 타깃 고객과의 접촉 기회를 제공하는 동시에 진입 장벽 또한 매우 낮다는 장점이 따른다. 방문자 게시물 등록을 위해 웹사이트 운영자를 상대하는 대신 포럼에 가입한 후 자유롭게 게시물을 등록하는 편이 간단할 수도 있다.

그렇더라도 방문자로서 포럼 참여자들의 대대적인 행동 개시를 종용하는 것 같은 첫인상을 주는 경우 그들로부터 따뜻한 환대를 기대하기는 어렵다. 온라인이든 오프라인이든 상관없이 자신들만의 공간에 대해 방어적 자세를 취하는 것이 공동체의 속성이다. 서두르지 말고 참가자들과 교감을 형성하는 과정이 필요하다. 당신이 공동체에 득이 될 만한 가치를 제공할 수 있다는 점을 보여 줄 필요가 있다.

데이터베이스에서 두세 개의 포럼을 선정한 후 적어도 일주일 정도는 의미 있는 정보를 제공하도록 하라. 대가를 요구하기 전에 그들의 질의 사항에 성실히 답변하는 것이 우선이다. 그 과정에서 당신은 보다 심도 있는 시장 조사를 진행할 수도 있고 일대일 대화를 시작하기에 적당한 상대를 선별할 수도 있을 것이다.

그룹

포럼과 유사하게, 당신의 목표 시장과 관련된 페이스북, 링크드인 등의 소셜 미디어에는 무수히 많은 그룹이 존재한다. 소셜 미디어 그룹은 포럼과 비슷한 방식으로 접근할 수 있다. 그들은 기존 공동체이다. 새롭게 등장한 신규 가입자가 기존의 다른 사용자들에게 무언가를 요구해서는 절대 안 된다. 그룹에서는 대화에 참여하고 관계를 형성하는 과정을 통해 자연스럽게 인지도를 획득하고 어떤 식으로든 그들의 행위를 요청할 수 있는 권한을 얻어 내는 것이 좋다.

3~5개 정도의 그룹을 선정하고 일주일 정도는 매일같이 대화에 참여할 것을 권한다. 그들로부터 어떤 것도 바라지 않으면서 말이다. 그룹과 연관이 있는 주제를 함께 공유하고 게시물을 올릴 때는 반드시 가치를 제공해야 한다. 그렇게 하면 그룹의 구성원들이 당신의 존재를 인식하게 될 것이고 자연스럽게 신뢰가 구축될 것이다.

내가 관리하는 페이스북 그룹 내에서도 다른 구성원들에게 가치를 제공함으로써 단계를 밟아 올라온 사람들을 어렵지 않게 찾을 수 있다. 그들 중 상당수는 구성원 간의 대화를 관리하고 스팸을 차단하는 그룹의 운영자로 활동하고 있다.

포스터 이동 공식

LEED 시험 웹사이트 출범 당시 내가 직접 경험한 내용이다. 비즈니스를 시작할 무렵 등록했던 인터넷 비즈니스 아카데미(Internet Business Mastery Academy) 동호회에 나의 웹사이트 출범 소식을 알렸다. 사이트의 운영자인 제레미 프랜드슨(Jeremy Frandsen)과 제이슨 밴 오든(Jason Van Orden)은 나의 웹사이트 구축 및 출범 과정을 사례연구 자료로 만들었고 동영상도 제작했다. 그리고 이메일 주소록에 있는 고객 전체와 공유했다.

당신에게는 이미 웹사이트 및 영향력 행사자 목록이 있다. 따라서 얼마나 영리하게 대상을 선정하고 성과를 얻은 후엔 무엇을 그와 공유할 수 있는지 결정할 문제일 뿐이다. 그들의 웹사이트 각각을 모두 둘러보고 어느 것이 어떤 식으로 자신의 회원들을 돋보이게 하는지 먼저 확인해 보길 바란다.

이것은 아직 고객과의 접촉 방법을 마련하지 못한 경우 이용할 수 있는 방법에 속한다. 아직 팔로워를 확보하지 못했더라도 더 이상의 변명거리는 찾을 수 없을 것이다. 고객과의 접촉에 성공한 이후에 해야 할 일에 대해서는 잠시 후에 살펴본다. 지금은 고객 접촉 전략에 대해 좀 더 들여다보도록 하자. 선택할 항목이 많은 메뉴를 갖출수록 당신의 구미에 맞는 전략을 찾아낼 가능성이 높아지지 않겠는가?

오프라인 고객

타깃 고객들이 참석하는 콘퍼런스에 강연자로 나선다면 타깃 고객과 직접적인 대화를 시작할 수 있을 뿐만 아니라 목표 시장 내에서 인지도를 구축할 수 있다. 나는 처음 강연을 시작할 때 보수를 받지 않았다. 강연료를 받는 전문가로 나서기 전에 경험을 쌓기 위해서였다. 당시 나에게 강연의 기회는 고객들로 하여금 내가 누구인지, 내가 무엇을 제공할 수 있는지에 대해 관심을 가질 수 있도록 만드는 수단이었다.

물론 강연자로 무대에 올랐을 때에는 목표 시장과 연관성이 있고 가치를 제공할 수 있는 무엇을 전달해야 했지만, 그것이 훌륭한 실전 연습이었던 것만은 분명하다. 더 나아가, 강연의 무대가 곧 당신이 목표로 삼은 시장이라는 사실을 인지한 상황인 만큼 제시하는 솔루션이 무엇이든 당신은 궁극적인 이득을 취할 수 있다.

아무도 당신이 누구인지 알지 못한다면 어떻게 강연의 기회를 얻을 수 있을까? 콘퍼런스의 성격에 따라 다르지만 대개의 경우 지원 신청을 받는다. 괜찮은 아이디어를 제시한다면 분명 기회가 주어질 것이다. 나라면 주저 없이 주최 측에 직접 나를 소개하고 강연 의사가 있음을 밝힐 것이다.

내가 강연 기회를 얻기 위해 노력할 때는 그와 같은 행사에 참여하는 다른 강연자들과의 인적 네트워크를 통해 기회가 주어진 경우가 많았다. 여건이 허락한다면 이미 보유하고 있는 네트워크를 활용하는 것도 방법이 될 것이다. 또한 패널로 참여하거나 다양한 분야의 강연자들로 구성된 패널을 주도적으로 구성하여 타깃 고객이 관심을 가질 만한 특정 주제에 대한 토론회를 여는 것도 고려해볼 만하다. 더 많이 발언할수록 더 많은 강연 기회가 주어질 것이고 그것은 곧 당신이 타깃 고객과 접촉하여 그들로 하여금 당신에 대해 더 많은 것을 학습하도록 만드는 훌륭한 수단이 되어 줄 것이다.

어떤 이유에서건 강연의 기회를 좀처럼 얻기 힘들다면 강연장 밖에서 타깃 고객과 직접 대면 접촉을 시도하는 방법도 있다. 대개 콘퍼런스에서는 인적 네트워크 형성을 위한 별도의 일정을 마련해 놓으니까 말이다. 이제 당신은 당신의 아이디어를 공유하는 것이 얼마나 중요한 것인지 감지하였을 것이다. 콘퍼런스와 같은 대규모 행사장에서 타깃 고객과 직접 접촉할 수 있는 기회를 갖는 것은 여러모로 크게 도움이 될 것이다.

지금까지 소개한 전략들은 비즈니스 구축 이후 운영 과정에서도 활용도가 높다는 사실을 감지하였으리라 믿는다. 나중을 위해 반드시 염두에 두어야 할 것들이다. 그러나 지금은 아이디어의 비준을 시작하는 단계이다. 따라서 이들 전략의 목적은 당신의 비즈니스 솔루션과 연관된 쟁점들을 검토하기 위해 타깃 고객과의 접촉을 지원하는 데 있다.

물론 당신이 이미 보유하고 있는 블로그나 팟캐스트, 동영상 채널 등의 플랫폼을 활용하여 서서히 고객층을 확보하고 인지도를 쌓아 나갈 수도 있다. 그러나 위의 전략들을 활용한다면 보다 빨리 견인력을 획득하고 아이디어의 성공 가능성을 보다 빨리 판단할 수 있을 것이다.

여기에서 내가 소개하는 비준 절차는 매우 반복적이다. 간단하지만 각 단계가 그 자체로 비준을 위한 판단 기점이 되도록 나뉘어져 있다는 의미다. 예를 들어, 첫 번째 단계는 타깃 고객과의 접촉 가능 여부를 비준하는 과정이다. 그다음 단계들은 첫 번째 단계가 완료되기 전까지는 아무런 의미가 없다. 따라서 다음 단계로 넘어가 절차를 진행하기에 앞서 첫 번째 단계에 집중할 수 있다. 만약 이 단계에서 제대로 된 결과가 도출되지 않는다면 그 이유를 파악한 다음 제대로 될 때까지 과정을 반복하면 된다.

비준 방법의 2단계로 넘어가기 전에 살펴볼 부분이 남았다. 최근들어 아이디어의 성공 가능성을 비준하고 비즈니스 구축 이전에 수익 창출을 실현하는 데 널리 활용되고 있는 방법이다.

크라우드펀딩 플랫폼

———

크라우드펀딩은 출범이 임박한 프로젝트를 사용자들이 존재하는 시장에 공개하고 사용자들은 프로젝트에 관심이 있을 경우 프로젝트의 구축 이후에 다양한 보상을 약속받는 조건으로 사전 작업에 소요되는 비용의 일부를 지원한다. 보다 많은 사람이 비용 지원에 동의할수록 향후 보상이나 선물도 커지는 것이 일반적이다.

킥스타터(KICKSTARTER.COM)와 인디고고(INDIEGOGO.COM) 같은 플랫폼은 최근 수년 간 엄청난 인기를 끌고 있다. 현재 수만 개의 프로젝트와 아이디어가 비즈니스 구축에 소요되는 자금의 조달을 기대하며 사이트에 게재되어 있다. 이런 플랫폼을 통해 자금을 조달하여 창업에 성공한 기업이 아주 많다. 크라우드펀딩을 여기에 포함시킨 이유는 이 역시 고객과 접촉하고 비즈니스 아이디어에 대한 비준을 얻는 한 가지 방법이기 때문이다. 기존 팔로워가 없을 경우에 특히 유용하다.

아이디어의 비준을 위해 크라우드펀딩 플랫폼을 활용하는 경우의 혜택을 들면 아래와 같다.

- 플랫폼에 이미 존재하는 고객에게 노출될 수 있는 기회가 주어진다.
- 고객이 플랫폼을 통해 사전 지불에 동의하고 주문을 예약하는 행위에 거부감을 느끼지 않는, 신뢰받는 시장이다.

- 플랫폼을 통해 프로젝트에 대해 고객들과 소통할 수 있고 펀딩 기간이 종료된 이후에도 프로젝트 구축 및 기타 소식을 지속적으로 전달할 수 있다.
- 팔로워를 모을 수 있는 시발점이 된다.
- 상당한 규모의 수입 창출이 가능하며, 목표를 초과하는 펀딩 또한 가능하다.

꿈이 실현되는 것처럼 들릴 것이다. 어쩌면 "이런 방법을 놔두고 지금까지 시간 낭비를 하고 있었던 것인가? 당장 킥스타터에 아이디어를 게재하고 비준을 얻으면 되지 않겠는가?"라고 생각할지도 모른다. 그렇게 하면 안 되는 이유는 다음과 같다.

- 모든 크라우드펀딩 플랫폼은 당신이 조성하는 자금에서 일정 부분을 취한다.

그것이 그들의 생존 방식이다. 서비스에 대한 대가를 지불하는 것이니 나쁘다고 볼 수만은 없다. 그러나 그 외에도 고려해야 할 부분이 많이 남아 있다.

- 꽤 괜찮은 캠페인 페이지 제작을 필요로 한다.

꽤 괜찮은 캠페인 페이지는 곧 고품질의 동영상과 우수한 광고문구, 자금 지원에 대한 설득력 있는 보상 등을 의미한다. 이런 것들은 하루아침에 뚝딱 만들어지는 것이 아니다. 캠페인 페이지는 상품의 품질을 반영하는 것으로 인식된다. 따라서 이런 유형의 플랫폼 활용을 비즌 전략에 포함시키는 것은 실패 요인을 추가하는 것과도 같다. 캠페인 효과가 지지부진할 경우 그 원인이 상품의 문제 때문인지 캠페인 자체의 문제인지 파악하기 어렵기 때문이다.

• 약속한 보상을 제공하는 데 엄청난 자원이 투입된다.

펀딩 과정에서 고객에게 보상으로 약속한 내용의 이행을 돕는 별도의 업체들이 생겨났을 정도이다. 그만큼 별도의 노력과 시간이 들어간다는 의미다. 정작 공을 쏟아야 할 비즈니스는 따로 있는데 말이다. 예를 들어, 50달러를 지원하는 데 동의한 고객들에게 티셔츠를 나누어 주기로 약속했다고 가정해 보자. 티셔츠 제작을 담당할 업체는 준비되어 있는가? 디자인은 어떻게 할 것인가? 게다가 사이즈도 한둘이 아니고 배송 문제도 고려해야 한다. 결코 간단한 문제가 아니다. 이 방법을 이제야 소개한 이유도 바로 그것이다.

그리고 가장 큰 문제점은 바로 이것이다.

• 더 이상 완벽히 통제 가능한 소규모 실험이 아니다.

당신이 감당할 수 없을 정도로 판이 커질 수 있는 잠재력을 내포하고 있다는 얘기다. 만약 당신의 목적이 순수하게 아이디어에 대한 비즌이라면 이 책에서 소개하는 방법을 활용하여 소규모로 시작할 것을 권하는 바이다. 그렇게 해서 확인이 되었다면, 다시 말해 당신은 물론 당신의 비즈니스에도 긍정적인 결과를 얻었다면 킥스타터나 유사한 플랫폼을 활용해 전면적인 시행에 돌입하고 비즈니스의 확장과 보다 신속한 성장을 가능케 하는 자금 조달에 나서도 늦지 않을 것이다.

그때쯤이면 이미 유료 고객이 확보되어 있을 것이고, 유경험자의 추천을 받을 수 있으니 우수한 품질의 홍보 동영상 또한 제작할 수 있을 것이다. 또한 최고 고객들로부터 피드백을 접수할 시간적 여유를 확보할 수 있기 때문에 상품의 품질도 한층 나아질 수 있다. 만약 크라우드펀딩 플랫폼의 캠페인 페이지가 효과를 거두지 못하더라도 그 원인이 고객이 원하는 상품이 아니기 때문은 아니라는 사실을 간파할 수 있을 것이다.

이제 다음 단계로 넘어가도록 하자.

어떤 방법을 선택했든 고객과의 접촉에 성공했다면 다음 단계는 접촉한 고객들에게 손을 들라고 요구하는 것이다.

2단계: 타깃 최적화(일명 손을 들라고 유구하기)

1단계에서 소개한 전략들 중 하나를 사용했든, 아니면 이미 확보하고 있던 기존 고객 명단을 활용했든, 고객과의 접촉에 성공했다면 비준 절차의 다음 단계는 일명 타깃 최적화이다. 이것은 광범위한 타깃 시장에 산재한 고객들 중 당신이 제공하는 특정 솔루션을 원하거나 필요로 하는 사람이 스스로 의사표시를 하도록 유도하는 것을 의미한다.

나는 타깃 고객들 가운데 일정 수의 사람들로 하여금 손을 들도록 만든다는 은유적 표현으로 설명하고자 한다.

왜 손들기일까? 손을 드는 행위는 간단하다. 에너지를 소모하는 일도 아니다. 그러나 많은 의미를 내포한다.

손을 드는 행위는 "저요!" 또는 "예!"라고 반응하는 것과 같다. 대다수의 강연자가 청중에게 질문을 던질 때 "손 들어 보세요." 혹은 "만약 ~라면 손을 들어 주세요."라는 문구를 앞세운다. 신속하고 간편하게 청중의 반응을 검토하고 청중에게 부담을 주지 않으면서 특정 그룹을 파악하기 위해 동원하는 방법이다.

이 방법을 사용함으로써 당신은 다음 단계의 타깃 고객이 될 특정 그룹의 선별 작업을 시작할 수 있다. 일반 타깃 고객의 100퍼센트가 당신의 솔루션에 온전히 관심을 보일 가능성은 거의 없다. 따라서 당신이 제시할 솔루션에 가장 적합한 고객들을 선별하여 비준 절차를 진행하는 것은 무엇보다 중요하다.

예를 들어, 당신의 타깃 고객이 제물낚시를 하는 사람이라고 가정해 보자. 그리고 당신이 제공할 상품은 초보자를 위한 것이다. 제물낚시를 즐기는 사람 모두가 당신의 특정 솔루션에 관심을 보일 리 만무하지 않겠는가? 당신의 아이디어에 대한 적합한 비준 절차를 진행하기 위해서는 적어도 초보 제물낚시꾼을 선별하는 작업이 필수적이다. 당신의 아이디어가 어떤 것이냐에 따라 검색 범위를 더욱 좁혀 들어가야 할 수도 있다. 당신의 솔루션이 처음 낚시 장비를 갖추는 사람들을 돕는 것이라면 당신은 낚시꾼 중에서도 초보자, 그중에서도 아직 장비를 구비하지 않은 사람들을 선별해 낼 필요가 있는 것이다.

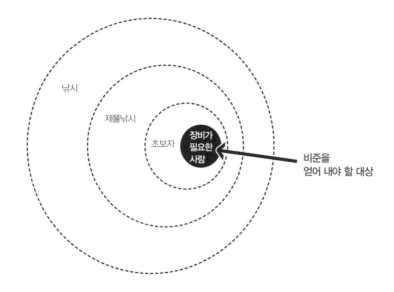

낚시

제물낚시

초보자

장비가
필요한
사람

비준을
얻어 내야 할 대상

손들기를 유도해야 할 특정 부류의 고객을 선별하는 구체적 방법을 살펴보기에 앞서, 아직은 당신이 제시할 솔루션을 완전히 공개할 시점이 아니라는 점을 염두에 두도록 하자. 모든 고객에게 당신의 솔루션에 관심이 있는지 물어본다면 십중팔구 "아니요."라는 반응이 적지 않을 것이다. 모든 고객이 당신의 솔루션을 필요로 하지는 않을 것이기 때문이다.

선별 과정을 통해 그런 고객을 걸러 내는 작업이 중요한 이유도 바로 그것이다. 선별 과정은 그것이 유용하다고 생각하는 고객들에게만 솔루션을 공개할 수 있도록 만들어 줄 것이다.

더구나 앞서 언급한 바와 같이, 우리는 지금 비준 절차를 나누어 각 단계별로 무슨 일이 일어나는지 이해해 나가는 중이다.

만약 모든 고객에게 솔루션을 공개하여 부정적인 결과를 얻는다면 그 원인이 고객들의 관심이 없어서인지 아니면 당신의 솔루션을 필요로 하는 특정 고객이 거기에 없었기 때문인지 파악할 수 없을 것이다. 먼저 당신의 솔루션을 필요로 하는 특정 타깃 고객의 존재 여부부터 확인한 후 다음 단계로 넘어가야 한다.

손을 들고 관심을 표명하는 특정 고객 부류를 선별하려면 우선 그들로부터 "예." 혹은 "저요."라는 반응을 이끌어 낼 수 있는 질문이나 연관성 높은 시나리오를 제안해야 한다. 이것은 당신이 지금부터 구축해 나갈 긍정 사다리에 오르는 첫걸음이 될 것이다.

긍정 사다리는 사소한 긍정적 반응에서 출발해 보다 큰 요구에도 긍정적 반응을 이끌어 낼 수 있는 가능성을 높이는 일종의 심리학적 기법이다. 처음부터 무작정 고객의 생각을 물어보는 단순한 방법에 비해 솔루션에 대한 긍정적 비준 결과를 취할 수 있는 확률이 가장 높은 방법이기도 하다.

고객의 손들기를 유도하는 데 사용할 수 있는 방법은 다양하다. 일반적으로 포럼이나 블로그 혹은 소셜 미디어 등의 게시물을 통해 "예."라는 긍정적 의견 혹은 반응을 유도하는 것은 가장 손쉬운 방법에 속한다.

이메일이나 블로그의 게시물, 심지어 광고에 포함된 링크를 클릭하는 것 또한 고객의 관심도를 측정할 수 있는 수단이다. 다운로드나 이메일 구독 신청 혹은 개인적으로 이메일을 보낸다거나 직접 전화 통화를 시도하는 고객의 행위 또한 손들기의 유형에 포함된다. 다음 장에서는 이제 막 시작하는 경우 그리고 이미 팔로워를 보유하고 있는 경우로 구분하여 각각 구체적인 사례를 들어 설명할 것이다. 지금은 비준 절차의 3단계로 넘어가는 것이 우선이다. 비준 절차의 3단계는 손들기를 통해 관심을 표명한 특정 타깃 고객과 당신의 솔루션에 대해 소통하고 공유하는 것이다.

3단계: 솔루션에 대한 상호작용 및 공유

가망 고객을 발견했다면 그들과 직접적인 소통에 나설 때가 된 것이다. 아직은 당신의 솔루션을 완전히 공개하고 있지 않겠지만 공개 시점에 상당히 근접한 셈이다. 여기에서 중요한 것은 관심을 표명한 고객들과 유대 관계를 형성하는 일이다.

고객과의 상호작용인 만큼 부담 없는 대화를 유도하고 과도한 위험부담 없이 상품을 판매하는 방법을 익혀야 한다. 사실 지금까지 진행해 온 모든 절차는 위험부담을 최소화하기 위한 것이었다. 당신은 가망 고객과의 상호작용에서 발생할 수 있는 "최악의 상황은 무엇인가?"라고 자문해 보아야 한다. 당신이 생각하는 것만큼 상황이 나빠져서는 안 되기 때문이다. 기억할 것은, 당신이 제공하는 솔루션에 대해 고객이 관심을 보이지 않더라도 여전히 나쁜 상황은 아니라는 점이다. 왜냐하면 관심을 보이지 않는 원인을 파악할 수 있고 그렇게 수집된 정보를 활용해 나아갈 수 있기 때문이다.

고객과의 상호작용을 다루는 이유는 기업가로서 첫발을 내디딜 때 겪었던 나의 개인적인 경험 때문이다. 당시 나는 가망 고객들과 상호작용하는 일이 몹시 두려웠다. 결국 나는 그들에게 돈을 지불할 것을 요구해야 하는 입장이라는 사실 때문이었다. 당신의 아이디어에 대해 다양한 사람과 대화를 나누는 방법은 익히 알고 있을 것이다. 그러나 사람과의 대화에 판매를 목적으로 한 홍보 요소를 첨가하기란 여간 부담스러운 일이 아니다. 나는 경험을 통해 그것을 알았다. 물론 시간이 지나면서 그런 나의 염려는 해소되었다. 그저 중단하지 않고 계속 진행했기 때문이었다(당신에게도 이와 유사한 문제점이 있다면 지금부터 시작하는 것이 중요한 이유를 여기에서 찾을 수 있다).

그보다 더 중요한 것은 만약 내가 제공하는 상품이 누군가의 삶에 변화를 일으킬 수 있거나 만약 내가 거래하는 업체가 나의 고객에게 도움이 될 것이라고 확신하는 경우, 그에 관해 고객과 직접 소통하는 것이 나의 의무이고 가치 제공의 대가로 비용 지불을 요구하는 것은 나의 권리라는 점을 깨달았다는 사실이다. 당신이 확신하는 상품을 적극적으로 판매하지 않는 것은 당신 자신은 물론이고 당신의 타깃 고객에게도 해를 끼치는 행태일 것이다.

모든 판매 행위는 관계의 형성에서 시작된다. 상대방이 인지할 수 있도록 하고 호감과 신뢰를 얻는 과정이 전제되어야 한다는 의미다. 타깃 고객 확보 과정을 우선적으로 거침으로써 얻을 수 있는 혜택 중 한 가지가 바로 그것이다. 상당한 시간을 투자하여 그들의 신뢰를 얻는 과정이기 때문이다(다시 말하지만, 타깃 고객의 확보는 하루아침에 이뤄지는 일이 아니다).

그래서 새로운 그룹이나 포럼에 가입해서 즉각적으로 무언가를 요구하면 안 되고 서서히 그들에게 가치를 제공하며 먼저 당신의 존재를 인식시켜야 하는 것이다. 모든 과정을 제대로 수행했다면 당신은 이미 타깃 고객에게 어떤 식으로든 가치를 제공하고 있을 것이다. 다음 장에서는 각기 다른 목표 시장에서 고객들에게 대가를 요구하기에 앞서 가치를 제공하며 고객과 접촉한 사례들을 살펴볼 것이다. 그리 오랜 시간이 소요되는 것도 아니다. 그러나 반드시 필요한 과정이다. 이 과정이 없다면 당신은 고객들의 관심을 얻지 못할 것이다.

가망 고객과의 직접적인 상호작용에 활용할 수 있는 방법은 여러 가지가 있다. 일대일 형태가 가장 효과적이라는 데에는 이견이 없다. 일대일 형태의 상호작용 또한 여러 방식으로 구분할 수 있다. 효율성을 기준으로 (위에서부터 아래로) 일대일 방식의 상호작용을 열거하면 다음과 같다. 이것은 소요 시간이 많은 순서이기도 하다.

- 대면 접촉
- 구글 행아웃(Hangout)이나 스카이프(Skype) 등을 활용한 영상통화
- 유선전화
- 사적인 메시지(즉 포럼 혹은 소셜 미디어 플랫폼을 통한 상호작용)
- 직접적인 일대일 이메일 교환

당신 자신에게 어떤 것이 효과적인지를 기준으로 균형을 잡아나가야 한다. 또한 당신이 파악한 바를 토대로 가망 고객의 입장에

서 어떤 방식이 가장 효율적인지도 따져 봐야 한다.

다수의 가망 고객과 동시에 상호작용을 하는 경우에 활용할 수 있는 방법도 있다. 시간을 절약할 수 있는 방법이지만 초기 설정에 어느 정도의 노력을 투입해야 한다. 만약 이미 팔로워가 확보되어 있고 타깃 고객들로부터 신뢰를 얻은 상태라면 이런 방법이 매우 효과적으로 작동할 수 있다. 특히 이메일 명단을 보유하고 있다면 더욱 그렇다. 마찬가지로 효율성을 기준으로 (위에서부터 아래로) 이 방식의 상호작용을 열거하면 다음과 같다.

- 채팅 기능이 있는 인터넷 생방송 혹은 웨비나
- 채팅 기능이 없는 인터넷 생방송 혹은 웨비나
- 이메일 살포
- 해설 동영상이 포함된 웹페이지
- 문자와 이미지로만 구성된 웹페이지
- 모스부호

가망 고객과의 상호작용을 위해 어떤 방식을 선택하든 당신의 솔루션을 제시하기에 앞서 반드시 해야 할 세 가지가 있다. 이 세 가지는 가망 고객들이 당신을 인지하고 당신에 대한 호감과 신뢰를 갖게 만드는 데 도움이 될 것이다.

1. 잠깐 시간을 내서 먼저 고객을 파악한다(동시에 그들이 적절한 장소에 있는지 확인한다).

첫째, 사람들은 자신의 이야기를 하고 싶어 하기 마련이다. 기회가 주어진다면 고객들도 그렇게 할 것이다. 그들이 하는 일에 대해 공유할 수 있는 환경을 조성하되 그들이 속한 시장이나 주제와 연관성을 유지하도록 한다. 그래야 고객들이 보다 편안한 기분으로 진솔하게 자신의 이야기를 펼쳐 놓는다.

일대일 대화, 채팅 기능이 있는 인터넷 생방송 등의 상호작용 방식을 선택할 수 있다. 그룹을 상대로 대화를 진행하는 경우, 고객을 파악하기 위한 질문은 상대방에 대해 파악하는 동시에 그들의 주위를 끌고 관심을 유발할 수 있는 훌륭한 전략이다.

일반적인 인사말이나 감사의 표시에 더하여 "그 일을 한 지 얼마나 오래되었습니까?"와 같은 질문을 던지면 된다. 이 질문에 대한 대답으로부터 자연스럽게 몇 가지 다른 후속 질문을 던질 수 있을 것이다. 재차 강조하건대, 이 과정은 단시간 내에 고객과 관계를 형성하는 과정이므로 고객의 이야기를 듣는 것이 중요하다.

둘째, 이런 질문들을 당신은 물론 당신의 가망 고객이 적합한 장소에 있음을 확인하는 수단으로 삼는다. 앞서 제시한 질문으로 소기의 목적을 달성한 셈이지만 당신의 솔루션이 해결하는 문제점과 연관된 사항에 집중하며 당신이 어떤 사람인지, 왜 이런 대화를 하고 있는지에 관한 대화로 자연스럽게 넘어간다.

예를 들어, 당신이 아직 장비를 갖추지 않은 초보 제물낚시꾼을 위한 상품을 제공할 예정이라고 가정해 보자. 이런 질문으로 대화를 시작할 수 있을 것이다. "제물낚시에 관심을 갖게 된 계기는 무엇이었습니까?"

더불어, 앞서 고객 P.L.A.N.을 통해 터득한 고객의 언어를 잊지 말라. 바로 지금이 고객이 사용하는 언어에 관한 정보를 유용하게 써먹을 수 있는 순간이다.

2. 자신의 자격을 입증한다.

고객을 파악한 다음에는 스스로를 입증해야 한다. 간단한 자기소개와 더불어 고객이 당신과 상호작용을 이어 가야 하는 이유를 제공해야 한다는 의미다.

간략한 인사말에 이어 이 일의 적임자가 바로 당신인 이유를 제시하는 것이 좋다. 중요한 것은 자화자찬이 아니라 당신이 고객에게 상품이나 서비스를 제공하는 이유다. 개인적인 자랑거리는 잠시접어 두는 것이 좋다. 당신이 누구인가보다 당신이 그들을 위해 무엇을 할 수 있는가가 중요하기에 그렇다.

당신이 해당 고객들에게 서비스를 제공하겠다고 결심하게 된 동기를 밝히는 짧은 스토리를 공유하는 것도 괜찮은 방법이다.

3. 의도를 정직하게 밝힌다.

마지막으로 당신의 솔루션을 공유하기 전에 이런 대화를 나누는 이유에 대해 상대에게 정직하게 밝히는 것이 무엇보다 중요하다. 나중에 상대가 알아차리도록 놔두는 것보다 내가 먼저 밝히는 쪽이 언제나 최선이라는 것이 나의 개인적인 의견이다. 아직 완전히 구축되지 않았거나 공개된 것은 아니지만 그들에게 도움이 될 것이라 확신하는 무언가에 대해 진솔한 피드백을 얻고자 하는 당신의 의도를 숨김없이 밝히는 것이다. 고객들의 관심도가 충분히 높으면 조만간 당신이 제작하여 공개할 것이라는 점도 포함해서 말이다.

이렇게 정보를 공유하면 가망 고객은 당신의 실험에 적합한 태도를 취하게 된다. 당신에 대한 신뢰 역시 높아질 것이다. 아직 미완성의 솔루션이며 현재 아이디어 비준 과정을 거치고 있다는 사실을 솔직하게 털어놓았기 때문에 그렇다. 더 나아가, 가망 고객은 당신이 제시할 솔루션이 자신에게 적합한 것인지(아니면 부적합한 것인지) 끊임없이 생각하게 될 것이다. 바로 당신이 원하는 바 아니겠는가?

이 세 가지를 수행하는 데 소요되는 시간은 2~3분을 넘지 않아야 한다. 빠를수록 좋다. 당신은 물론 고객의 시간도 소중하니까.

이와 같은 간단하고 신속한 대화를 통해 검증 작업이 마무리되었다면 이제는 당신의 솔루션을 공개할 시점이다.

홍보

이 시점에서 어떤 형태로든 고객에게 지불을 요청하는 것은 금물이다. 아직은 그렇다는 말이다. 지금은 아이디어를 납득시킬 때이다.

가능하다면, 프로토 타입[10]을 타깃 고객과 공유하는 것도 좋은 방법이다. 솔루션의 초기 버전을 공개할 수 있다면 보다 현실감을 부여할 수 있다는 측면에서 바람직한 시도라고 생각된다.

프로토 타입이라는 용어 때문에 겁을 먹지는 말기 바란다. 그것은 최종 상품에 근접한 것을 의미하는 것도 아니고 실제 작동 가능한 어떤 것이어야 할 필요도 없다. 다만 당신의 솔루션을 드러낼 수 있고 타깃 고객과 공유할 수 있는 시각적인 무엇이면 족하다.

프로토 타입이란 용어는 대개 물리적인 상품의 최초 버전을 떠올리게 만든다. 그러나 반드시 그래야만 하는 것은 아니며 일반적으로 그렇지도 않다. 당신의 솔루션이 물리적 상품이든 디지털 형태의 상품이든 혹은 일종의 서비스이든 상관없이 최적화한 타깃 고객과 공유할 수 있는 예비 모델을 준비하는 게 좋다. 어떤 형태로든 말이다.

예를 들어, 당신이 제공할 솔루션이 소프트웨어 상품이라면 당신의 실물 모형은 간단한 스토리 보드 혹은 인터페이스의 대략적인 밑그림 정도만 되어도 족하다. 도서일 경우엔 개요 정도면 충분하다. 물리적 상품을 솔루션으로 제공할 예정이나 아직 손으로 만질 수 있는 프로토 타입이 없다면 상품의 3D 렌더링[11] 혹은 스케치를 활용할 수 있다. 어떤 것이든 가망 고객이 당신의 솔루션으로 인해 어떤 도움을 받을 수 있는지에 대해 이해할 수 있도록 만드는 것,

---

10 **Prototype** 원형(原型)이나 시제품 또는 견본 – 옮긴이
11 **3D Rendering** 평면 그림에 음영, 색상의 농도 등을 적용하여 구현하는 3차원 화상, 또는 그 기법 – 옮긴이

그것이 바로 당신이 만들어 낼 프로토 타입이다. 괜한 장식이나 치장에 신경 쓰지 말고 품질에 대해서도 걱정할 필요 없다. 경우에 따라서는 대략적일수록 더 나을 수도 있다. 아이디어만 제대로 전달될 수 있다면 말이다.

고객이 어느 정도 관심을 보이면 성공적이라고 할 수 있을까?

이 질문에 답할 수 있을 정도로 비준 과정에 진척이 있는 것은 사실이지만 아직은 섣부른 판단일 것이다. 왜냐하면 지금 단계에서는 고객들의 의견 또는 관심 표명 정도가 진부이기 때문이다. 다음 단계로 넘어가도 좋을 만큼 아이디어가 충분히 훌륭한가를 판단하는 데 누군가가 하는 말에만 전적으로 의지해서 되겠는가? 반면, 아이디어가 훌륭하지 않다면 결과는 명백할 것이다. 그 점에 대해서는 앞서 수차례 언급한 바 있다.

비준 과정의 마지막 단계에서는 고객들이 긍정적 반응을 표현하도록 요청할 것이다. 단순히 말만 하는 게 아니라 실제로 구매를 하라고 요청할 것이란 얘기다. 그렇다. 당신의 가망 고객들에게 돈을 지불하라고 요청할 것이다. 그것도 상품이 완전히 만들어지지 않은 상태에서 말이다.

어떻게 구매를 권유할 것인가? 그리고 어떻게 구도를 잡을 것인가? 바로 그것이 핵심이다. 지금부터 성공적인 비준 절차의 완료를 위해 필요한 구체적 방법들을 포함한 마지막 단계에 들어가 보도록 하자.

4단계: 거래 요청

상품이 준비되기 이전에 구매를 권유하고 지불을 요청하는 일이 내키지 않을 수도 있을 것이다. 그러나 현재 상황에 대해 고객들에게 정직하게 밝힌다면 걱정할 일은 없을 것이다. 더구나 선불 행위는 킥스타터와 인디고고 등의 플랫폼의 영향으로 고객들 사이에서 거부감 없이 받아들여지는 추세다. 지금까지 우리는 가망 고객의 관심을 확보하는 데 성공했다. 가치를 제공하고 향후 계획도 함께 공유했다. 다음 단계는 거래를 통한 비준 행위에 관심을 보이는 특정 고객들을 확보하는 일이다.

그룹을 상대로 대화하는 경우, 당신의 솔루션을 공유한 직후 고객의 구매 행위를 요청하도록 한다. 예를 들어, 다수의 가망 고객들과 함께 웨비나에 참여한 경우, 그들에게 가치를 제공하고 당신의 향후 계획에 대해서도 공유한 다음, 프로그램의 얼리어답터가 되기를 희망하는 고객들이 비용을 지불하고 접속할 수 있는 웹 주소를 알려 주면 된다. 잠시 후에 그런 상황에서 사용할 수 있는 도구를 소개할 것이다.

실시간 일대일 대화를 진행 중이라면 두 가지 방법 중 선택할 수 있다. 즉각적인 거래를 요청할 수도 있고 아니면 하루 정도의 시간을 두고 거래 요청을 할 수도 있다. 솔루션을 공유한 가망 고객에게 이메일 혹은 메시지를 보내는 경우의 예를 들어 보면 아래와 같다.

안녕하세요, 짐. 시간을 내어 나의 아이디어에 대해 의견을 주신 것에 다시 한 번 감사드립니다. 저에게 큰 도움이 되었습니다. 말씀드린 바와 같이, 제품에 대한 관심도를 측정하기 위해 여러 사람의 의견을 모으고 있는데 많은 분이 당신과 유사한 피드백을 주셨습니다. 아주 큰 힘이 됩니다!

저는 이 제품을 반드시 완성하고 싶습니다. 그 전에 당신과 같은 잠재적 고객들이 관심을 가질 만한 제품인지 확신을 가질 필요가 있습니다. 제 경험으로 미루어 보면, 많은 사람이 제품을 사용하거나 구매할 것이라고 말은 하지만 그것은 단지 상대의 감정을 상하게 하고 싶지 않은 마음에서, 친절하게 대하고 싶어서 그러는 경우가 많습니다. 저는 이 프로젝트를 끝까지 추진하기 위해 10명의 고객으로부터 사전 주문을 받고자 합니다. 사전 주문 10건을 확보하지 못하는 경우 주문을 전부 취소하고 어느 누구에게 그 어떤 비용도 청구하지 않을 것입니다.

당신은 특히 관심을 가져 주신 고객이었기 때문에 저의 첫 번째 고객으로 모시고자 합니다. 제품 출시 전에는 어떤 비용 청구도 없을 것이며 당신은 제품에 접근할 수 있는 첫 번째 사용자 중 한 명이 될 것입니다. 여기에 더하여, 당신이 제품을 완성하는 과정에도 참여해 주셨으면 합니다. 그렇게 된다면 틀림없이 당신에게 꼭 필요한 제품이 탄생할 것입니다.

향후 제품의 판매 가격은 100달러 정도로 예정하고 있습니다. 그러나 사전 주문 건에 한해 가격을 50달러로 정했습니다.

이 특별한 사전 주문 고객의 일원이 되는 방법은 아래 링크를 클릭하기만 하면 됩니다. 링크는 주문 절차를 시작할 수 있는 페이지로 이동할 것입니다.

[LINK TO PRE-ORDER PAGE]

다시 한 번 감사의 마음을 전합니다. 궁금하신 점이 있으면 주저하지 말고 문의해 주십시오!

사전 주문을 요청하는 방법으로 어떤 것을 선택하든 24시간 내에 반응이 없다면 한 번 더 이메일을 발송하고 반드시 수신 확인을 하도록 한다. 책의 앞부분에서 언급했듯이 행운은 후속 조치를 뒤따른다. 그러므로 관심이 없는 고객으로 치부해 버리지 말고 반드시 한 번 더 메시지를 보내도록 하라.

지금부터 이 단계와 연관된 일반적 질문 몇 가지를 살펴보도록 하자.

• 사전 주문을 받는 것과 선불로 결제를 받는 것 중 어느 쪽이 더 나은 방법입니까?

사전 주문과 실시간 비용 결제 두 가지 모두 비준 과정의 목적 달성에 부합하는 방법이다. 두 가지 모두 비용 지불을 위한 결제 정보의 입력이 필요하기 때문이다. 사전 주문의 장점은 제품이 출시되기 전까지는 비용을 결제하지 않아도 되기 때문에 고객의 입장에서 안전성이 확보된다는 것이다. 실시간 비용 결제를 요청하는 경우 당신이 제작이나 개발 비용으로 활용할 수 있는 현금을 확보할 수 있다는 장점이 있다. 만약 혼자 힘으로 프로젝트를 진행 중이며 자금이 부족한 상황이라면 선결제를 통해 현금을 확보하는 방법이 도움이 될 것이다. 기억할 것은 비용을 미리 지불한 고객에게 반드시 상품을 제공해야 할 책임이 발생하며 최저 수준에 미치지 못할 경우 결제된 비용을 다시 환불해 주어야 한다는 사실이다.

페이팔 이메일 계정으로 일정 금액의 송금을 요청하는 방법을 비준 과정에 적용하는 경우가 많다.

• 상품의 가격은 어느 정도로 잡는 게 적절합니까?

상품의 적정 가격 책정에 관한 안내서는 무수히 많다. 내가 이 책을 통해 자세히 언급할 수 없을 정도로 섬세하고 과학적인 작업이다. 내가 여기서 당부할 부분은 상품이 본격적으로 출시되기 이전에 가격을 어느 정도 수준에서 책정할 것인지 미리 고민해야 하며 얼리어답터들에게는 상당히 관대한 수준의 가격을 제시해야 한다는 점이다. 재차 강조하지만, 지금 이 과정을 밟아 나가는 목적은 비즈니스에 대한 비준을 얻기 위한 것일 뿐 수익 창출에 중점을 두는 것이 아니다. 수익 창출과 관련된 내용은 상품에 대한 비준 과정이 완료되고 출시된 이후에 살펴볼 문제다.

어디서부터 시작해야 할지 막막하다면 경쟁자들의 상품 가격을 참고하길 권한다. 앞서 3부에서 수집한 상품 및 서비스 목록을 활용할 수 있는 좋은 기회다. 당신의 제품이 기존의 여타 제품들에 비해 어느 정도의 경쟁력을 가질 수 있는지 당신 나름대로 감이 잡힐 것이다. 그것을 기준으로 상대적인 가격을 정하면 된다.

당신은 지금 가망 고객들이 진정 필요로 하는 상품이라는 확신을 얻기 위한 수단으로 비용의 지불을 요청하고 있다는 점을 반드시 염두에 두기 바란다.

- 사전 주문 건수의 최소치는 어떻게 결정하나요? 몇 명의 고객에게 사전 주문을 받으면 긍정적 신호라고 확신할 수 있는 건가요?

당신의 프로젝트를 본격적으로 출범시키려면 잠재적 타깃 고객 전부가 비용을 지불해야만 하는 것일까?

그렇지 않다. 대다수의 고객은 선불에 동의하지 않을 것이다. 당신이 제공하는 솔루션이 자신에게 적합한 것이라 할지라도 말이다. 어떤 사람은 선불 자체를 꺼리거나 여유 자금이 없을 수도 있다. 좀 더 시간이 지나 보다 많은 사람이 참여할 때까지 기다리기를 원하는 사람도 있을 것이다.

커뮤니케이션학 교수로서 1962년 『혁신의 확산(Diffusion of Innovations)』를 출간한 에버렛 로저스(Everett Rogers)는 혁신 확산 이론을 설파했는데, 그에 의하면 사용자가 새로운 혁신을 수용하는 특정한 단계별 과정은 몇 가지 요소에 의해 결정되며 시간적 요소도 거기에 포함된다. 초기 사용자는 전체 사용자 기반에서 차지하는 비율이 그리 크지 않다. 그다음은 초기 다수와 후기 다수 등 다수의 새로운 사용자가 유입되는 단계이며 마지막으로 혁신 지체자가 그 뒤를 따른다.

아래의 수용곡선은 우리가 수행 중인 아이디어의 비준 과정과 정확히 일치한다. 시작 단계는 아이디어에 대한 실험 및 미세조정 작업이 이루어지는 과정이고 결과적으로 규모를 증대하여 초기 다수 단계에 이른다. 이것으로 우리는 당신의 아이디어를 계속 추진할 가치가 있다는 확신을 얻기 위해 목표 시장에 속한 모든 고객이 선결제에 동의해야 하는 것은 아니라는 사실을 인지할 수 있다.

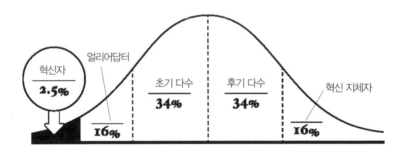

과연 적절한 수치는 어느 정도일까?

지금까지 수행한 조사 작업과 가망 고객과의 상호작용을 고려할 때 우리의 목표는 가망 고객의 10퍼센트가 사전 주문 등의 선제적 행동에 동의하는 것이다. 다시 말해, 4단계에서 당신이 구매 권유를 하는 고객 10명 중 적어도 1명은 사전 주문 혹은 선결제에 동의하도록 만들어야 한다. 관심도가 높은 고객일수록 성공 확률이 높을 것이다. 10퍼센트는 이 시점에서 활용할 수 있는 좋은 지표다.

예를 들어, 50명의 가망 고객과 상호작용을 하고 그중 적어도 5명이 긍정적 반응을 보인다면 그것은 당신의 프로젝트가 계속 추진할 가치가 있으며 상품 출시까지 완료해도 좋다는 긍정적 지표라고 볼 수 있다. 상호작용의 대상이 될 전체 가망 고객의 수는 50명 정도면 충분할 것이다. 앞서 언급한 바와 같이 우리는 아직 비준절차를 진행하는 중이므로 당신의 상품에 관심을 보이는 시장 전체를 상대로 상호작용을 할 필요는 없다. 소규모의 실험을 완료한 다음 비준 절차가 끝난 이후에 적정 가격으로 전면적인 판매를 시작해도 늦지 않다.

흥미진진하지 않은가!

기업가로서 새로운 무언가를 시작한다는 것은 엄청난 노력을 쏟아붓고 그 노력이 어떻게 결실을 맺는지 지켜보는 일이다. 전율이 느껴지지 않는가? 여기까지 힘든 과정을 거쳐 온 당신에게는 자부심을 느낄 충분한 자격이 있다. 대다수의 사람은 상상에 그칠 뿐 정작 행동으로 옮기지 못하기 때문이다.

지금 당신이 하고 있는 이런 적극적인 행동 말이다. 한편, 상당수의 기업가가 수년간 공을 들여 마침내 상품을 출시하지만 요행히 성공을 거둘 수 있기를 바라는 기대 외에 별다른 사전 준비도 없는 경우가 허다하다. 지금 당신은 비준 절차를 밟아 나가며 초기 판매 실적을 확보하기 위한 보다 영리하고 반복적인 접근법을 취하고 있다.

첫 번째 주문을 접수했다면 단언컨대 그것은 축하할 일이다!

나는 2008년 10월 최초로 제품을 판매한 날을 아직도 기억한다. 그날 나는 너무나 흥분한 나머지 잠시 사무실 밖으로 나가 숨을 돌려야 했다. 다시 사무실로 돌아와 책상 앞에 앉았을 때는 또 한 건의 판매 기록이 내 이메일 수신함에 도착해 있었다. 그런 순간의 짜릿한 흥분을 계기로 삼아 나머지 잠재적 타깃 고객과의 상호작용과 더 나아가 당신이 구축하고자 하는 비즈니스의 운영을 위한 동력을 얻기 바란다.

•최소 주문량을 달성하지 못하면 어떻게 해야 하나요?

최소 주문량에 미치지 못했더라도 완전히 손해를 본 것은 아니다. 사실 손해라고 볼 수도 없다. 거짓말을 할 생각은 없다. 결코 기분 좋은 일은 아닐 것이다. 그러나 기업 활동에 있어 손실은 교훈을 얻을 수 있는 기회이자 향후 더 나은 목적으로 활용할 수 있는 무엇이다.

또한 여기까지 준비해 온 방식을 고려하건대 당신은 어느 부분이 제대로 작동하지 않았는지 찾아내어 원인을 파악하고 수정 후 다시 시도하는 일이 그리 어렵지 않을 것이다.

일주일의 시간이 지난 후에도 가망 고객들로부터 아무런 응답이 없거나 부정적 반응이 나온다면 한 번 더 이메일을 발송해 그 이유를 물어볼 수 있다. 라이언 레브스크는 『애스크』에서 이런 이메일에 "왜 나를 미워하나요?"라는 명칭을 붙였다.

고객의 무응답이나 부정적 반응의 이유를 찾아내고자 하는 이메일은 제대로 작동하기 위해 무엇이 필요한가에 대한 상당히 유용한 정보를 제공한다. 가망 고객들에게 굳이 그렇게 노골적인 질문을 할 필요는 없다. 비준 과정을 밟는 우리의 경우 그런 질문은 너무 절박한 것으로 비칠 수도 있기 때문이다. 어쨌든 이런 유형의 질문은 속성상 어느 정도 정직하게 구성을 해야 실질적인 정보와 이익을 얻을 수 있다.

만약 이런 질문을 이메일로 발송하는 것이 두렵다면 스스로에게 재차 질문해 보기 바란다. 무엇보다 중요한 질문 말이다. 최악의 상황은 무엇인가? 말 그대로 당신은 더 이상 잃을 것이 없다. 얻을 것만 있을 뿐이다. 따라서 그런 이메일을 발송하는 일에 두려움을 느낄 이유가 없다. 예를 들면 이 정도로 구성하면 좋을 것이다.

제목: 안녕하세요, 짐. 혹시 내가 뭔가 잘못한 일이 있나요?

안녕하세요, 짐. 지난주에 보내 드린 이메일에 대한 회신이 없기에 이렇게 다시 소식을 전합니다. 아주 잠깐만 시간을 내어 주시면 됩니다.

저의 제품 아이디어에 대해 관심을 표명해 주셨는데 사전 주문은 하지 않으셨군요. 제가 그 이유를 알고 싶어 다시 이메일을 보내는 것입니다. 회신을 통해 질문에 응답해 주시면 정말 감사하겠습니다. 저는 당신을 비롯한 모든 고객에게 꼭 필요한 제품을 만들기 위해 최선을 다하고 있습니다.

감사합니다. 조만간 회신이 도착하기를 기대하고 있겠습니다!

고객으로부터 회신을 받으면, 그렇게 될 가능성이 매우 높지만,

그들이 하는 말에 감정적으로 동요하지 말아야 한다. 사업가가 감당해야 할 일 중 상당 부분은 다른 사람으로부터 피드백을 접수하는 것이다. 고객의 피드백이란 듣고 싶은 말이 아니라 들어야 할 말일 경우가 더 많다. 무례한 태도를 취하는 고객이 있다면 무시해도 좋다. 십중팔구 그들은 나름의 복잡한 문제로 인한 분노를 당신에게 표출하는 것일 뿐이기에 그렇다. 때로는 예의를 갖춘 건설적인 비판이 수용하기에 더 힘든 경우도 있다.

사업가의 계산법은 기이하다. 하나의 부정적 의견이 100개의 긍정적 의견보다 훨씬 더 크게 느껴질 수 있다는 의미다. 부정적인 피드백에 냉정을 잃고 분노를 느끼는 매 순간마다 당신의 비즈니스는 물론 다른 수많은 고객의 삶을 향상시킬 수 있는 시간이 줄어들고 있다는 사실을 기억하기 바란다.

이제 당신은 비즈니스의 추진을 위한 아이디어 비준에 필요한 모든 기술을 습득하였으리라 믿는다. 비준 과정을 밟으며 그동안 공들여온 솔루션이 가망이 없음을 확인했다 해도 마찬가지다. 당신에게는 기술이 생겼으므로 솔루션을 수정하거나 다른 솔루션을 준비해서 다시 과정을 밟으면 된다는 얘기다. 어쨌든 여기까지 여정을 밟아 온 당신은 이제 다음 무대로 옮겨가 졸업을 준비할 차례다. 졸업을 두고 시작을 위한 축하연이라고 부르는 이유가 있다. 졸업이 끝이 아니기 때문일 것이다. 끝이 아니라 새로운 장을 여는 출발점이기 때문에 그럴 것이다.

이 책을 마무리하기 전에 새로운 비즈니스와 상품에 이와 같은 비준 전략을 적용한 실제 사례를 확인하고 싶을 것이라 짐작된다. 지금까지 사례를 제시하지 않고 미루어 두었던 이유는 원칙과 과정에 대한 이해가 우선이라 생각했기 때문이다. 지금부터 다양한 종류의 시장과 상품 아이디어에 적용된 실제 사례들을 살펴보도록 하자. 한두 가지는 당신의 상황에 꼭 들어맞는 사례일 확률이 높다. 사례에 등장하는 실험자가 이끌어 주는 대로 당신의 솔루션에 대한 비준 작업에 적용하면 된다.

WILL IT
FLY?

18

실행

앞서 우리는 4단계의 비준 절차를 일일이 살펴보았다. 기억을 돕기 위해 비준 절차의 4가지 단계를 다시 한 번 언급하고자 한다.

- 1단계: 타깃 고객 접촉
- 2단계: 타깃 최적화
- 3단계: 솔루션에 대한 상호작용 및 공유
- 4단계: 거래 요청

이 장에서는 실제 기업가들이 자신의 비즈니스와 상품에 대한 사전 비준을 위해 이 전략을 실행에 옮긴 사례를 살펴볼 것이다. 지금부터 제시할 실제 사례들은 시장의 종류와 비즈니스의 유형을 가리지 않고 매우 넓은 범위에서 선별한 것이다. 각각의 사업가들이 비준 과정의 각 단계별로 어떻게 나아갔는지 구체적으로 알게 될 것이다.

사례를 보면 알 수 있겠지만, 이들은 동일한 기본 전략을 따르는 동시에 때로는 특정 단계의 실행에서 개인의 창의성을 발휘하기도 했다. 물론 당신도 그렇게 할 수 있다. 이제부터 시작이다!

사례 연구 1

조이 코렌먼(Joey Korenman), '스쿨오브모션(School of Motion)' 창업자

조이는 스쿨오브모션(SCHOOLOFMOTION.COM)의 설립자이자 수석 강사다. 스쿨오브모션은 모션 그래픽스(Motion Graphics)와 관련된 모든 것을 가르치는 온라인 학원이다. 모션 그래픽스는 과거 설계사무소에서 일하던 시절 내가 포토샵으로 작업하던 것과 유사한 무엇을 창출하지만 가장 큰 차이점은 실제로 움직임을 구현한다는 것이다. 분명 조이는 주요한 기술을 보유하고 있음이 틀림없다.

내가 조이와 처음 인연을 맺게 된 것은 2015년 초반이었다. 그때 이후로 나는 줄곧 그의 비즈니스가 전개되는 과정을 가까이에서 지켜보고 있다. 조이는 신규 상품을 출시할 때마다 점점 더 많은 고객을 확보했고 자연스럽게 보다 큰 수익을 거두어들이는 결과로 이어졌다. 생각해 보면 이 모든 것이 미완성 단계인 아이디어에 대한 비준에서부터 시작된 것이다. 그 과정을 살펴보면 이러하다.

1단계: 타깃 고객 접촉

조이는 유튜브(YouTube)와 비메오(Vimeo)에 모션 그래픽스 학습 동영상을 올리면서 소규모의 팔로워를 확보했다. 유튜브와 비메오는 그가 자신의 타깃 고객이 존재하는 장소라고 파악한 플랫폼이다. 고객들이 하나같이 애니메이션 학습 자료를 찾고 있었기 때문이다.

애니메이션과 관련된 소프트웨어 판매를 목적으로 시작했지만 얼마 지나지 않아 소프트웨어 비즈니스가 자신의 기호와 맞지 않는다는 것을 알게 된 조이는 즉시 자신의 기술을 전파할 교육과 학습 분야에 초점을 맞추기 시작했다.

그가 학습 과정을 만들어 판매할 결심을 한 것도 바로 그 시점이었다. 완전한 상품을 만들겠다는 결심을 굳히기에 앞서 조이는 관심을 보이는 고객이 있는지부터 파악하고 싶었다. 당시 그는 제품이 완성되기까지 총 3개월의 시간이 소요될 것으로 예측하고 있었다.

2단계: 타깃 최적화

조이는 초기 학습 동영상을 통해 자신의 이메일을 등록할 것을 요청하는 행동유도(Call-to-Action) 요소를 포함시켰다. 고객이 자신의 이메일 주소를 등록한다는 것은 애니메이션에 대해 더 많은 것을 배우는 데 관심이 있음을 입증하는 것이다.

그보다 중요한 점은 그들이 조이가 제공한 학습 방법에 긍정적 반응을 보였다는 사실이다. 조이는 이후 6주 동안 이어질 강의를 직접 진행할 예정이었으므로 고객의 긍정적 반응은 무엇보다 핵심적인 요소였다.

3단계: 솔루션의 공유

조이는 자신의 이메일 목록에 등록한 고객들에게 이메일 메시지를 발송하기로 결심했다. 그는 초기 이메일 내용을 이 책에서 독자들과 공유할 수 있도록 특별히 나에게 접근 권한을 허락해 주었다. 아래 이메일 내용을 참고하기 바란다.

조이가 자신의 가망 고객에게 얼마나 정직한 자세로 임했는지 유심히 살펴보도록 하라. 또한 그가 고객과 관계를 구축하는 동시에 스스로를 입증한 방식에 주목하기 권한다.

제목: 애니메이션의 진정한 실력자가 되고 싶습니까?

저는 애니메이션 제작에 뛰어난 재주가 있는 사람이 아니었습니다. 정말 형편없었죠. 농담이 아닙니다.

직장 생활을 시작한 이후 처음 6-8년 동안 새로운 모그라프(MoGraph) 프로젝트를 시작하려고 책상 앞에 앉기만 하면 두려움이 엄습해 오곤 했습니다. 그런 증상을 가면 증후군(Imposter Syndrome)이라고 하더군요. 저는 디자인이나 애니메이션에 대해 공식적인 교육을 받은 적이 전혀 없습니다.

현재 저의 직업이 모션 디자이너라는 사실을 고려하면 우습기 짝이 없지만 실제로 저와 같은 모그라프 전문가가 아주 많을 것이라 생각됩니다. 어쩌면 당신도 같은 처지일지 모르겠군요.

제가 느낀 두려움은 애니메이션 작업을 할 때마다 그 실체를 드러내곤 했습니다. 그럴 때마다 저는 키 프레임을 이리저리 옮기며 이지이즈(EasyEase) 기능을 많이 사용했습니다. 그러다 보면 운 좋게 괜찮은 애니메이션을 발견할 수 있을지도 모른다고 기대하면서 말입니다.

사실 저는 제가 제작한 애니메이션이 왜 좋은지 혹은 왜 나쁜지 정확히 알지 못했습니다. 다만 직감에 따라 작업했습니다. 어느 하나가 과녁에 명중할 때까지 다트를 던지고 있었던 셈입니다.

그랬던 제가 애니메이션 제작에 필요한 기본 구조를 가르칠 수 있는 인물이 다수 있다는 사실을 알게 된 순간 얼마나 안도감을 느꼈을지 상상해 보십시오. 그들이 가르치는 기본 구조에는 누구나 따라 할 수 있는 규칙과 애니메이션 작업을 훨씬 쉽게 수행하도록 돕는 접근 방식이 포함되어 있습니다.

애니메이션 제작을 제대로 학습할 수 있었던 것은 저의 성공의 열쇠입니다. 저는 지금 모션 그래픽스 전문가들이 애니메이션을 터득하는 데 도움이 될 교육 프로그램을 제작하고 있습니다.

애니메이션 제작에 대한 제대로 된 학습은 저의 경력에도 큰 변화를 안겨 주었습니다. 모션 그래픽스 작업 회사를 열고 크리에이티브 디렉터로 활동하며 애니메이션 팀을 관리할 수 있는 자신감을 심어 준 겁니다. 또한 최고 수준의 교육도 가능하다는 자신감도 갖게 되었습니다.

이 프로그램은 제가 초보자일 때 접했더라면 좋았을 것이라 생각하는 학습 과정입니다. 어떤 프로그램인지 알고 싶다면 다음 주 수요일, 11월 19일에 제가 진행하는 웨비나에 참여해 주시길 바랍니다.

이 프로그램의 체험단(Beta Group)이 될 소수 그룹을 구성하고자 합니다. 이들 1기 수강생들에게는 놀라운 혜택이 제공될 것이며 저를 도와 모그라프 전문가를 위한 전대미문의 애니메이션 교육 프로그램 제작에도 참여하게 될 것입니다.

1기 수강생이 되기를 원하십니까? 여기를 클릭하시면 보다 자세한 정보를 얻을 수 있습니다.

- 조이 드림

조이는 자신의 타깃 고객과 완벽한 연관성을 유지하면서 소수의 얼리어답터들과 함께 교육 프로그램을 출시할 것이라는 자신의 계획을 정직하고 밝히고 있다. 웨비나는 온라인상에서 진행되는 세미나이다. 조이는 고객의 관심도 측정을 위한 또 하나의 비준 척도로 웨비나를 활용하고 있다. 만약 아무도 웨비나에 참여하지 않는다면 자신의 솔루션을 원하는 사람이 아무도 없다는 신호가 되는 것이다.

조이는 고투웨비나(GOTOWEBINAR.COM)에서 자신의 웨비나를 개최하며 참가자를 모집했다. 실제로 참여를 원하는 사람이 많아 최대 인원을 초과했다. 이것은 고객의 관심도가 높다는 신호였고 순조로운 출발이었다. 그렇다고 웨비나에 참여한 고객들 전부가 반드시 조이가 제공할 상품을 구매할 것이라 단정할 수는 없었다. 웨비나에 등록한 고객의 수는 총 100명이었다. 그가 책정한 가격 250달러는 비교적 고가였기 때문에 5명의 고객이 선불 구매에 동의하는 경우 제품 제작을 추진할 것이라 마음먹었다.

4단계: 거래 요청

조이는 45분간의 웨비나를 진행하는 동안 가치 제공에 30분을 할애했다. 웨비나에 참여한 잠재 고객들에게 그가 제공한 가치는 그들에게 효용 가치가 높은 몇 가지 학습 기법이었다. 조이의 접근 방식은 플랫폼의 형태에 상관없이 매우 일반적이고 효과적인 방법이며 이를 통해 그가 얻은 소득을 정리하자면 다음과 같다.

- 그는 고객이 자신의 프로그램에 참여하든 그렇지 않든 상관없이 웨비나에 참여해 시간을 헛되이 낭비하지 않았다고 생각하도록 만드는 데 성공했다.
- 그는 고객과 강한 유대감을 형성할 수 있었다. 고객들이 그의 목소리를 직접 들을 수 있었고 그에 대해 더 잘 알게 되었기 때문이다. 그들이 그가 강의하는 방식에 대해 더 자세히 알게 된 것도 그 이유에 속한다.

- 향후 교육과정에 포함될 콘텐츠의 종류를 효과적으로 보여주었다.

조이는 웨비나의 마지막 15분 동안 애니메이션 초기 과정의 개요를 설명했다. 그는 제품이 아직 완성되지 않았으며 얼리어답터가 되기를 희망하는 사람은 자신들에게 필요한 제품이 탄생할 수 있도록 제작 과정에 참여하게 될 것이라는 점을 솔직히 밝혔다.

조이가 설명한 프로그램의 개요에 포함된 내용을 정리하면 다음과 같다.

- 6주간 진행되는 교육과정이다.
- 제한된 인원만 참여할 수 있다.
- 쉽지 않은 과정이 될 것이다. 애니메이션 교육의 P90X(Power 90 Extreme: 동영상을 보고 따라 하는 고강도 훈련 프로그램)라고 봐야 한다.
- 매주 8-10시간은 온전히 교육에 투자해야 한다.
- 주는 것이 많을수록 얻는 것도 많다. 상호작용을 하라.
- 어도비 CC2014가 반드시 필요하다. 교육에 이용될 소프트웨어는 애프터 이펙트(After Effects)와 플래시(Flash)이다.

구매를 권유하는 행동유도 요소의 적용까지 모두 마친 결과, 단 10분 동안 20명의 고객이 선불 구매를 신청했고 조이는 5000달러의 수익을 거두어들였다. 이틀 후, 조이는 자신의 이메일 목록에 등록된 잠재 고객들에게 20명을 더 모집한다는 통지를 보냈다. 추가로 20명의 고객을 확보하는 데 채 1분도 걸리지 않았다.

조이가 완전한 교육과정을 개발하는 데 충분한 동기부여가 되었다고 생각하는가? 두말하면 잔소리다. 그로부터 3주 후, 조이는 1기 수강생을 위한 교육을 시작했고 교육이 진행되는 과정에서 긍정적이고 건설적인 피드백을 다수 얻을 수 있었다.

첫 번째 수강생들은 조이의 비즈니스를 열렬히 응원하는 지원군이 되어 주었고 교육과정이 끝난 후에는 지체 없이 극찬을 담은 사용 후기를 남겨 주었다. 2기 과정에서는 수강생이 75명으로 늘었고 1인당 교육비는 600달러로 책정되었다. 이후 회를 거듭할수록 조이의 수익은 계속 늘어갔다. 현재는 조이의 비즈니스 운영을 지원하는 팀이 갖추어져 있다.

나는 조이가 이루어 낸 성과에 무한한 자부심을 느낀다. 이미 말했지만 나는 조이를 알게 된 순간부터 줄곧 그의 비즈니스가 발전하는 과정을 지근거리에서 지켜보았다. 이 책의 독자들에게 들려줄 만한 조언이 있는지 물었을 때 조이는 흔쾌히 자신의 경험을 공유해 주었다. 그는 처음 사전 판매를 하기로 결심했을 때의 느낌을 이렇게 묘사했다.

"심리적으로 극복하는 것이 쉽지 않았습니다. 처음엔 '얼마나 어리석은 발상인가', '사람들이 구매할 리가 없어', '이렇게 가격도 높은데 내가 너무 욕심을 부리는 것 아닌가' 별의별 생각이 다 들었죠. 그러다 이렇게 자문해 봤습니다. '나는 왜 두려움을 느끼는가?' 만약 결과가 신통치 않으면 환불해 주면 되는 일이었어요. 그렇게 되면 적어도 시도는 해 본 셈이고 완전한 교육과정을 만들며 몇 달을 허비한 후에야 안 된다는 것을 깨닫는 상황은 피한 셈입니다."

─────────────── 사례연구 2 ───────────────

브라이언 해리스(Bryan Harris), 비디오프룻(Video Fruit) 창업자

──────────────────────────────────────

나는 한때 10여 개의 블로그에 가입했었다. 회원으로 등록한 팟캐스트 또한 그 정도는 되었다. 콘텐츠 흡입기처럼 살던 시절이었다! 문제는 콘텐츠를 받아들이는 데만 열중하다 보면 정작 성취하는 것은 그리 많지 않다는 것이다. 실망스러운 일이 아닐 수 없었다.

그 후로는 몇몇 개만 선별하여 활동을 이어 오고 있다. 그중 하나가 브라이언 해리스의 비디오프룻닷컴(VIDEOFRUIT.COM)이다. 나의 SPI 팟캐스트 190번째 세션에서 브라이언을 인터뷰할 수 있었던 일은 실로 즐거운 추억으로 남아 있다.

그는 항상 놀랍도록 유용한 콘텐츠를 제공한다. 지난 수년 동안 그는 비준 방법을 적용해 다수의 각기 다른 상품의 사전 판매를 단행했고, 그렇게 수요를 확인한 후 제품 제작에 돌입했다. 이러한 브라이언의 이력은 경외심마저 갖게 만든다.

여기서 사례로 들 제품은 그가 제작한 최초의 상품인 설명 동영상 부트스트래퍼 가이드(Bootstrapper's Guide to Explainer Videos)이다. 눈여겨볼 점은 브라이언의 비즈니스가 별다른 준비도 없이 2013년 소수의 페이스북 그룹 내에서 출발했다는 사실이다.

그로부터 5개월 후 브라이언은 다니던 직장을 그만두었다. 지금부터 그의 성공담을 들어 보기로 하자.

1단계: 타깃 고객 접촉

브라이언은 뛰어난 동영상 제작 기술을 보유하고 있었다. 그가 가진 초능력 중 하나다. 자신이 제작한 동영상에 대해 긍정적인 피드백을 얻은 브라이언은 자신의 기술을 활용한 사업을 구상하기로 마음먹었다. 그는 페이스북 그룹을 통해 소수의 몇몇 사람과 친밀한 관계를 형성했다. 동영상 제작에 관심이 많은 잠재적 고객이었던 셈이다.

브라이언은 동영상 제작과 관련하여 무수히 많은 조언을 제공했고 제작 과정을 무료로 공개하기도 했다. 그룹 참여자들에게 자신을 알리고 자신의 전문 기술을 인지시키기 위해 브라이언이 선택한 그 방법은 나도 애용하는 방법이다.

잠재적 타깃 고객과 단시간 내에 강한 유대감을 형성하고자 할 때 절대 실패하지 않는 방법이 있다면 먼저 그들에게 유용한 가치를 제공하는 것이다.

2단계: 타깃 최적화

일주일간 다수의 유용한 게시물을 올린 후, 브라이언은 페이스북 그룹에 다음과 같은 공지를 올렸다.

새로운 방법을 이용한 첫 번째 비디오의 마지막 드래프트입니다 (어제 올린 포스트 참조). 최종 카피는 내일 나옵니다. 이 비디오의 총 직접 비용은 제가 투자한 2시간 30분의 가치 기준으로 30달러 이하입니다. 만약 이런 비디오를 제작하는 법을 배우는 데 관심이 있으시면 제게 이메일 주소를 알려 주시기 바랍니다.

이 게시물에는 작업 중인 브라이언의 모습을 담은 짧은 동영상도 포함되었다. 작업의 진행 과정을 공유하는 동시에 그룹 내에서 동영상 제작 방법에 대해 더 많은 내용을 배우는 일에 관심이 있는 타깃 고객의 선별, 즉 타깃 최적화를 수행했다는 측면에서 매우 훌륭한 게시물이다. 결과적으로 25명의 가망 고객이 손들기에 동의했고 브라이언에게 직접 이메일을 보내 왔다. 이렇게 그의 설명 동영상 부트스트래퍼 가이드 사업은 탄생했다.

3단계: 솔루션의 공유

그다음, 브라이언은 자신에게 이메일을 보낸 잠재 고객들에게 다음과 같은 이메일을 발송했다.

안녕하세요,

이 메시지를 받았다는 것은 제가 올린 멋진 홍보 동영상 제작법에 대해 좀 더 자세한 내용을 알려 달라고 요청하셨다는 의미입니다.

저의 계획은 이렇습니다.

지난주에 제가 멋진 동영상 제작을 위한 아주 놀라운 기법을 발견했답니다. 저는 지난 일주일 동안 그것을 이용해 다수의 상품 홍보 영상을 제작하기도 했고 그런 동영상을 원하는 고객에게 판매도 하였습니다. 그것도 꽤 높은 가격에 말이죠.

저의 동영상 제작 기법의 모든 것을 자세히 알려 주는 교육과정을 신설하고자 합니다. 그에 앞서 수요가 있는지 파악하기 위해 사전 판매를 실시할 예정입니다.

- 브라이언

브라이언은 메시지를 통해 자신의 의도를 명확하고 정직하게 밝히고 있다. 그는 고객의 수요를 파악하기 위해 사전 판매를 실시할 것이라는 사실 또한 명시하고 있다.

4단계: 거래 요청

브라이언은 이메일 후반부에 행동유도 요소를 포함시켰다.

사전 주문을 할 수 있도록 간단한 웹페이지를 만들어 두었습니다. 정상 가격은 55달러이지만 사전 주문 가격은 35달러입니다.

이 메시지를 수신하신 분들께는 사전주문 가격에서 추가로 25퍼센트를 할인해드리고자 합니다. 체크아웃 화면에서 할인 코드인 얼리버드(Earlybird)를 선택하시면 됩니다. 결과적으로 여러분이 지불하실 금액은 25.75달러입니다.

브라이언은 (검로드닷컴을 활용해) 사전 주문 페이지를 만들었다. 그의 목표는 25명의 잠재 고객 중 3명(12퍼센트)의 사전 주문이었다. 그 정도면 어느 정도 고객의 관심도가 있는 것이며 자신에게 직접 메일을 보낸 것이 단순히 친절함에서 비롯된 행동은 아니라고 판단할 근거가 될 것이라 생각했다. 그로부터 48시간 내에 25명의 잠재 고객 중 19명이 사전 주문을 신청했다. 교육과정 신설이라는 브라이언의 아이디어는 비준을 얻은 셈이다. 물론 그가 제시한 가격이 정상 가격에 비해 엄청나게 할인된 가격이었던 것은 사실이다. 그러나 그가 사전 판매를 진행한 목적은 수익 창출이 아니라 실제로 돈을 지불하는 사람들이 있다는 사실을 통해 자신의 아이디어에 대한 비준을 얻기 위함이었다.

그 이후의 일은 짐작하고도 남을 것이다.

브라이언은 교육과정을 제작하던 2013년 5월부터 2013년 10월 사이에 지속적으로 고객들과 접촉을 이어 갔다. 또한 페이스북 그룹에도 제작 중인 교육과정에 대해 정기적으로 게시물을 올렸다. 그 과정에서 브라이언의 이메일 목록에 등록된 사용자 수는 점점 늘어갔다. 10월이 되었을 때 브라이언이 보유한 이메일 등록자 명단은 575명으로 늘어나 있었고, 교육과정을 새롭게 선보일 준비도 마쳤다.

그는 기존 고객들로부터 받은 피드백을 기초로 교육과정의 가치 및 가격 구조에 대한 재평가 작업도 수행했다. 새롭게 선보일 교육 과정의 가격은 397달러로 책정되었다. 총 21명의 수강생이 브라이언의 교육과정을 구매했고 총 8337달러의 수익을 안겨 주었다. 교육과정 또한 정식 출범을 위한 모든 준비가 완료된 상태였다.

브라이언은 자신에게 비용을 지불하고 동영상 제작을 의뢰하기를 원하는 고객이 많다는 사실도 알게 되었고 몇몇 고객을 위해 동영상을 제작해 납품하기도 했다. 제작을 의뢰한 고객의 대부분은 페이스북 그룹에 속해 있었다. 브라이언은 다니던 직장을 그만두고 자신의 웹사이트를 통한 서비스 제공을 본격적으로 시작할 만하다는 확신을 얻게 되었다.

생각해 보면, 이 모든 일이 미미한 페이스북 그룹 활동을 통해 가치를 제공한 것에서부터 시작되었다. 어마어마한 결과가 아닐 수 없다.

제니퍼 바르셀로스(Jennifer Barcelos),
나마스트림닷컴(NamaStream) 창업자

내가 받은 생애 첫 요가 강습은 나를 완전히 무너뜨렸다. 너무나 힘겨웠다! 보기보다 훨씬 큰 도전 과제였지만 재미도 있었고 다음 시간이 기다려지기도 했다. 다행히 그 요가 강습은 매우 편하게 받을 수 있다는 장점이 따랐다. 우리 집 거실에서 수업을 받았기에 하는 말이다. 인기가 높았던 P90X 홈 피트니스 프로그램 DVD를 틀어 놓고 따라 하기만 하면 되었다. 동영상을 보면서 집에서 따라하는 방식의 요가 강습은 효과가 없을 것이라는 나의 처음 생각은 기우였다. 훌륭한 프로그램이었다.

하지만 요가 강습이 모종의 비즈니스로 발전하리라곤 한 번도 생각해 본 적이 없었다. 제니퍼 바르셀로스가 만들어 낸 비즈니스 같은 걸로 말이다. 그녀의 나마스트림닷컴(NAMASTREAM.COM)은 요가 강사들이 사실상 웹을 통해 실시간으로 강습을 진행하도록 구성되었다.

파운데이션(The Foundation, THEFOUNDATION.IO)이라는 교육 프로그램에 참여하기로 결심했을 당시 제니퍼는 변호사이자 초보 엄마였다. 파운데이션은 소프트웨어 회사의 창업 과정을 안내하는 프로그램이었다. 제니퍼의 목표는 가정 경제에 일부 보탬이 되는 한

편 그녀가 하고 있던 비영리사업을 위한 자금을 조달하는 것이었다. 그런 명확한 동기를 가지고 제니퍼는 요가 업계를 목표 시장으로 삼고 시장 조사를 진행하기로 결정했다. 12년간 요가 수행을 해왔기 때문에 그녀는 이미 요가 전문가였다. 제니퍼는 자신이 요가에 대해 흥미를 느끼고 있었기 때문에 시장 조사를 할 때 보다 쉽게 관계를 형성할 수 있다고 확신했다. 그렇게 관계를 맺은 사람들은 결국 그녀의 잠재 고객이 될 터였다.

어떤 종류의 비즈니스를 시작할 것인지에 대한 명확한 계획도 없는 상태에서 제니퍼는 188개의 소규모 요가 업체 소유주들에게 이메일을 발송했다. 그들과 직접 전화 통화를 하며 가장 시급히 해결해야 할 고충과 문제점을 파악하기 위한 시도였다. 실제로 반응률이 꽤 높았기 때문에 그녀 자신도 적잖이 놀랐다! 188명의 이메일 수신자 중 수신 거부를 원한 곳은 단 2곳뿐이었다. 제니퍼는 74개의 요가 스튜디오 소유주 및 관리자들과 일일이 전화 통화를 하며 아이디어를 추출하는 데 성공했다.

반응률이 그렇게 높았던 이유는 무엇이었을까?

제니퍼는 자신과 직접 전화 통화를 하는 사람들에게 인터뷰가 끝난 후 내용 요약 내지는 보고서를 작성해 전달하겠다고 제안했다. 이렇게 진지한 태도를 보임으로써 전화 인터뷰에 응하는 사람들이 보다 안정감을 느낄 수 있었다. 또한 인터뷰에 응한 대가로 자신들에게 유용하게 쓰일 무언가를 얻게 될 것이라는 믿음을 주었다는 점에서 보고서 제공은 매우 영리한 아이디어였다. 마찬가지로 제니퍼는 이메일에서 자신의 의도를 매우 정직하게 밝혔다. 이것이 제니퍼의 전화 인터뷰에 응하겠다고 한 사람이 많았던 이유였다! 결과적으로 모두에게 이익이 되었다.

전화 인터뷰를 통해 실제로 제니퍼는 솔루션을 제공할 수 있는 몇 가지 아이디어를 선별해 낼 수 있었다. 50번째 전화 통화를 할 때쯤에는 가장 시급하게 해결되어야 할 고충이자 대다수의 요가 스튜디오 소유주들이 궁극적으로 시도하기를 원하지만 어떻게 혹은 어디서부터 시작해야 할지 모르는 것이 바로 온라인 요가 강습이라는 사실이 명확하게 드러났다.

제니퍼가 어떻게 공식적인 아이디어 비준 절차를 시작했는지 살펴보기에 앞서 그녀가 했던 전화 인터뷰에 대해 잠시 짚고 넘어가도록 하자. 요가 스튜디오 소유주들이 경험하고 있던 고충을 파악하는 과정에서 전화 인터뷰가 매우 중요한 부분을 차지했다는 것은 명백한 사실이다. 제니퍼는 인터뷰를 위해 전화 통화를 시도할 때 긴장했을까? 물론이다. 제니퍼는 모르는 사람과 전화 통화를 시도할 때 느끼는 두려움의 극복 방법에 대해 이렇게 말했다.

"전화 거는 일이 두려웠어요. 거절 당할까봐 무서웠던 거죠…. 하지만 전화 통화가 이루어진 모든 고객이 저와 대화를 나누고 싶었다고 말씀해 주셨습니다….

실제로 처음 몇 번 시도해 보지 않고서는 그 두려움을 극복할 수 없었어요. 수화기를 들 때마다 심장이 마구 뛰면서 긴장되었지만 막상 대화를 나눈 다음에는 언제나 기분이 좋아졌습니다. 왜냐하면 그분들과 아주 좋은 관계를 맺을 수 있었기 때문이죠.

재밌는 것은 조금 지나자 이제는 전화를 거는 일에 슬슬 흥미를 느끼고 기대를 갖기 시작했다는 겁니다. 잘 진행되자 자신감이 생긴 거죠. 그렇게 열 번에서 열다섯 번 정도 통화를 하고 나자 두려움이 완전히 사라졌습니다."

자신이 목표로 삼을 아이디어가 결정되자 제니퍼는 신속하게 공식적인 비준 절차에 들어갔다.

1단계: 타깃 고객 접촉

제니퍼는 아무런 기반 없이 시작했기 때문에 그녀의 잠재 고객은 개별적으로 접촉을 시도한 요가 스튜디오의 소유주와 관리자들이었다. 처음에는 이메일을 발송했고 그다음으로 전화 통화를 시도했다. 요가 비즈니스의 소유주들이 모이는 포럼이나 온라인 그룹을 먼저 방문하여 그들과 관계 형성을 시도하는 것부터 시작할 수도 있었다. 그러나 직접적인 접촉을 통해 얻는 정보가 최선의 정보이다. 특히 시장 조사와 아이디어 추출 과정에서는 더욱 그렇다. 제니퍼가 중점을 둔 부분도 바로 그것이다.

2단계: 타깃 최적화

비준을 득해야 할 아이디어를 선정한 이후, 제니퍼는 온라인 요가 강습을 시도할 의사가 있음을 표시한 잠재 고객들과 다시 접촉했다. 그들과는 이미 어느 정도 관계를 구축한 상태였으므로 자신의 아이디어에 대해 보다 깊이 있는 대화를 나누기란 그리 어려운 일이 아니었다. 이런 후속 인터뷰를 통해 제니퍼는 자신의 타깃 고객이 원하는 것이 정확히 무엇인지 규명해 낼 수 있었다.

3단계: 솔루션의 공유

제니퍼는 온라인 요가 강습을 위한 소프트웨어 솔루션의 제작이라는 자신의 아이디어를 두 명의 요가 스튜디오 소유주와 공유했다. 그중 한 사람은 그날 당장 페이팔을 통해 1200달러를 선지불했다. 아직 아무것도 보지 못했음에도 말이다! 절대적인 수요가 존재한다는 사실이 명확해진 시점이었다. 그저 말로만 하고 싶다고 하는 것이 아니었다.

적어도 한 사람은 반드시 이루어지기를 원했고 제니퍼에게 비용을 선지불하는 것으로 명확한 의지를 표명한 셈이었다.

제니퍼는 즉시 소프트웨어의 와이어프레임 제작을 결정했다. 와이어프레임은 소프트웨어의 기본 틀만 갖춘 것으로 대략적인 모습과 느낌을 보여 주기 위한 것이다(프로토 타입과 유사한 것으로 보면 된다). 향후 다른 잠재 고객과 대화를 나눌 때 자신의 아이디어에 대한 설명에 유용하게 사용할 수 있을 터였다.

4단계: 거래 요청

제니퍼는 온라인 요가 강습에 관심을 보인 나머지 비즈니스 소유주들과도 접촉했다. 관심을 가지는 고객이 많다면 완제품을 제작할 것이라고 밝히고 와이어프레임을 시연해 보였다. 그 과정에서 최종 상품으로 완성되기까지 보완되어야 할 부분이 무엇인지 터득하게 되었다. 결과적으로 제니퍼는 총 3600달러 상당의 사전 주문 신청을 접수할 수 있었다. 본격적으로 제품 제작에 착수하기 이전에 말이다.

그렇게 시작된 나마스트림닷컴은 현재 너무나 쉽게 온라인 요가 강습이 가능하도록 만들어 줌으로써 전 세계의 요가 스튜디오를 고객으로 삼아 지속적으로 성장하고 있다. 제니퍼가 정한 가격 정책은 매달 혹은 매년 사용료가 발생하는 구조였기 때문에 그녀의 소프트웨어 사용자들은 나날이 늘어가고 그녀가 벌어들이는 수익 또한 매달 증가하고 있다!

제니퍼의 사연은 창업과 그에 따른 어려움을 극복하는 과정을 통해 미처 깨닫지 못했던 자신의 진면목을 발견했다는 점에서 매우 인상적이다. 제니퍼는 이렇게 말한다.

"저는 원래 사업가 기질을 타고났었던가 봐요. 지금까지는 스스로 그 사실을 수용하지 못했거나 창업이라는 것에 신경을 쓰지 않았을 뿐이라고 생각해요. '나는 사업가다'라는 사실을 수용하고 보니 제 삶이 완전히 달라졌습니다. 자신감도 충만해지고 매사에 슈퍼 히어로 같은 마음가짐이 생기기도 해요. 사업 외에 다른 일에도 큰 자극제가 됩니다. 이제 저는 필요하다면 뭐든 할 수 있다고 확신합니다. 물론 쉬운 일만은 아니겠죠. 하지만 분명한 것은 가능한 일이라는 점입니다."

제니퍼와 그녀의 스타트업 스토리에 대해 더 많은 정보를 얻고 싶다면 파운데이션 블로그에 게재된 인터뷰 동영상을 참조하기 바란다(HTTP://WWW.THEFOUNDATION.COM/BLOG/JENNIFER-10-PAYING-CUSTOMERS).

사례연구 4

재로드 로빈슨(Jarrod Robinson), 피이긱(PE Geek) 창업자

나에게는 체육 수업을 생각하면 떠오르는 것이 세 가지가 있다.

1. 대통령이 수여하는 체육상
2. 피구
3. 장거리 달리기를 하겠다는, 그것도 시간을 측정하겠다는 선생님의 말씀에 일순간 낙담하곤 했던 학창 시절

체육 선생님이었던 재로드 로빈슨도 과거에는 학생들에게 시간을 측정하며 장거리 달리기를 시켰을지 모르지만 체육을 가르치는 방법론의 측면에서 체육 교육계에 그가 남긴 업적은 눈여겨볼 만하다. 체육 교육에 대한 자신의 열정과 기술을 융합하여 재로드는 학생들의 전반적인 신체 발달 과정을 보다 쉽게 파악하며 관리하는 데 도움을 주는 소프트웨어 솔루션과 앱을 제작했다.

재로드의 블로그 더피이긱닷컴(THEPEGEEK.COM)은 그가 개발한 솔루션을 자세히 소개하고 있다. 그의 소프트웨어 사업은 성공적이었고 매번 신규 상품을 출시하기 전에 비준 과정을 거치기는 했지만 여기서는 그가 비준 절차를 적용한 첫 번째 상품으로 돌아가 보고자 한다. 재로드가 처음으로 수익을 창출할 수 있었던 상품이다. 첫 번째 상품은 사실상 일회성 행사였다.

재로드가 블로그 활동을 시작한 것은 2010년이었다. 체육 교사로 재직하는 중에 개인적으로 블로그를 운영했다. 자신의 아이디어를 사업화하기로 결심한 2012년까지 재로드가 보유한 이메일 주소록에는 단 한 명의 잠재 고객도 없었다. 여행을 좋아하고 사람들과 대화를 나누는 일을 즐겨 했던 재로드는 체육 교사로서의 경험을 다른 교사들과 공유하기 위해 실시간 1일 워크숍을 열기로 마음먹었다. 그때 이후로 재로드는 교사직을 그만두고 다른 교육자들에게 도움을 주는 소프트웨어 사업에 본격적으로 매진하기 시작했다. 현재 재로드는 전 세계의 여러 도시에서 100개가 넘는 실시간 워크숍을 진행한 상태다!

자신의 아이디어가 시간과 자금을 투입할 가치가 있다는 것을 확인하기 위해 그가 사용한 비준 방법을 살펴보도록 하자.

1단계: 타깃 고객 접촉

별다른 기반도 없이 블로그 활동부터 시작했던 재로드는 비교적 장기간에 걸쳐 서서히 타깃 고객과 접촉하는 방법을 택했다. 블로그나 팟캐스트 또는 동영상 채널 등의 플랫폼에서 팔로워를 확보하는 일은 비교적 오랜 시간을 필요로 한다. 그러나 재로드에게는 큰 문제가 되지 않았다. 왜냐하면 그 일은 제로드가 진심으로 즐기는 취미 생활과 같았고 교사라는 안정된 직장도 있었기 때문이다. 블로그를 시작할 때부터 잠재 고객의 이메일 주소 수집에 신경을 쓰지 않았던 것도 그런 이유 때문이었을 것이다.

재로드도 처음부터 이메일 주소록 구축 작업을 시작하지 않았던 일이 후회스럽다고 인정한 바 있다. 왜냐하면 자신의 블로그를 비즈니스로 전환하고 실시간 워크숍의 성공 가능성에 대해 조사하겠다고 결심했을 때 고객의 관심도 측정을 위한 대량 이메일을 발송할 수 없었기 때문이다. 대량 이메일 발송이 가능했다면 작업이 훨씬 수월했을 것이다. 그러니 어떻게 보면 재로드는 아무것도 없는 바닥에서부터 자신의 아이디어 하나만으로 시작했던 셈이다.

그때부터 재로드는 자신의 고향인 호주 멜버른 주변 지역의 체육 교사들과 접촉을 시도했다. 자신이 거주하는 지역부터 시작하는 것이 최소의 비용으로 소규모 실험을 신속하게 진행할 수 있는 최선의 방법이라 생각했다.

또한 직접적인 대면 접촉을 통해 관계를 형성한 주변 지역 교사들조차 워크숍에 참여하도록 설득하지 못한다면 지구 반대편에 있는 잘 알지도 못하는 사람들에게 참여를 설득하는 일 또한 불가능할 것이라 확신했다.

2단계: 타깃 최적화

재로드는 이메일과 전화, 대면 접촉 등 모든 방법을 동원해 한 사람씩 차례차례 주변 지역의 체육 교사들과 접촉했다. 기술과 체육 교육의 융합에 관한 대화를 나누며 그들의 관심도를 알아보기 위한 수단으로서 말이다. 아직까지는 워크숍에 대한 자신의 아이디어를 완전히 공유하지 않았다. 거듭 강조하건대, 재로드는 기술과 체육 교육의 융합이 사람들의 관심을 불러일으킬 만한 주제인지 먼저 확인하고 싶었다.

만약 사람들이 관심을 보이지 않는다면 워크숍에 대해 걱정할 필요도 없을 터였다. 재로드는 자신이 제안한 주제에 관심을 표명하며 손들기에 동의한 가망 고객들을 파악해 가며 그리 길지 않은 명단을 만들었다.

이런 식의 일대일 실시간 타깃 최적화는 장시간이 소요된다. 그러나 애초에 더욱 직접적인 관계 형성이 가능하다는 측면에서 그 효과는 더욱 강력할 수 있다.

3단계: 솔루션의 공유

재로드는 여세를 몰아 관심을 표명한 잠재 고객들에게 주변 지역의 체육 교사들과 함께 실시간 1일 워크숍을 개최할 것이라는 계획을 알렸다. 잠재 고객들이 입장권을 구매하고 워크숍에 참여할 수 있도록 웹사이트를 개설하고 링크를 공유했다. 웹사이트를 개설한 곳은 그가 과거에 사용한 적이 있는 이벤트브라이트(EventBrite, EVENTBRITE.COM)였다. 재로드는 개최 일자와 시간을 명시하고 장소는 추후 공지할 예정이라는 내용으로 공지를 보냈다. 그는 판매된 입장권의 수를 근거로 손쉽게 고객 관심도를 예측할 수 있을 것이라 생각했다. 입장권이 팔리지 않으면 워크숍을 개최할 일도 없으며 장소를 물색할 필요도 없을 터였다.

4단계: 거래 요청

재로드는 6시간 동안 진행될 워크숍의 입장권을 사전 판매 가격인 180달러에 제공했다. 그가 작성한 행사 공지글은 다음과 같다.

세계적으로 명성을 떨치고 있는 교육자이자 더피이긱(The PE Geek)의 운영자 재로드 로빈슨과 함께하는 1일 워크숍에 참여하시길 바랍니다. 다양한 활동으로 구성된 워크숍은 체육 교육 및 학습, 스포츠 과학과 스포츠 팀에 도움이 될 최신 기술에 중점을 두고 있습니다.

재로드는 몇 가지 기술과 더불어 교육학 분야의 최신 주제에 대해 발표할 예정입니다. 체육 교육학과 기술 교육의 접목 현상이 빠르게 확산되는 최근의 추세를 반영해서 말입니다.

특히 이번 워크숍은 아이패드(iPad)나 아이팟(iPod) 등의 모바일 장치를 체육 교육 현장에서 응용할 수 있는 방법론에 중점을 둔 활동으로 채워질 예정입니다.

참가자들은 각자 소유한 모바일 장치를 소지하여 주십시오. 행사 진행에 필요한 앱의 설치는 워크숍이 시작되기 전에 통보할 예정입니다.

참가자들은 실제적으로 활용 가능하며 교육 현장에서 즉시 사용할 수 있는 아이디어를 얻을 수 있을 것이라 확신합니다. 이번 워크숍은 체험 위주의 행사인 만큼 자신의 새로운 기술을 실제로 적용해볼 기회를 가질 수 있을 것입니다.

이 기회를 놓치지 마시고 지금 예약을 서둘러 주십시오. 워크숍에서 다루게 될 주제는 아래와 같습니다.

1. 체육 교육 현장에서 즉각적인 피드백을 얻는 방법

2. 체육 교육 및 스포츠 교실을 위한 동영상 분석 및 동영상 기반의 평가 방법

3. 교사 효율성과 조직화 도구

4. 혁신적인 교사 자원과 글로벌 협력

5. 체육 교육 분야에서의 평가와 포트폴리오

6. 증강 현실 및 '거꾸로' 교수법

7. 그 외 다수

참가 자격

모바일 기술을 교육 현장에 접목할 수 있는 방법을 연구하는 전문 체육

교사 혹은 스포츠 교사라면 누구나 참여할 수 있습니다.

재로드는 염두에 둔 행사 개최 장소를 고려해 판매할 입장권을 20장으로 제한하고 자신의 아이디어를 비준하고 실제 워크숍의 분위기를 체험할 참가자가 몇 명만이라도 나서 주기를 기대했다.

결과는 20장 완전 매진이었다.

그 이후 재로드는 유사한 워크숍을 전 세계 25개 도시에서 개최했다. 또한 무료로 장소 대여가 가능한 학교 체육관을 활용해 워크숍을 열고 해당 학교의 체육 교사들에게 무료입장의 혜택을 제공하는 식으로 다수의 행사를 개최하기도 했다. 현재 재로드의 워크숍 입장권 가격은 300달러를 넘는 수준이며 참가자의 수도 두 배 이상 늘어났다.

수익을 창출하는 동시에 보다 많은 고객에게 혜택을 제공하고 있다는 말이다. 그보다 더 훌륭한 점은 체육 교사들에게 도움을 주는 것인 만큼 결과적으로 교사를 통해 학생들에게 혜택이 돌아갈 수 있다는 사실이다.

이쯤에서 그가 어떻게 멜버른 이외의 다른 지역 도시들을 목표 시장으로 삼을 수 있었는가, 라는 질문이 생길 것이다.

장기간의 노력 끝에 구축한 연락처 목록 외에 재로드는 소셜 미디어활동으로 주의를 돌렸다. 재로드가 트위터를 활용한 방법은

간단하면서도 상당히 효과적이었다.

매우 간단하지만 소위 통하는 방법이다. 체육 교사들의 주의를 잡아끌기 위해 해시태그를 사용한 것이다. 만약 당신이 체육 교사인데 더피이긱이라는 사용자가 당신이 살고 있는 도시를 언급한 것을 발견했다면 거리낌 없이 인사를 건네며 반응할 가능성이 높지 않겠는가. 재로드가 특정 도시를 목표로 삼아 그 도시의 체육 교사들을 구체적 타깃 고객으로 확보할 수 있었던 방법은 바로 이것이었다.

그렇게 대화가 시작되면 그들에게 직접적인 메시지 혹은 이메일을 통해 자신이 개최할 행사에 대한 소식을 알렸다. 특정 도시에서 실제로 행사를 개최하기에 앞서 충분한 관심도가 있는지 먼저 확인해 보는 방법이었다. 먼저 등록하는 소수의 몇몇 참가자에게는 할인 코드를 제공했다. 그것으로 해당 지역 고객의 관심도를 측정하는 동시에 자신이 해당 도시로 이동하는 데 소요되는 여비 및 체재비를 충당했다. 그다음엔 해당 지역 교사들을 목표로 한 페이스북 광고를 게재하고 참가자를 모집하는 것이었다. 이 또한 매우 간략한 공지글을 올리는 방법을 택했다.

The PE Geek Apps
Sponsored

👍 Like Page

PEGEEK

4월에 베트남에서 체육교육에 아이패드 활용법 워크숍을 개최합니다. 여기를 클릭해서 등록하면 됩니다.　www.thepegeek.com/vietnam

2015년 4월 베트남에서 개최한 이 한 번의 행사를 통해 재로드는 30장의 입장권을 판매하고 총 7873달러 32센트의 매출을 기록했다.

현재 그는 200명 이상의 참가자를 모집하는 자신의 첫 대형 콘퍼런스를 위해 동일한 방식의 비준 절차를 적용하고 있다. 자신이 보유한 연락처 목록에 있는 고객들과 (이번에는 이메일을 통해) 접촉하는 것은 물론 사전 판매도 진행하면서 말이다.

이 책의 독자들을 위해 재로드가 제공한 중요한 교훈이 있다.

"판매된 입장권의 수가 실제적 형태의 비준 결과이긴 하지만 이 사업을 시작할 수 있었던 것은 제가 만든 콘텐츠 덕분이라 생각합니다. 어딘가에서 무료로 제공할 수 있는 (제 경우엔 개인 블로그와 팟캐스트를 통해 그렇게 했습니다) 훌륭한 콘텐츠를 보유하는 일이 얼마나 중요한지 아무리 강조해도 지나치지 않을 것입니다. 그래야만 다른 방식으로 그 이상의 가치를 원하는 고객들을 상대로 상품을 판매할 수 있는 기회가 발생할 수 있으니까요. 제가 워크숍과 같은 실시간 행사를 선택한 것은 여행하길 좋아하고 사람들과 직접 대면하여 이야기를 나누고 교육하는 일을 너무나 좋아하기 때문입니다."

재로드의 성공 사례에서 내가 가장 높이 사는 부분은 그가 선택한 비즈니스의 형태가 그가 원하는 삶의 방식과 일치하는 결과로 이어졌다는 것이다. 재로드는 전 세계를 여행하며 사람들에게 교육의 기회를 제공하며 수익을 창출하는 그 모든 일을 제대로 해내고 있다!

노아 카간(Noah Kagan), 스모저키닷컴(SumoJerky) 창업자

나는 소고기 육포를 좋아한다. 맛있기도 하고 건강에도 좋다. 마치 야생에서 살아남을 수 있을 것 같은 느낌을 갖게 만드는 것도 내가 육포를 좋아하는 이유 중 하나다. 육포가 좋은 또 다른 이유는 노아 카간이 스모저키(Sumo Jerky, SUMOJERKY.COM)라는 월간 소고기 육포 회원제 배송 서비스에 대한 비준 과정과 사전 판매 사업을 단 24시간 만에 성공시켰기 때문이다. 현재 스모저키는 수천 명의 서비스 가입자를 보유하고 있다.

앱스모(App Sumo, APPSUMO.COM)는 노아가 운영하는 또 다른 사업체이다. 그의 육포 사업은 사실상 앱스모를 통해 제시된 도전 과제의 결과물로 탄생한 것이다. 노아는 24시간 내에 1000달러의 수익 창출을 도전 과제로 설정하고 앱 가입자들로부터 아이디어를 제공받았다. 제시된 아이디어들 중 어떤 것이든 선택할 수 있었지만 앱스모를 비롯해 자신의 블로그에 있는 활용 가능한 네트워크는 사용할 수 없다는 원칙을 적용했다. 육포는 여러 가지 선택 사양 중

하나였는데, 노아 자신이 새로운 맛의 육포를 먹어 보는 일을 너무 좋아했기 때문에 그가 육포를 선택한 것은 그리 이상한 일도 아니었다.

사업은 대단히 성공적이었다. 육포 사업의 지속적인 성장을 위해 노아는 다른 사람에게 사업을 양도할 수밖에 없었다. 어쨌거나 그가 매진해야 할 주요 사업은 앱스모였으니 말이다. 현재 스모저키 사업을 운영하는 최고책임자(Chief Jerk)는 라이언 루덱(Ryan Luedecke)이다. 여기서는 노아가 처음 사업을 시작한 과정에 대해 살펴보도록 하자.

비준 절차는 경우에 따라서 며칠 혹은 몇 주의 시간이 소요된다. 적합한 고객과 대화를 나누고 적합한 타깃 고객과 접촉하기 위해서는 시간이 필요하기 때문이다. 또한 비준 절차는 상호작용의 과정이므로 다음 단계로 진행하기에 앞서 반드시 긍정적 결과물을 얻을 수 있도록 상황을 통제해야 한다.

노아는 특유의 괴짜 기질을 발휘해 단 24시간 내에 1000달러의 수익 창출을 목표로 설정했다. 그는 자신이 정한 마감 기한을 지키기 위해 여러 가지 비준 방법을 하나로 연합하여 적용해야만 했다. 지금까지 살펴본 사례연구와 달리 이번에는 비준의 단계가 모두 융합되어 있을 것이다(그것을 찾아낼 수 있는지 살펴보기 바란다). 노아가 동일한 여정을 밟으며 어떻게 자신의 목표를 달성해 낼 수 있었는지 들여다 볼 수 있을 것이다.

육포에 관련된 사업은 여러 가지가 있을 수 있다. 노아는 자신의 아이디어를 구체화하기 위해 사람들이 육포를 먹는 습관에 대해 질문하는 일부터 시작했다. 그가 잠재 고객이 원하는 것을 알아내기 위해 준비한 질문은 이런 것이다.

- 육포를 얼마나 자주 먹습니까?
- 육포의 구매 장소는 어디입니까, 주로 어떻게 구매합니까?
- 지금 당장 육포를 구매한다면 그 이유는 무엇입니까?
- 지금 당장 구매하는 것을 망설이게 만드는 요인은 무엇입니까?

친구들 및 무작위로 선별한 사람들을 대상으로 질문한 결과, 육포를 구매하는 사람들이 정작 육포 자체에 대해서는 그리 많은 생각을 하지 않는다는 사실을 알게 되었다. 육포는 건강에 해롭지 않기 때문에 선호하는 식품이며 다양한 종류의 육포를 시도하는 데에도 대부분 거부감을 느끼지 않기 때문이었다. 나의 육포 구매 성향을 생각해 보면 노아가 발견한 사실과 완벽히 일치한다.

나는 내가 구매할 육포의 브랜드나 향미를 크게 고려하지 않는다. 오히려 나의 구매 성향에 영향을 미치는 요인은 편의성 쪽에 가깝다. 온라인 쇼핑몰 타깃을 통해 쉽게 구매한다거나 여행 중 배가 고플 때 주유소 편의점에서 눈에 띄면 구매하는 식이다.

육포 판매에서 노아가 중점을 둔 부분은 건강에 좋고 편리한 간식이라는 점을 부각시키는 것이었다. 그는 건강식품을 선호하는 젊은 직장인과 사무실을 주요 타깃으로 설정했다. 사무실을 목표로 삼은 것은 매우 영리한 발상이다. 직원들의 간식용으로 육포 등을 사무실에 비치하는 경우가 많기 때문이다. 이런 유형의 잠재 고객들에게 회원제 배송 서비스는 최적의 구매 방법일 것이다. 그러나 확실히 하기 위해서는 비준 절차가 필요했다.

기존 비즈니스 네트워크나 이메일 목록을 활용할 수 없다는 것이 도전 과제에 적용된 원칙이었다. 노아는 주변 지역에 있는 사무실을 접촉하는 일부터 시작했다. 친구들이나 주변 지인들 중에서도 회원제 배송 서비스를 좋아할 만한 사람들을 골라 접촉을 시도했다. 그들이 관심을 가질 만한 아이디어인지 확인하기 위해서였다.

더 나아가, 노아는 친구들에게 추천을 부탁하는 방식으로 새로운 잠재 고객과도 접촉할 수 있었다. 지인의 추천을 활용하는 방법은 나중에 사업의 전반적인 전략에서 상당히 중요한 부분을 차지하게 되었고 빠른 시간 내에 보다 많은 잠재 고객을 확보하는 데 큰 도움이 되었다.

노아가 한 친구에게 보낸 이메일의 내용을 보면 아래와 같다.

잭,

내가 지금 '월 회원제 육포 배송 서비스'라는 새로운 사업을 시도하는 중인데 너도 관심이 있을 것 같아.

월 40달러에 건강한 육포를 매일 먹을 수 있어. 간식비로 하루에 1.42달러를 쓰는 셈이지. 3개월(120달러) 단위나 6개월(240달러) 단위로 회원을 받으려고 해.

관심 있어?

다음 주에 수령할 수 있도록 대량 주문을 할 계획이라 오늘은 20명까지만 예약을 받을 거야.

-노아가

추신: 직원들의 간식거리를 비치해 두는 사무실 중에 아는 곳이 있으면 소개해 줄 수 있어???

노아의 성공 사례에서 가장 인상적인 부분은 그가 즉각적으로 행동에 나섰다는 것뿐만 아니라(마감기한이 정해져 있고 앱스모 회원들이 그가 하는 모든 행동을 주시하고 있었다는 점이 도움이 되었을 것이다) 1000달러의 수익을 얻기 위해 정확히 몇 명의 가입자가 필요한지 그가 정확히 알고 있었다는 사실이다.

초기 제작 비용이 투입되기는 하지만 상품의 배포 단계에서 재고를 관리할 필요가 없는 소프트웨어나 전자책 등의 디지털 상품과 달리 물리적 상품과 소비재는 예산과 사업 타당성 측면에서 고려해야 할 부분이 훨씬 많다.

물리적 상품을 취급하는 사업을 시작한다면 경제적 측면의 실행 가능성을 확인하는 것이 무엇보다 중요하다. 상품의 제작에 소요되는 비용은 얼마인가? 운송 비용은 얼마인가? 소비자가 해당 상품을 구매하는 목적은 무엇이며 단위 상품당 수익 마진은 얼마로 할 것인가? 비록 아이디어를 비준하는 단계이기는 하지만 혹시 존재할지 모르는 위험 신호를 감지하기 위해서는 이와 같은 수치를 파악하는 것이 좋다. 물론 당신은 노아처럼 스트레스가 심한 상황에 놓여 있지 않을 수도 있다.

첫날부터 1000달러의 수익을 창출해야 하는 다소 비정상적인 목표를 달성해야 할 필요가 없을지도 모른다. 그러나 기본적인 수치를 파악하고 있다면 가격 전략을 결정하는 데 상당한 도움이 될 것이며 향후 사업 운영 과정에서 비용 절감의 효과를 기대할 수도 있다.

노아는 육포를 직접 만드는 생산자가 아니었다. 따라서 공급자로부터 상품을 조달할 계획을 수립했다. 주변 지역에 위치한 육포 공급업체들과 접촉하여 가격을 결정하고 대량 주문에 따른 할인율까지 정한 이후에, 노아는 자신의 1000달러 수익 창출 목표 달성을 위해 월 가입자가 몇 명이 필요한지 그리고 가격은 어느 정도 수준으로 책정할 것인지 등의 예산 수립에 착수했다.

노아의 예산 계획에 의하면 판매 가격은 20달러로 책정되었다. 잭에게 보낸 초기 이메일에서는 매월 40달러에 회원제 배송 서비스를 제공한다고 했다. 이것은 사람들이 어느 정도의 금액을 그 대가로 기꺼이 지불할 의사가 있는지 알아보기 위한 의도에서 비롯된 것이다. 고객의 지불 의향을 전혀 짐작할 수 없었기 때문이다. 그가 일단 높은 가격을 제시한 이유는 나중에 인상하는 것보다 인하해서 고객을 기쁘게 하는 쪽이 훨씬 쉽기 때문이다.

또한 그가 판매하고자 한 상품이 가입 서비스였기 때문에 3개월 혹은 6개월 단위로 판매하는 것이 1개월 단위 판매보다 성공 확률이 높았다. 아직 존재하지도 않은 서비스 상품이었던 것을 감안한다면 쉽지 않은 선택이었다. 그러나 노아의 의지는 단호했고 더 많은 고객 확보를 위한 노력을 계속해 나갔다.

9시간 동안 전화 통화에 매달린 끝에, 특히 친구들이 추천해 준 잠재 고객들과 접촉한 끝에 노아는 목표를 달성할 수 있었다. 3030달러의 총매출을 기록했고 1135달러의 수익을 남겼다! 결코 쉽지 않은 일이었다. 노아 자신도 실로 오랜만에 그렇게 열심히 일했다고 기억한다. 노아는 왜 그렇게까지 했던 것일까? 두 가지 이유가 있다.

첫째, 비록 잘 알지 못했던 틈새시장일지라도 남들보다 한발 앞서 진입하는 일이 불가능하지 않다는 것을 입증하기 위해서였다.

둘째, 결코 쉽지 않은 일이라는 것을 실제로 보여 주고 싶어서였다. 많은 노력이 투입되어야만 가능했던 일이지만 도전 과제를 완수한 이후 노아는 자신의 앱 가입자들에게 적지 않은 교훈을 전달할 수 있었다. 그는 자신의 실험을 통해 얻은 중요한 교훈을 아래와 같이 정리했다.

- 실시간 커뮤니케이션[스카이프, 구글토크(Gtalk), 문자메시지, 전화 통화]이 답이다. 이것은 보다 수동적 형태의 의사소통(이메일, 페이스북/트위터 게시물)에 비해 훨씬 효과적인 판매 방식이다.
- 지인에게 추천을 요청하라.

그 사람이 관심을 보이지 않는다면 관심이 있는 다른 사람에게 추천받는 방법을 택하라. 만약 그 사람이 관심을 보인다면 그 사람이 아는 사람 중에서 이 상품을 좋아할 만한 사람이 있는지 물어보면 된다. 나는 지인을 추천한 사람에게는 한 달간 공짜 육포를 제공하는 방식으로 추천을 독려했다.

• 축소 판매도 효과가 있다.

3개월 단위로 구매하는 것을 원치 않는 고객에게는 1개월만 구매하는 것은 어떤지 물어보았다.

• 모든 사람에게 판매할 수는 없다.

시간적 제약이 있었던 만큼, 육포를 먹지 않는 사람이나 품질 좋은 특별한 육포 따위에 관심이 없는 사람들까지 설득할 수는 없는 일이다.

• 입증된 방식에 집중하라.

사무실들에서는 이미 간식거리를 주문하고 있었다. 그리고 물품 구매를 위해 배정된 예산이 개인에 비해 높은 편이라는 사실을 신속하게 간파했다(나에게는 더없이 좋은 조건이 아닐 수 없었다).

• 고객들에게 무엇을 원하는지 물어보라.

만약 고객이 이미 선호하는 육포의 종류가 정해져 있다면 별도로 기록해 두었다가 그들이 좋아하는 종류의 육포를 제공한다. 애써 짐작할 필요가 있을까? 고객이 원하는 것을 파악하는 일부터 시작해 거꾸로 진행하면 된다.

• 소셜 미디어는 소란스럽다.

나를 알고 있는 사람들에게 나의 육포 사업에 대해 조금이라도 더 알리기 위해 페이스북과 트위터에 두 번이나 게시물을 올렸다. 게시물을 한 번 올리면 모든 사람이 볼 수 있을 것이라 짐작하는 것이 일반적이지만 실제로는 그렇지 않다(두세 번 올리는 것이 바람직하다는 뜻이다).

• 비즈니스를 시작하는 데 반드시 큰돈이 필요한 것은 아니다.

나는 24시간과 7.99달러의 자금으로 육포 비즈니스를 시작할 수 있었다. 비즈니스에 대한 비준을 얻기 위해 엄청난 시간과 비용을 쏟아부어야만 하는 것은 아니다.

• 성공의 비밀은… 노력이다.

그 외에는 아무것도 없다. 어렵고 힘든 일이다. 그러나 진정으로 원한다면 무엇이든 할 수 있다.

• 질문해야 한다.

나는 육포가 실로 도움이 될 것으로 생각되는 고객에게 집중했다. 불편할 수도 있지만 일반적으로 불편함은 스스로 확신을 가지지 못하면서 타인을 설득하려 애쓸 때 생기는 법이다.

• 네트워크를 구축(혹은 유지)하라.

상품을 팔 충분한 수의 고객을 확보하지 못했다면 지금부터 구축하면 된다. 나는 한동안 연락을 취하지 않았던 친구가 적잖다는 사실을 깨닫게 되었다. '정원'은 자주 손을 대며 돌봐야 한다. 그렇지 않으면 썩어 버릴 것이다.

이 모든 과정이 당신에게 어떤 의미로 다가오는가? 당신이 진정으로 원한다면, 그리고 기꺼이 노력을 쏟아부을 준비가 되어 있다면 당신이 원하는 삶의 방식은 그리 멀지 않은 곳에 존재한다.

최근 노아에게 소셜 미디어상에 친구도 없고 아무런 기반도 없이 바닥부터 시작하는 사람들에게 어떤 조언을 해 주고 싶은지 물어보았다. 그는 이렇게 말했다.

"목표로 정한 타깃 고객과 잠재 고객이 거주하는 그룹에 참여해 함께 활동할 것을 추천합니다. 어려운 일이 아닙니다. 다만 노력을 필요로 할 뿐이죠. 바로 거기가 출발점입니다."

스모저키의 창업 스토리에 대해 보다 자세한 정보를 얻고 싶다면 앱스모 블로그를 활용하면 된다(HTTP://WWW.APPSUMO.COM/SUMO-JERKY).

이에 더하여, 『과연, 뜰까』 동반자 과정의 18장 비준 실행 편에서는 노아 카간의 인터뷰 동영상을 독점 공개하고 있다. 동영상에서 노아는 스모저키에 대한 숨겨진 이야기를 들려주고 있다. 또한 매트리스 사업의 비준 과정도 공개했다. 나를 비롯한 촬영 팀원들에게 실제로 작동되는지 시도해 보고 싶은 생각을 갖게 한 사업이다.

당신!

다음으로 내가 독자들과 공유하고 싶은 성공 사례는 바로 당신의 비즈니스다!『과연, 뜰까?』의 다음 판에서는 가능하지 않을까? 다음번에는 최신 비즈니스 전략과 상품에 대한 비준 과정을 포함시키는 것 외에 바로 당신과 같은 사업가들의 성공 사례를 더 많이 소개할 예정이다!

당신이 해야 할 일은 PAT@WILLITFLYBOOK.COM으로 이메일을 보내는 것이다. 이메일의 제목은 I'm Flying(나는 뜨고 있어요)으로 하고 비준 절차를 적용한 비즈니스에 대한 간략한 소개와 그 과정을 기술해 주기만 하면 된다!

그렇게 전달되는 성공 스토리들은 내가 계속 추적할 것이다. 그리고 당신의 스토리가 선정된다면 보다 많은 정보를 얻기 위해 내가 당신에게 연락을 취할 것이다. 당신이 어떤 시장을 목표로 삼든 상관없다. 비준의 대상이 되는 비즈니스의 규모가 크든 작든 그 또한 문제될 것이 없다. 당신의 성공 스토리를 공유해 주기 바란다. 내가 듣고 싶은 것은 바로 그것이다!

이 책의 독자들과 성공 사례를 공유할 수 있도록 허락해 준 모든 분께 특별한 감사의 마음을 전하는 바이다!

동반자 과정(Companion Course, WILLITFLYBOOK.COM/COURSE)에는

보다 많은 비준 과정의 사례연구를 추가할 예정이다. 새로운 비즈니스 소유주들이 초기에 사용한 전략을 심층적으로 분석한 오디오 및 비디오 인터뷰 또한 독점적으로 공개할 것이다.

이 책을 여기까지 읽어 낸 당신이 얼마나 대단한 사람인지 내가 직접 말해 줄 수 있으면 좋겠다. 진심으로 말이다. 아이디어의 성공 가능성을 확인하기 위해 이 책에서 권하는 단계별로 과정을 밟아 왔든 혹은 그저 일의 진행 과정을 알기 위해 그냥 여기까지 훑어보듯이 읽어 왔든 당신에게 고마움을 표하고 싶다.

지금까지 우리는 많은 작업을 함께 수행해 왔다. 이 책의 시작 부분에서 우리는 당신의 비즈니스 아이디어를 잠시 제쳐 두고 당신의 삶을 통해 무엇을 추구하고 싶은지, 당신을 당신답게 만드는 것은 무엇인지 내면적 성찰의 시간을 가져 보았다. 자아에 대한 내면적 성찰이 불편할 수도 있었겠지만 마음을 열고 나와 함께 그 과정을 거친 당신에게 감사한다.

나의 개인적인 이야기가 당신이 이 책의 연습 과제를 수행하는 데 조금이나마 도움이 되었기를 바란다. 다음으로, 마인드맵 창출 방법을 학습하였고 아이디어를 실제적으로 규명해 보았다. 심지어 나의 아이디어를 다른 사람과 공유하는 데서 오는 두려움을 함께 극복하기도 했다. 솔직히 고백하자면, 나는 아직도 내 아이디어에 대해 타인과 얘기를 나누어야 할 때 긴장감을 느낀다. 그런 두려움은 영원히 사라지지 않을 것이다. 우리는 다만 그것을 통제하고 우리에게 유리한 방향으로 활용할 수 있는 방법을 터득하기만 하면 된다.

그 이후에 우리는 당신이 진입하고자 하는 목표 시장과 타깃 고객을 완벽히 이해하기 위해 시장 지도와 고객 P.L.A.N.을 작성했다. 시장 지도와 고객 P.L.A.N. 두 가지는 앞으로 비즈니스의 출범 과정에서도 매우 유용한 도구가 될 것이다.

고객의 고충을 해결하기 위한 명약을 만들어 낸 일도 빼놓을 수 없다. 그리고 적어도 하나의 솔루션을 시험해 보기 위해 비준 방법 또한 함께 살펴보았다.

이 책의 마지막 장에 다다른 지금 나는, 한 손에 헬멧을 들고 전투기가 대기하고 있는 격납고를 향해 마치 영화의 한 장면처럼 슬로모션으로 발걸음을 옮기는 당신의 모습을 상상해 본다. 당신이 전투 준비를 완료한 전투기에 가까이 다가갈수록 서서히 빠르고 격렬한 사운드로 변하는 배경음악도 들리는 듯하다.

내가 당신에게 당부하고 싶은 말은 이것이다. 지금 현재 비즈니스 아이디어를 가진 당신이 어디에 위치하든, 설령 당신의 아이디어가 첫 번째 시도에서 시험에 통과하지 못했을지라도 당신은 이미 사업가의 기질을 보유한 사람이다.

이 책을 집필한 목적은 아이디어의 비준이기도 하지만 당신의 사업가 기질을 비준하기 위한 것이기도 하다. 성공이든 실패이든 단계를 밟아 나가는 모든 과정이 곧 성공으로 향하는 한 걸음 한 걸음이라는 사실을 분명히 알고 있는 당신 말이다. 진정한 실패는 포기하는 것이다.

성공에 이르기 위해서는 엄청난 노력과 인내가 필요하다. 그리고 나는 당신이 그 사실을 분명히 인지하고 있음을 알고 있다. 당신은 지금 이 책을 읽고 있으며 지금까지 모든 과정을 나와 함께 거쳐 왔기에 그렇다는 말이다.

이렇게 책의 끝부분까지 읽어 내지 못하는 독자들도 많다는 사실을 알고 있다. 그래도 상관없다. 그들은 아마 아마존 서평에서 이 책에 별점 '한 개'를 부여하며 책에서 시키는 대로 쫓아가기가 너무 힘들다거나, 연습 과제들이 형편없다거나 혹은 비준 전략이 제대로 작동하지 않는다는 등의 후기를 남길 것이다.

만약 그런 후기가 눈에 띄더라도 개의치 말기 바란다. 대답도 하지 말고 반응을 보일 필요도 없다. 화를 낼 일은 더더욱 아니다. 이 세상에는 당신을 필요로 하는 사람들이 반드시 있다. 그 사람들에게 집중하도록 하라. 그러면 언젠가는 보상을 받게 될 것이다.

그리 긴 내용은 아니지만 여정을 마무리하기 전에 당신과 공유할 필요가 있는 모든 것이 담겨 있다. 지금까지 당신과 함께한 이 여정이 나에게는 진정한 즐거움이었다. 힘차게 마무리 짓도록 하자.

5부

준비 완료

"비행의 비결은 이것이다. 몸이 법칙을 거스르고 있음을 깨닫기 전에 즉시 날아올라야 한다."

– 마이클 커닝햄(Michael Cunningham)

WILL IT
FLY?

19

카운트다운

나는 당신이 자랑스럽다.

당신은 행동을 취했고 보스처럼 신중하게 결정했다. 타깃 시장에 관해 더 많이 배웠고 잠재 고객 자신들보다 그들에 대해 더 잘 알게 되었다. 안전지대에서 스스로 걸어 나왔고, 무슨 일이 일어날지 모르는 미지의 세상으로 들어서서 어떤 일이 벌어질지 알아내고자 했다. 그리고 이제 당신은 나아갈 방향과 자신감을 갖추었다.

당신은 준비가 되었다. 모든 시스템도 준비가 완료되었다.

이제 여기서 어디로 갈 것인가?
다음은 어디인가?

———

당신이 할 수 있는 최악의 일은 멈추는 것이다. 당신에게는 이미 가속도가 붙어 있다. 그러니 확실히 그것을 이용하라. 앞으로 해야 할 일을 파악하고 행동으로 옮겨 목표를 실현시키라는 뜻이다. 당신은 이를 알고 있으며 필경 다음 일까지 알고 있을 것이다.

당신은 타깃 시장의 소규모 표본과 거래까지 해 봤다. 이제 나머지 모두가 당신을 기다리고 있다. 전면전에 나서되, 한발씩 내디뎌야 한다는 사실을 함께 기억하자. 이 지점에 이르기 위해 지금까지 책 전반에 걸쳐 사용한 반복과정을 반드시 명심하자. 또한 모든 일이 항상 계획대로 진행되지 않는다는 점을 고려하고 열린 마음을 갖자. 올바른 지침만 따른다면 성공하게 될 것이라는 사실을 기억해야 한다.

나사에서는 우주로 무언가를 쏘아 올릴 때 카운트다운 시계를 내걸고 발사 전까지 남은 시간을 확인한다. 본격적인 카운트다운이 시작되면 구체적인 일련의 사건들이 뒤따르는데 그 가운데에는 발사 준비가 모두 완료되었는지 확인하는 최종 점검 과정도 포함된다. 나는 다음 단계의 사업가로 진일보하는 당신과 마지막으로 다음과 같은 다섯 가지 생각을 공유하고자 한다.

성공적인 비즈니스의 구축은 쉬운 일도 아니고 작은 일도 아니다. 당신이 짊어지고 있는 일의 무게를 가늠하기란 어렵지 않다. 당신이나 나 같은 사람들은 야망이 크기 때문에 큰 비전을 갖고 거대한 목표를 갖는다. 멋진 일이기는 하지만 때로 터널의 끝을 밝히는 빛을 놓치고 길을 잃기도 한다.

나는 알고 있다. 왜냐하면 내가 이 책을 쓰기 시작할 때 나도 그런 느낌을 가져 봤기 때문이다. 이것은 내게 거대한 프로젝트였다. 야심 찬 주제였기 때문이 아니라(야심 찬 의도였기는 했지만), 주제와 관련된 가능한 최고의 자료가 되기를 원했고 당신의 모든 시간을 가치 있게 만들어 주고 싶었기 때문이다. 머릿속으로 너무 크게 구상했기 때문에 처음에는 어떤 것도 만들어 내기 힘들었다. 4주 동안 매일 아침 두세 시간씩 글쓰기를 한 후에야 말 그대로 개요를 완성할 수 있었다. 약 2000단어, 즉 예닐곱 페이지에 완성한 개요였다. 그 속도로 책을 쓴다면 꼬박 2년은 걸릴 터였다!

나의 좋은 친구 아줄 테로네즈(Azul Terronez)에게서 내게 꼭 필요한 조언을 듣기 전까지는 계속 그런 식이었다. 그는 집필 과정 내내 책임감을 갖도록 도왔다. 그가 진척 과정을 확인하고 있다는 사실을 아는 것만으로도 도움이 되었지만 내가 결국 나아가게 된 것은 그가 책 전체를 작은 단위들로 나누라고 조언한 덕분이었다.

이후 머릿속에서 책이 일련의 블로그 포스트로 자체 변형되었고, 그럼으로써 훨씬 더 관리하기 쉽고 훨씬 덜 위협적이 되었다. 본격적인 글쓰기에 돌입했을 때, 나는 책의 또 다른 1퍼센트를 완성하는 대신에 한 챕터를 100퍼센트 완성해 냈다. 결국 같은 분량이었다.

하지만 커다란 프로젝트를 진행 중일 때 얻는 작은 성공은 해당 작업에 대해 비참한 기분을 느끼느냐 아니면 대단한 기분을 느끼느냐의 차이를 의미하는 것이다. 물론 대단한 기분을 느껴야 계속 진행해 나갈 수 있는 것 아니겠는가?

내가 사업가로서 배운 한 가지 사실은 과정에서 얻게 되는 작은 성공들을 축하해야 한다는 것이다. (글쓰기에도 같은 규칙이 적용된다.) 큰 목표를 나누어 당신이 다룰 수 있는 작은 덩어리들로 바꾼 후, 새로운 이정표에 도달할 때마다 스스로 자랑스럽게 생각해야 한다. 당신은 사업가로서 반드시 그렇게 해야 한다. 그렇지 않으면 제정신으로 버틸 수 없다.

그것은 아이를 기르는 것과도 같다. 당신은 아이의 성장 과정에서 사소하지만 중요한 사건들을 겪을 때마다 축하했을 것이다. 첫 미소, 첫 웃음, 첫 뒤집기, 첫 옹알이, 첫 완전한 밤잠, 첫 기기, 첫 단어, 첫 이유식 시기, 첫 걸음마. 부모로서 우리는 이러한 작은 성공들을 축하해야 할 필요가 있다. 아이 키우기라는 그 힘겨운 과정에서 그 순간들이 잠깐의 행복이 되기 때문이다. 그 이유 때문에 나와 아내 에이프릴은 아이들이 자라면서 새로 배우거나 익히는 재주 같은 모든 사소한 것에 대하여 항상 이야기를 나누는 것 같다.

사업의 발전 단계에서 당신은 목표를 크게 생각하되 큰 목표를 한 입 크기의 작은 이정표로 나누고 그것들을 하나씩 정복할 때마다 반드시 성과를 축하하고 기념해야 한다.

4
지원군을 얻어라

모든 성공한 기업가의 뒤에는 그들이 하는 일을 돕고 그들의 삶에 가치를 더해 주는 지원군이 존재한다.

그렇다고 반드시 팀을 만들라는 얘기는 아니다(적어도 시작 단계에서는 그럴 필요가 없다). 나의 경우 사업 관리를 도와줄 누군가를 고용하기까지 4년이 걸렸다. 그런데 솔직히 말하자면 더 빨리 고용했더라면 하는 아쉬움이 남는다.

2008년도에 사업을 시작한 이후로 나는 언제나 모종의 지원 체계와 대화 상대를 가졌다. 그것은 내가 성공하는 데 중요한 역할을 했다. 건축학 분야의 일을 그만두고 내가 받은 첫 번째 지지는 당시 나의 약혼자였던 에이프릴에게서 나왔다. 그녀가 준 용기로 나는 기업가의 세계에 입문했고 나 자신을 신뢰하게 되었다.

사랑하는 사람으로부터의 지지는 대단히 큰 도움이 된다. 물론 그것이 항상 가능한 일은 아니라는 사실을 알고 있다. 특히 당신이 막 시작하는 단계에 있다면 더욱 그러할 것이다. 나는 많은 사람으로부터 이메일을 받는데, 그중 흔한 사연이 자신들이 시작하려는 사업이 그럴 만한 가치가 있는 일이라는 사실을 배우자나 연인, 또는 부모나 형제에게 납득시키는 데 어려움을 겪고 있다고 토로하는 내용이다.

나는 그들에게 다른 사람을 설득하는 일을 그만두고 차라리 당신이 무슨 일을 하고 있는지, 왜 그 일을 하는지에 대해 그들과 진솔한 대화를 나누라고 조언한다. 당신의 이유가 중요하기 때문이다. 만일 당신이 원하는 게 사랑하는 사람들의 지지이고 당신이 상황을 더 낫게 만들고자 한다는 사실을 확인하면 그들은 일반적으로 최소한 당신을 이해하기 시작할 것이다. 어떤 경우에는 대화 이상의 것을 필요로 할지도 모른다.

내가 만약 그러한 상황에 처하게 된다면 사업에 관한 이야기는 피할 것이다. 논쟁을 일으키기 때문이다. 대신 작고 구체적이고 의미 있는 성공을 얻는 데 집중하고, 그것을 공유할 것이다.

사랑하는 사람으로부터 지지를 받든 받지 못하든 당신은 외부에서 지지를 얻을 수 있다. 나는 생각이 비슷한 사람들과 관계 맺는 것을 매우 좋아한다. 모두 서로의 목표를 이룰 수 있도록 지원하기 때문이다. 예전에 짐 론(Jim Rohn)이 이런 말을 했다.

"당신은 당신이 가장 많은 시간을 함께 보내는 다섯 사람의 평균이다."

그래서 나는 항상 가능한 한 똑똑하고 친절한 야심가들을 주변에 많이 두려 노력한다.

나는 사업 관련 친구들과 때때로 연락을 주고받는다. 그들과의 대화는 내게 배움을 주고 사업상의 의사 결정에도 크게 기여한다. 또한 나는 지속적으로 여러 모임에 참여하고 회원들과 공식적인 관계를 맺는다. 더 많이 배우며 책임의식을 유지하기 위해서다. 내가 도와주면 그들도 나를 도와준다. 이것은 마치 현대판 원탁의 기사들과 같다. 그곳에는 어느 한 사람이 그룹의 리더가 되지 않는다. 그들은 그 자리에 모여 서로 협력하며 대의를 추구한다. 이렇게 구성된 모임을 조력주도집단(Mastermind)이라고 부른다.

나폴레옹 힐(Napoleon Hill)이 그의 책 『놓치고 싶지 않은 나의 꿈 나의 인생(Think and Grow Rich)』에서 만들어 낸 용어다.

당신도 모종의 조력주도집단에 참여해 지속적이고 공식적인 방식으로 다른 사업가들과 관계를 맺을 것을 강력하게 권한다. 이는 내가 전에도 이야기한 주제이다. 더 많이 배우고 싶으면 다음 URL에 접속해 보라.

HTTP://WWW.SMARTPASSIVEINCOME.COM/HOW-TO-BUILD-A-WINNING-MASTERMIND-GROUP/

고객, 지지자, 구독자, 독자, 시청자, 청취자 등 이 모든 사람이 사업의 생명줄이다. 그러니 그들을 황금처럼 대해야 한다.

구축과 성장에 집중하기 시작할 때, 우리는 숫자의 또 다른 끝에 실제로 사람이 존재한다는 사실을 쉽사리 망각하곤 한다. 당신의 구독자가 진짜 사람이고 트래픽 생성자가 진짜 사람이고 소셜미디어 팔로워들이 진짜 사람이라는 사실을 깨달아야 한다. 그러면 당신은 그들이 대우받고자 하는 대로 그들을 대우하기 시작할 것이다. 누가 숫자처럼 대우받기를 원하겠는가?

이제 막 시작하는 단계라면 작게 움직이는 것이 이로울 것이다. 시장조사를 좀 더 용이하게 수행하고 앞서 시장 지도를 창출했을 때와 마찬가지로 전체적인 조감도를 확보할 수 있기 때문이다. 또한 더욱 쉽게 타깃 고객과 상호작용을 하고 그들과 실질적인 관계를 구축할 기회를 가질 수 있다. 너무 바빠서 고객 메일에 답장할 시간조차 없는 덩치 큰 경쟁자들보다 당신이 훨씬 더 단단하고 더 좋은 관계를 맺을 수 있다.

무엇보다 중요한 것은 항상 타깃 고객에게 주의를 기울여야 한다는 점이다. 무엇이 그들에게 좋은 것인가? 무엇이 그들을 가장 위하는 것인가? 다시 한 번 말하지만 당신의 수입은 그들을 얼마나 잘 대접하는가에 따르는 부산물이다.

지금은 우리가 그들에 관해 많은 조사를 마친 상태이지만 시간이 흐르면 당신은 그들과 더욱 실질적인 관계를 맺고 그들에 관해더 많이 배우고 그들을 더 잘 대접할 기회를 갖게 될 것이다. 결코그 기회들을 그냥 흘려보내서는 안 된다.

마지막으로, 당신의 고객들을 위한 특별한 순간을 창조해 내라.예상치 못한 놀라움을 선사하라. 당신은 고객을 상대하며 같은 행동을 반복해서 다시 하는 리듬에 빠지기 쉽다. 상호작용이 틀에 박힌 무엇이 되게 방치하지 말라. 이따금 그들에게 기억할 만한 놀라움을 선사하라.

당신의 고객들을 황금처럼 대해야 한다는 사실을 절대 잊어서는안 된다.

2
이유를 기억하라

이제 모든 과정을 끝냈다. 당신은 무엇을 위하여 이 책을 집어 들고 책장을 넘겼는가? 이 질문에 대해서는 내가 대신 대답할 수 없다. 당신만이 답할 수 있고 반드시 당신이 해야 한다.

Q. 당신은 왜 기업가가 되기로 결심했나?

이 책의 도입부로 되돌아가 보자. 앞서 우리는 임무 설계에서 이 이유를 함께 알아내는 작업을 수행했다. 공항 테스트에서 당신이 직접 기록한 네 가지 항목을 떠올릴 수 있겠는가?

첫 번째 연습 때 함께 접었던 종이비행기를 찾아서 열어 보라. 우리의 이유들을 지속적으로 기억하는 것이 얼마나 중요한지 상기하기 위해서이다. 장담하건대 당신은 적은 내용을 모두 잊었을 것이다. 항목 중에 몇 가지는 기억할지도 모르지만 이 책을 읽는 동안 이미 당신은 그것들 가운데 몇 가지는 잊었을 게 분명하다. 기업가 정신을 더욱 깊이 새기며 어느 때보다 더 열심히 일하고 더 많은 것에 신경을 쓰게 되면 애초의 이유를 또 얼마나 잘 잊게 될지 한번 상상해 보라.

무엇을 해야 하는지 아는 것도 중요하지만 당신이 하고 있는 일을 왜 하는지 기억하는 것은 훨씬 더 중요하다. 당신의 종이비행기를 가까이 두라. 이 모든 일이 당신에게 어떤 의미가 있는지 기억하도록 도울 것이다.

<u>1</u>
비행을 즐겨라

이제 마지막이다. 비록 기업가의 여정이 많은 도전과 실패로 가득하더라도 당신은 모든 과정을 즐겨야 한다. 당신이 이 길을 선택한 것만큼이나 이 길도 당신을 선택했으니까.

이륙하라.

Will it Fly?

목적지는 어디인가?

나의 웹사이트와 SMARTPASSIVEINCOME.COM의 팟캐스트는 당신 같은 신진 사업가를 돕기 위해 구축한 것이다! 그곳에서 나는 내 자신의 비즈니스를 운영하며 실행한 여러 실험을 토대로 당신과 비즈니스 구축의 모든 방법론을 공유한다. 웹사이트 내의 모든 정보는 무료다. 확인하고 싶으면 SMARTPASSIVEINCOME.COM/LIFTOFF를 방문해 보기 바란다. 당신은 이 책을 읽은 독자다. 그곳에서 다시 당신에게 도움이 될 수 있기를 고대한다!

당신과 당신의 성공을 위해 잔을 높이 들라! 이 책에 대한 당신의 생각을 내게 전하고 싶으면 트위터 계정 @PatFlynn으로 트윗을 날려 주기 바란다. 해시태그 #WillItFly를 사용해서 말이다. 다시 한 번 감사드린다!

이 책의 몇몇 장은 사고 실험과 연습 과제를 포함한다. 당신에게 효과적인 비즈니스 아이디어를 찾고 확인하도록 돕기 위한 것이다. 이 책을 최대한 활용하려면 일부 과제를 수행할 때 반드시 필기를 하고 특정한 방식으로 구성해야 한다.

나는 또한 내가 다음 웹사이트에 준비해 놓은 무료 동반자 과정에 참여할 것을 권한다.

이 무료 과정에서 당신은 출력 가능한 워크시트나 PDF 파일, 비디오 강의, 책에 언급된 일련의 재료 등 보충 자료를 이용할 수 있다. 이 과정의 자료들은 이 책의 장 및 섹션별로 구성되어 있으므로 당신은 필요한 것을 손쉽게 찾을 수 있다.

또한 여기에는 책에서 공유한 부분을 뛰어넘는 콘텐츠를 보유한 보너스 섹션도 있다. 사례연구나 인터뷰 등을 추가로 볼 수 있을 것이다. 이 보너스 섹션은 계속 자료를 추가해 늘려 나갈 계획이다. 사이트에 접속해 계속 이용해 주기 바란다.

WILLITFLYBOOK.COM/COURSE

당신의 비즈니스 출범을 돕는 재료

아이디어는 실행에 옮겨야 마땅하다. 나는 당신이 사업을 시작하기에 충분한 동기와 의욕을 갖췄다고 믿는다. 나의 웹사이트 스마트패시브인컴에는 당신이 사업을 효과적이고 효율적으로 운영하도록 돕는 각종 도구와 서비스, 제품이 소개되어 있다.

다음은 온라인 비즈니스를 구축하는 첫 단계에 당신에게 도움이 될 수 있는 서비스와 도구의 목록이다. 해당 업체와 거래를 할 때 나와 먼저 접촉하면 할인을 받거나 추가 기능을 이용할 수 있도록 도울 수 있다. 아래에 들어가 확인해 보라.

SMARTPASSIVEINCOME.COM/RESOURCES

사업체 구축

블루호스트(Bluehost): 웹사이트 호스팅 및 도메인 매매

내 웹사이트의 99퍼센트가 블루호스트에서 호스팅되고 있다. 여기서는 한 번 클릭으로 워드프레스(WordPress)를 설치할 수 있어 초기 설정이 간편하다. 무엇보다도 전화나 채팅을 통한 고객 서비스가 탁월하고 지식이 풍부하다. 첫 번째 사이트든 그 이상이든 이곳을 이용할 것을 적극 추천한다. (나의 독자들을 위해 특별 할인가를 협상해 놓았으니 가입하기 전에 SMARTPASSIVEINCOME.COM/REOURSES에서 링크를 확인해 보라.)

BLUEHOST.COM

리걸줌(LegalZoom): 온라인 사업체 구성(주식회사, 유한책임회사, 데이터베이스관리
자 등 법인 설립 관련)

당신의 개인 자산을 보호하기 위해 사업체는 별도의 법인으로
만드는 것이 좋다. 유한책임회사든 주식회사든, 비영리기관이든 리
걸줌은 완벽한 서류 작업을 지원한다. 사업체 구성에 리걸줌을 이용
한 나의 경험을 토대로 추천한다. 명확하고 편리한 곳이다. 여기는
법률사무소는 아니지만(그건 나도 마찬가지다) 당신이 추가적인 조력을
필요로 하는 경우 거주 지역의 변호사와 접촉하도록 도울 수 있다.
LEGALZOOM.COM

컨버킷(ConvertKit) / 어웨버(AWeber): 이메일 마케팅 플랫폼

사업 초기에 내가 저지른 가장 큰 실수는 이메일 목록의 작성을
미뤘던 일이다. 이메일 목록은 온라인 비즈니스의 중심이다. 잠재
고객과 직접 연결하는 수단이기 때문이다. 나는 컨버킷과 어웨버,
두 곳을 이용한다. 서로 약간 다른 기능을 제공하기 때문이다. 약간
의 시간을 들여 당신에게 맞는 플랫폼을 선택하기 바란다.
CONVERTKIT.COM / AWEBER.COM

구글의 작업용 앱들: 이메일 주소 및 파일 공유

사람들에게 당신이 진지하게 비즈니스에 임한다는 사실을 보여주
는 한 가지 방법은 당신의 도메인 주소가 포함된 이메일 주소를 이
용하는 것이다(예를 들면 PAT@PASSIVEINCOME.COM처럼 말이다). 구글에서

는 구글드라이브(Google Drive)를 통해 맞춤형 저장 용량을 제공한다.

APPS.GOOGLE.COM

콘텐츠 및 임무 구성

코스케줄(CoSchedule): 워드프레스를 위한 일정 관리

이 도구는 일정 관리와 협업이라는 두 가지 주요 이점을 제공한다. 또한 블로그 포스팅을 통한 전체 마케팅 계획을 세우는 데에도 도움이 된다. 당신이 게시한 블로그 게시물을 여러 소셜 미디어에 올려 준다. 이 도구는 협업을 돕도록 구축되었다. 따라서 팀 구성원별 임무에 맞춰 일정을 짜고 관리할 수 있다.

COSCHEDULE.COM

트렐로(Trello): 프로젝트 및 과업 관리

트렐로는 프로젝트를 시각적으로 관리하는 데 유용한 도구다. 이것을 이용하면 많은 정보를 관리하면서도 궤도에서 이탈하지 않을 수 있다. 대규모 팀에서 작업할 때 진면목을 발휘하지만 홀로 프로젝트를 진행하는 데도 적합한 도구다. 제품이나 프로젝트의 출시 혹은 출범, 또는 콘텐츠 제작 계획을 관리하는 데 큰 도움을 제공한다. 무료 버전과 유료 버전이 있다.

TRELLO.COM

슬랙(Slack): 팀 기반 커뮤니케이션

팀이 있다면 의사소통에 슬랙을 이용하는 것이 최상이다. 슬랙은 이메일 등을 이용하는 일 없이 팀원과 대화를 나눌 수 있는 메신저 플랫폼으로서 의사소통 내용을 모두 기록하고 저장할 수 있다. 파일을 공유할 수도 있고 그룹 토의를 가질 수도 있으며 개별 팀원에게 실시간으로 비공개 메시지를 전달할 수도 있다. 슬랙 덕분에 우리 팀은 유연하게 의사 소통하는 것은 물론이고 자유롭고 편한 유머 감각까지 유지하며 생산성을 높이고 있다. 무료 버전과 유료 버전이 있다.

SLACK.COM

칼렌들리(Calendly): 온라인 약속 일정 관리

사람들과 시간을 맞추는 것은 쉽지 않은 일이다. 칼렌들리는 약속을 잡느라 이메일을 주고받는 수고를 덜어준다. 사용 가능한 시간 슬롯을 설정할 수 있기 때문이다. 하나의 링크로 상대방이 당신의 칼렌더에 약속 일정을 올리고 승인을 요청하는 방식이다. 무료 버전과 유료 버전이 있다.

CALENDLY.COM

웹사이트 최적화

리드페이지스(LeadPages): 랜딩 페이지 및 옵트 인[12] 양식

웨비나 등록 양식과 감사 페이지를 포함하여 고품질의 랜딩 페이지 및 스퀴즈 페이지[13]를 쉽게 만들 수 있는 최상의 도구다. 이것은 사업자 대부분이 도구 상자에 갖춰야 할 필수품이다. 나는 이 회사의 고문으로도 일한다. 이들이 없었다면 그렇게 빠른 속도로 이메일 목록을 10만 개가 넘는 주소로 채울 수 없었을 것이다.

LEADPAGES.NET

수모미(SumoMe): 웹사이트 및 이메일 목록 최적화

당신의 웹사이트는 원하는 성과를 도출하고 있는가? 방문객이 도착하면 그들은 당신의 이메일 목록에 등록을 하는가? 수모미는 웹사이트를 최적화하고 이메일 목록을 늘리는 데 도움이 되는 도구로 가득하다. 이메일 주소를 캡처하고 소셜 미디어 공유를 늘리며 사이트를 분석하는 데 필요한 도구들이다. 모든 주요 이메일 제공 업체와 통합되는 방식이다. 무료 버전과 유료 버전이 있다.

SUMOME.COM

---

12 **Opt-In** 전화나 이메일 또는 유료 서비스를 제공할 때 수신자의 허락을 받은 경우에만 제공하는 방식 – 옮긴이

13 **Squeeze Page** 잠재 고객(잠재 가입자)에게서 옵트 인 방식으로 이메일 주소를 뽑아내는 랜딩페이지 – 옮긴이

유료 온라인 과정 개설

티처블(Teachable): 온라인 과정 구축 플랫폼

당신의 아이디어가 온라인 과정을 만드는 것이라면, 티처블을 이용하면 된다. 온라인 과정을 구축하는 것은 물론 가입자까지 모집할 수 있는 편리한 플랫폼이다. 멋지고 합리적인 과정을 갖출 수 있으며 코딩 작업이 필요 없다. 티처블을 이용해 구축한 과정을 보려면 WILLITFLYBOOK.COM/COURSE에 접속하면 된다. 무료 버전과 유료 버전이 있다.

TEACHABLE.COM

팟캐스트 개설

팻의 단계별 팟캐스트 강좌:

팟캐스트 개설 및 운영에 관한 모든 조언

내가 준비한 단계별 무료 강좌다. 여섯 개의 동영상으로 구성되어 있으며 당신의 팟캐스트를 가능한 한 빨리 만들고 운영하도록 도울 것이다. 녹음/녹화와 편집, 아이튠즈 등록 등의 방법을 가르친다.

PODCASTINGTUTORIAL.COM

스카이프(Skype)와 이캠콜리코더(Ecamm Call Recoder),

그리고 파멜라(Pamela): 인터뷰 녹음/녹화를 위한 소프트웨어

팟캐스트를 녹음하는 가장 좋은 방법은 스카이프와 녹음 플러그인을 이용하는 것이다. 맥 컴퓨터의 경우 이캠콜리코더를 이용하

고 PC의 경우에는 스카이프용 파멜라를 이용하라.

SKYPE.COM

ECAMM.COM/MAC/CALLRECORDER

PAMELA.BIZ

스마트팟캐스트플레이어(Smart Podcast Player):

워드프레스 웹사이트용 팟캐스트 플레이어

많은 팟캐스트 청취자가 웹사이트에서 직접 듣기를 선택하지만 대부분의 웹 기반 팟캐스트 플레이어는 제 기능을 수행하지 못한다. 하지만 스마트팟캐스트플레이어는 다르다! 이것은 내가 나의 사업을 위해 직접 고안한 솔루션으로 기꺼이 당신과 공유하고자 한다. 지금까지 이것을 이용해 본 사람들의 반응은 내가 우쭐한 기분을 느낄 정도다. 외양도 멋지고 소셜 미디어 공유도 가능하며 청취자가 당신의 사이트에 가급적 오래 머물게 만든다.

SMARTPODCASTPLAYER.COM

BUSINESS BOOKS

아래 소개하는 도서들은 이 책에서 언급한, 당신의 비즈니스에 도움이 될 수 있는 책들이다.

- The 4-Hour Workweek: Escape 9-5, Live Anywhere, and Join the New Rich - TIMOTHY FERRISS / 한국어 번역본: 『나는 4시간만 일한다』, 티모시 페리스 저, 최원형 역.
- Ask. The Counterintuitive Online Formula to Discover Exactly What Your Customers Want to Buy… Create a Mass of Raving Fans… and Take Any Business to the Next Level - RYAN LEVESQUE
- Crush It!: Why NOW Is the Time to Cash In on Your Passion - GARY VAYNERCHUK / 한국어 번역본: 『크러쉬 잇!: 소셜 미디어로 당신의 열정을 돈으로 바꿔라!』, 게리 바이너척 저, 김정희 역.
- Essentialism: The Disciplined Pursuit of Less - GREG MCKEOWN / 한국어 번역본: 『에센셜리즘: 본질에 집중하는 힘』, 그렉 맥커운 저, 김원호 역.
- The ONE Thing - GARY KELLER AND JAY PAPASAN / 한국어 번역본: 『원씽』: 복잡한 세상을 이기는 단순함의 힘. 게리 켈러, 제이 파파산 공저, 구세희 역.

•Virtual Freedom: How to Work with Virtual Staff to Buy More Time, Become More Productive, and Build Your Dream Business – CHRIS DUCKER

스마트 패시브 인컴(SMARTPASSIVEINCOME.COM)은 온라인 비즈니스를 성공적으로 구축하고 운영하는 방법을 가르치는 팻 플린의 웹사이트이다. 이 사이트에는 온라인 비즈니스를 설계하고 출범시키고 성장시켜 수동적 수입(Passive Income)을 발생시키는 단계별 조언 등이 담겨 있다. SPI는 적절히 검증된 윤리적인 비즈니스 조언을 제공하기 위해 노력한다.

SPI에는 당신에게 도움이 되는 다음과 같은 다양한 무료 자원이 포함되어 있다.

• SPI 블로그: 도구 및 리소스에 대한 심층 리뷰뿐 아니라 비즈니스의 각 단계별로 활용할 수 있는 상세한 조언과 및 전략이 소개되어 있다.

• SPI 팟캐스트: 전문가 인터뷰 및 독자들의 성공 사례를 소개하는 주간 인기 팟캐스트다(아이튠즈에서 이용 가능).

- 애스크 팻(ASK PAT) 팟캐스트: 팻 플린이 매일 일정량의 비즈니스 관련 질문에 답하는 팟캐스트다(아이튠즈에서 이용 가능).

- SPI TV: 사업가들에게 영감을 부여하고 효과적인 비즈니스 운영을 지원할 목적으로 관련 도서를 추천하고 주요 기조연설을 재방송하며 소프트웨어에 대한 단계별 강좌를 제공하는 동영상 팟캐스트다.

이 책을 읽어 준 데 대해 다시 한 번 큰 감사를 드린다. 지금까지 당신은 비즈니스 아이디어를 테스트하고 다듬는 힘든 일을 수행했다. SPI가 계속해서 당신의 아이디어를 구현하는 데 도움을 제공할 것이다.

나와 계속 접촉할 것을 여러분에게 권한다. SPI의 이메일 목록에 합류하면 비즈니스 구축과 관련해 무료로 상담과 격려를 제공받을 수 있다.

여기에 들어가 가입하면 비즈니스 구축 방법에 대한 조언과 내가 검증한 유용한 도구에 대한 추천(그리고 경우에 따라 주어지는 할인), 그리고 아이디어를 테스트해서 온라인 비즈니스를 구축한 성공 사례 등을 정기적으로 제공받을 수 있다.

당신의 연락을 고대한다!

SMARTPASSIVEINCOME.COM/LIFTOFF

과연, 뜰까?

초판 1쇄 인쇄 2017년 10월 16일
초판 1쇄 발행 2017년 10월 23일

지 은 이   팻 플린
옮 긴 이   안진환
발 행 인   김승호
펴 낸 곳   스노우폭스북스

편 집 인   서진
진   행   이병철
마 케 팅   김정현, 박민범
디 자 인   이창욱

주   소   경기도 파주시 문발로 165, 3F
대표번호   031-927-9965
팩   스   070-7589-0721
전자우편   edit@sfbooks.co.kr

출판신고   2015년 8월 7일 제406-2015-000159

ISBN 979-11-88331-14-7 03320
값 16,000원